삶에 지친 현대인들을 위한
심리학의 즐거움

강은영

상지대학교 중문과를 졸업하고, 서울외국어대학원대학교 통번역대학원 한중과를 졸업했다. 중국 베이징에서 수학했다. 부산 APEC 통역 등 다양한 통역과 강의 활동을 하고 있다. 현재 번역 에이전시 엔터스코리아에서 전문 번역가로 활동하고 있다.

역서로는 〈페르시아 전쟁사 : 고대 동서양 문명의 대격돌〉, 〈거침없이 빠져드는 역사 이야기 : 불교편〉, 〈인도가 상도를 만났을 때〉, 〈세계 500대 기업 직원들이 지녀야할 7가지 덕목〉, 〈550가지 사고게임〉 등 다수가 있다.

삶에 지친 현대인들을 위한
심리학의 즐거움

2013년 6월 10일 초판 6쇄 인쇄
2013년 6월 15일 초판 6쇄 발행

지은이 왕상둥
옮긴이 강은영
편집주간 이화승
편집기획 이원도
교정 홍미경, 이혜림, 이준표
제작 서동욱, 이경진
영업기획 조대현
영업관리 윤국진
일러스트 최익견
디자인 이창욱
발행인 이원도
발행처 베이직북스
E-mail basicbooks@hanmail.net
주소 서울 마포구 동교동 165-8 LG팰리스 1508호
등록번호 제313-2007-241호
전화 02) 2678-0455
팩스 02) 2678-0454
ISBN 978-89-93279-44-3 03180
값 15,800원

*잘못된 책이나 파본은 교환하여 드립니다.

心理學的100個故事
Copyright ⓒ 2007 by 宇河文化有限公司
All rights reserved.

Korean translation copyright ⓒ 2010 by Basicbooks
Korean edition is published by arrangement with 宇河文化有限公司
through EntersKorea Co., Ltd., Seoul, Korea.

삶에 지친 현대인들을 위한 **심리학의 즐거움**

Life's Utmost Pleasure of Psychology

왕샹둥 지음 | 강은영 옮김

베이직북스

서문

'심리학'이란 영혼을 다루는 학문이다.

심리학은 역사가 아주 오래된 학문이지만 다른 각도에서 보면 신생학문이라고 할 수도 있다. 인류가 자신의 심리현상을 탐구하기 시작한 것은 2000년도 훨씬 더 이전의 일로써 기원전 4세기 고대 그리스의 아리스토텔레스가 집필한《영혼론(De Anima)》을 시작으로 심리학은 줄곧 철학의 범주에 속해 있다가 19세기로 접어들면서 과학과 접목되면서부터 비로소 독립적인 학문으로 자리매김을 하기에 이르렀다. 따라서 현대적인 의미에 있어서 심리학의 역사는 고작 100년에 불과하다고 해도 과언은 아닐 것이다.

독일의 저명한 심리학자인 에빙하우스(Hermann Ebbinghaus)는 "심리학의 탄생은 과학심리학의 창시자인 독일 심리학자 빌헬름 분트(Wilhelm Wundt)가 1879년 라이프치히에 세계 최초의 심리연구소를 설립한 때부터이다."라고 말했다.

심리학은 인간의 심리현상 발생과 발전 메커니즘을 연구하는 학문이다. 심리학은 크게 심리과정과 인식과정, 감정, 의지과정으로 나눌 수 있다. 인식과정에는 감각, 인지, 기억, 사유, 상상이 있으며, 감정은 기쁨, 분노, 슬픔, 즐거움을 말한다. 이밖에 의지과정에는 목표설정과 고난 극복 등이 있다.

그렇다면 무엇을 인간의 심리현상이라고 할까? 사실 심리현상은 우리가 일하고, 공부하고, 생활하는 모든 과정에서 나타난다. 단지 우리가 그것을 잘 이해하지 못하기 때문에 신비롭게 느껴지는 것뿐이다. 예를 들면,

TV를 보면서 그 안의 장엄한 광경과 아름다운 음악을 듣거나, 음식을 먹으면서 냄새를 맡는 것은 감각과 지각의 과정이다. 또 예전에 봤던 영화의 장면이 아직도 생생하게 눈앞에 펼쳐지는 것은 기억이라는 인식과정의 덕분이다.

최근 사회 환경이 급속도로 변화하면서 사람들이 느끼는 스트레스도 과거 어느 때보다 커졌다. 이 때문에 점점 더 많은 사람들이 심리적인 문제를 겪게 되었다. 최근 통계에 따르면, 세계에서 3억 정도의 인구가 크고 작은 심리장애를 앓고 있으며, 이중 남자가 82.5%, 여자가 17.5%를 차지한다. 미국의 심리질병 발생률은 20~30% 정도이며, 독일은 300만 명이 심리질환을 앓고 있다. 아시아는 5000만 명 정도가 심리질환을 가지고 있으며, 그중 90%의 사람들은 자신이 질환을 가지고 있다는 사실을 인식하지 못하고 있다.

전체 인구에서 아동의 심리질환 발병률은 17.66%이며, 5~6%의 중고등 학생이 생명을 경시하는 경향을 보이고, 이중 13%가 자살을 심각하게 생각해 보았다고 한다. 게다가 비율은 계속해서 상승하는 추세이다. 사실, 우리 생활에서 접하는 많은 문제 중 상당수는 심리학의 도움을 받으면 쉽게 풀릴 수 있다. 하지만 많은 사람들이 심리학에 대한 편견과 무지 때문에 문제를 악화시키고, 결국 만회할 수 없는 손실을 입는다.

이러한 점에 착안하여, 이 책은 일반인들이 심리학을 쉽게 접할 수 있도록 이야기 형식으로 심리학을 풀어 놓았다. 주로 일상생활에서 흔히 볼 수 있는 현상들을 소재로 심리학의 전반적인 내용을 다루었다. 재미있고 생동감 넘치는 실제 이야기들을 통해 그동안 어렵고 멀게만 느껴졌던 심리학을 보다 쉽게 이해할 수 있을 것이다.

심리학은 단순히 사람의 심리를 분석하는 심리테스트나 심리 관련 병리학적 차원에서 상담가가 되기 위한 학문이 아니라, 사회 각 분야의 아주 많은 부분에서 활용되는 과학적 학문이라 할 수 있다. 범죄 심리, 소비자 심리, 색채 심리, 산업/조직 심리, 상담 심리, 경제 심리 등 각 회사나 단체의 이익과 목적 달성을 위한 마케팅이나 리서치 분야 그 외에도 각종 소비 패턴, 선거 전략, 캠페인 등의 군중심리를 분석하는 업무에도 활용되기도 한다.

따라서 우리의 현대사회가 처해 있는 현실을 감안해 볼 때, 경제적인 측면에서 드러나고 있는 계층 간의 갈등은 결과적으로 상대적인 박탈감을 유발시켰으며, 또한 종교적인 측면에서 나타나고 있는 그 분열과 대립 양상을 분석해보면 지역할거주의나 민족주의적 행태의 변종으로 인식되기에 이르렀다.

최근 지구상의 최대 이슈는 '세계 경제의 블록화'에 초점이 모아지고 있는데 그와 더불어 가장 심각한 문제는 우선 종교문제, 환경 문제와 자원의 재배분 문제가 초미의 관심사로 떠오르고 있다. 그런 변화의 소용돌이 속에서 유발되고 있는 병리적 현상에 대해 "어떻게 대처할 것인가?"에 대한 고민은 비단 심리학자의 몫만은 아닐 것이다.

그러므로 일반 대중들에게도 심리적 치유를 목적으로 제공되는 사회의 제도적 장치나 프로그램, 아울러 사회적 여건의 성숙을 통한 병리적 요인을 제거하려는 사회 전반적인 참여와 움직임이 절실히 요구된다 하겠다. 아무쪼록 알기 쉽게 풀어쓴 〈심리학의 즐거움〉을 통하여 물욕으로 인하여 상처받은 현대인들에게 작은 위로를 건네주고, 지친 삶에 한줄기 희망을 안겨주는 계기가 된다면 필자에게는 더할 나위 없는 기쁨이 될 것이다.

2010년 정초에
북경에서

차례

Part I 마음을 열어주는 일반 심리

01. 빼앗긴 감각 …13
02. 자라지 않는 아이 …17
03. 침팬지의 깨달음 …21
04. 화신의 공감기법 …26
05. 신 포도와 단 레몬 …30
06. 기대와 믿음의 힘 …35
07. 조울증에 걸린 마가렛 …39
08. 저승사자와 공포심리 …43
09. 거식증이 부른 소녀의 죽음 …49
10. 맹목적 추종의 말로 …54
11. 농장 주인의 선거운동 …57
12. 에리히 프롬의 공포체험 …61
13. 낡은 표준의 재해석 …65
14. 흔들리는 평상심 …68
15. 남자가 두려운 소녀 …72
16. 사춘기 소년의 자위행위 …76
17. 학습된 무기력 …81
18. 사소한 착각의 마술 …84
19. 인생의 유리벽 …87
20. 리비히와 베를린블루 …90
21. 바네스의 역발상 …93
22. 경청의 기술 …97
23. 아인슈타인의 터닝포인트 …100

24. 스트레스 대처법 ...104
25. 조 지라드식 면접비법 ...107
26. 바보새의 진실 ...110
27. 희망의 마라톤 ...113
28. 뷔리당의 당나귀 효과 ...116
29. 말더듬이 웅변가 ...120
30. 마음을 여는 기술 ...123
31. 소크라테스의 산파술 ...127
32. 귀신과 마주친 필립스 ...130
33. 에빙하우스의 망각곡선 ...134
34. 다양한 공포증의 양상 ...138
35. 마음의 감기, 우울증 ...141
36. 매기와 마법사상 ...144
37. 다이애나의 폭식증 ...147

Part 2 세상과 소통하는 사회 심리

01. 투신 자살 소동 ...153
02. 침팬지의 권력 다툼 ...157
03. 레빈의 장이론 ...161
04. 외모 지상주의 ...165
05. 빈익빈 부익부 ...169
06. 부당한 대우 ...173
07. 가짜 환자와 진짜 의사 ...176
08. 버려진 아이들 ...179
09. 사이비 교주의 예언 ...184
10. 엽기적 살인사건 ...188
11. 스타의 후광효과 ...191
12. 자동차 도둑 ...195

13. 증삼의 살인 ...198
14. 대화의 힘 ...201
15. 교도관과 죄수 ...205
16. 남편의 애인 ...208
17. 도미노 효과의 파괴력 ...212
18. 늑대 소녀 ...216
19. 루시의 비밀 ...220

Part 3 성격의 비밀을 밝히는 인격 심리

01. 성격의 구조 ...225
02. 욕망의 계단 ...228
03. 성격의 특질 ...233
04. 남을 기꺼이 추천하는 사람들 ...236
05. 마크 트웨인이 돈을 훔친 이유 ...239
06. 로미오와 줄리엣 효과 ...242
07. 발부터 들여놓기 ...245
08. 속옷을 훔치는 남자아이 ...248
09. 여장을 좋아하는 카우보이 ...252
10. 도벽을 가진 소녀 ...254
11. 비용절감의 비결 ...258
12. 주지사가 된 흑인소년 ...261
13. 베토벤의 운명 ...264
14. 나폴레옹의 자아도취 ...268
15. 손목시계를 잃어버린 엠마 ...272
16. 여자의 직감 ...275

Part 4 마음을 치유하는 의학 심리

01. 프로이트의 자유연상법 ...281

02. 최면술의 창시자 메스메르 ...285
03. 브로이어의 카타르시스 치료 ...289
04. 히틀러의 원초적 자아 ...293
05. 뛰어내리고 싶은 충동 ...297
06. 악마의 유혹, 도박 ...302
07. 조건반사의 소거 요법 ...307
08. 아빠를 사랑한 소피아 ...310
09. 학대를 즐기는 여자 ...314
10. 헬렌의 아픔 ...317
11. 너무나 게으른 에드워드 ...320
12. 동성애 남자의 비애 ...324
13. 히스테리성 실어증 ...328
14. 켈리의 신경쇠약 ...332
15. 천재 아동의 자폐증 ...335
16. 부모를 협박하는 아이 ...338
17. 다리를 자르고 싶은 줄리아 ...341
18. 꾀병같은 지병 ...345
19. 자기비하 습관 ...349
20. 위험천만한 다중인격 ...352

Part 5 풀리지 않는 초현실 세계의 생리 및 기타 심리

01. 신비한 꿈의 세계 ...359
02. 아인슈타인 뇌의 비밀 ...363
03. 정서적 반응 실험 ...367
04. 직감, 영감 혹은 통찰력 ...370
05. 오이디푸스 콤플렉스 ...373
06. 누가 더 도덕적인가? ...377
07. 헬렌의 정신붕괴 ...380

Part I

마음을 열어주는
일반 심리

일반 심리학은 심리학의 기본 원리와 현상의 일반적인 규칙들을 연구하는 분야이다.
심리학에는 여러 분야가 있으며 각 분야마다 다른 각도로 심리적인 현상에 접근한다. 하지만 어떠한 분야라도 피해갈 수 없는 과제가 있으니 바로 '심리' 와 '심리현상' 을 바라보는 시각이다. 예컨대 심리학의 대상과 방법, 심리의 실질과 현상 사이의 규칙 등과 같은 심리학의 일반적 이론 문제를 기술하는 것이 바로 일반 심리학의 주요 연구범위이다. 즉, 심리학의 기본 원리를 연구하는 것이다. 일반 심리학의 연구 성과는 다른 심리학 분야에도 상당한 영향을 미친다.
일반 심리학은 정상적인 성인의 심리 활동을 대상으로, 심리 활동의 가장 기본적인 규칙을 기술한다. 일반 심리학은 심리학의 기본 개념과 심리 활동, 기본 규칙을 다루고 있어, 심리학 지식을 배우는 데 기초가 된다. 일반 심리학은 크게 ① 인지 ② 기분, 감정 및 의지 ③ 욕구 및 동기 ④ 능력, 기질, 성격 이렇게 네 가지 영역으로 나뉜다.

사물은 각각의 객관적인
속성을 가지고 있는데 뇌가 이들 속성을
감지하여 반응하는 것을 감각이라고 한다.

빼앗긴 감각

감각이란 인간의 뇌가 감각기관을 통해 사물의 속성에 반응하는 것이다. 즉, 사물은 각각의 객관적인 속성을 가지고 있는데 뇌가 이러한 속성을 감지하여 반응하는 것을 감각이라고 한다.

왕의 후궁과 사랑을 나누다 감옥에 갇히는 신세가 된, 한 귀족에 관한 고대 그리스의 전설이 있다. 왕은 그에게 참혹하리만큼 큰 고통을 주기 위해 빛이 들지 않는 깊은 지하 감옥에 가두고 쇠사슬로 손발과 목을 벽에 단단히 고정한 다음, 아무 맛도 없는 밀가루만으로 겨우겨우 연명하게 했다.

귀족은 복수를 결심했다. 그는 오직 복수를 꿈꾸며 상상 속에서 무예를 연마했다. 다른 감각적 자극이 없었기 때문에 오히려 이성과 상상력이 극도로 발전할 수 있었다. 게다가 날마다 밀가루만 먹은 덕분에 잡다한 병균의 침입으로부터 자유로울 수 있었다. 이렇게 10년이 흘러 석방되던 날. 그는 이미 어느 누구도 대적할 수 없는 강자가 되어 있었다. 10년 동안 상상 속에서 갈고닦은 무예로 귀족은 왕을 처치하고 사랑하는 여인과 평생 행복하게 살았다.

그런데 정말 감옥의 삶이 한 인간을 이처럼 강하고 위대하게 단련시킬 수 있을까? 감각을 잃어버리면 정말 이성이 더욱 발전할까? 감각은 인간에게 어떠한 작용을 할까? 해답은 1954년 캐나다의 맥길 대학교 심리학 교수인 벅슨의 실험에서 찾을 수 있다. 실험 이름은 '감각 빼앗기'이다.

실험 대상자들은 먼저 반투명의 안경을 썼다. 안경은 빛만 통과할 뿐 물체의 형체를 알아볼 수 없도록 제작되었다. 그리고 면장갑과 딱딱한 손목 보호대를 착용해 손가락의 감각을 느낄 수 없도록 했다. 머리에는 U자 형의 베개를 씌우고 줄곧 에어컨을 크게 틀어 윙윙 소리가 나도록 해 청각을 자극했다. 실험 대상자들은 작은 실험실의 침대에서 최대한 오랫동안 누워 있도록 요구받았다.

식사시간이 되어도 실험 대상자 자신이 사전에 미리 선택한 메뉴에 따라 실험실 측에서 음식을 제공해 주었기 때문에 실험 대상자들은 이동할 필요가 전혀 없었다. 어쨌든 실험 대상자들은 이처럼 모든 감각을 '빼앗기게' 되었다.

벅슨 교수는 대학생 20명을 모집해 실험을 했다. 이들은 감각을 빼앗기는 대가로 하루에 20달러의 보수를 받았는데 1950년대 당시에는 결코 적은 액수가 아니었다. 실험 대상자들은 쉽게 돈을 벌 수 있는 좋은 기회라고만 생각했다. 눈을 감은 채 늘어지게 한숨 자고 일어나면 돈이 쥐어진다니 이 얼마나 고마운 일인가!

실험을 시작하자 실험 대상자들은 조용히 눈을 감고 잠을 청했다. 하지만 얼마 지나지 않아 잠을 이루지 못하고 초조해하기 시작했으며 약간의 자극이라도 얻고 싶어 안달을 했다. 대화를 하고, 노래를 부르고 다른 사람의 장갑을 만져보고 싶다는 생각이 간절해지기 시작했던 것이다. 이들은 모두 초조하고 불안해졌으며 심지어 사고의 혼란을 겪기도 했다.

실험 시작 후 12시간, 24시간, 48시간에 실험대상자들은 각각 간단한 계산이나 단어 테스트를 받는데 시간이 지날수록 성적은 낮아졌다. 일정한 시간 동안 격리된 후 이들은 대부분 정신을 집중하는 데 어려움을 겪었으며 쉽게 흥분했다. 심지어 환각을 보는 사람도 있었다. 격리 상태에서 뇌파는 이전보다 눈에 띄게 느려졌으며, 격리 상태에서 벗어난 뒤에도 한동안 정상적인 감각을 느끼지 못했다. 뇌파는 격리 해제 후 몇 시간이 지나서야 원상태로 회복되었다.

우리는 청각을 통해 음악의 선율 등 각종 소리를 듣고, 시각을 통해 빛과 색을, 촉각을 통해 차가움과 따뜻함, 거칠고 부드러움을 느낀다. 이처럼 감각은 외부의 자극을 받아들이는 통로이며 인간의 정신건강에 중요한 역할을 한다.

1. 감각이 없다면 외부의 어떠한 정보도 받아들일 수 없으며 그 때문에 정신세계가 허허벌판처럼 피폐해질 것이다.
2. 인체는 외부와 내부가 평형을 이루는 시스템으로 이루어져 있다. 즉, 들어오는 것과 나가는 것이 평형을 이루어야 건강할 수 있다. 정신 건강도 마찬가지이다.
3. 감각은 인간관계에도 상당히 중요한 역할을 한다. 만약 감각이 없다면 공감대를 형성할 수 없으며 타인의 감정을 전혀 알아차릴 수 없다.

감각을 강제적으로 빼앗긴 상태에서는 10년은커녕 3년만 지나도 사고에 심각한 혼란을 느끼고 정신을 집중할 수 없게 되며 언어장애를 겪게 된다. 심각한 경우에는 정신건강에 커다란 악영향을 미칠 수 있다.

감각적 자극을 충분히 받으면 영유아의 지적능력이 크게 발달한다. 그래서 갓난아기의 침대에 색감이 화려한 모빌이나 각종 장식품을 달아놓는 것이다. 영유아기에는 되도록 많은 감각적 자극을 제공하여 뇌의 발육을 돕는 것이 바람직하다. 단조롭고 무미건조한 환경은 영유아의 뇌 발육에 나쁜 영향을 줄 수 있음을 명심하자.

Tips 심리학을 위한 교양 & 상식

콩디야크(Etienne Bonnot de Condillac, 1715~1780)는 프랑스의 계몽사상가로 저서로는 《인간인식의 기원에 관한 시론》과 《감각론》 등이 있다. 그는 모든 심리과정은 감각이 전환된 결과라고 생각했으며 심리가 복잡하다는 것은 감각이 여러 종류이기 때문이 아니라 한 가지 감각이 기억, 판단, 추상 등의 고차원적인 여러 심리적 기능으로 전환되기 때문이라고 생각했다. 또한 신선하고 생동감 넘친다고 느낄수록 기억하기 쉽다고 주장했다.

자라지 않는 아이

'자라지 않는 척 거짓 행동을 하는 아이'에게는 섬세한 심리 구조가 작용한다. 이런 아이들의 목적은 바로 '가정의 종말'을 막는 것이다.

한 아버지가 아들과 함께 루트 교수의 진찰실을 찾았다. 아버지는 교수 맞은 편, 아들의 옆자리에 자리를 잡고 앉았다. 하지만 곧 자리에서 일어나더니 교수 앞에 놓인 소파로 옮겨 앉고는 조급한 어조로 말했다.

"제 아들은 올해 열여덟 살입니다. 그런데 아직도 엄마와 같이 잠을 자려고 해요. 그 탓에 저희 부부는 몇 년 동안이나 별거 아닌 별거를 하고 있습니다. 혹시 제 아들한테 문제가 있는 걸까요?"

그는 교수에게 그동안의 이야기를 풀어놓기 시작했다.

"다른 가정이 그렇듯 처음에는 저희도 아주 작은 집에서 시작했어요. 그래서 세 식구가 줄곧 함께 지낼 수밖에 없었지요. 얼마 후 조금 큰 집으로 이사를 갔지만 그때까지만 해도 집에 노인이 계셔서 저희 부부와 아들은 한 방을 써야 했습니다. 당시는 제가 출장을 자주 가는 탓에 아이가 엄마와

자는 것이 별 문제가 안 됐는데 몇 년이 지나자 제 일도 안정이 되어 집에 들어가는 날이 많아졌습니다. 문제는 그때 이미 열세 살이나 된 아들놈이 엄마와 계속 붙어 있으려 한다는 것이었습니다. 어쩔 수 없이 저 혼자 잘 수밖에 없었죠. 그런데 더 이상한 건 엄마가 집을 비운 날이면 심지어 저보고 같이 자달라고 하는 겁니다."

아버지의 말을 다 들은 교수는 아들을 향해 몸을 돌렸다. 교수는 아들의 인간관계와 언어 표현 능력을 관찰하고 싶었다.

"네 친구들 얘기 좀 해주렴."

아들은 의외로 음악과 춤, 친구들과의 모임을 좋아한다고 말했으며 심지어 때로는 친구들에게 물건을 팔아 이익을 볼 때도 있다고 했다. 아들의 교우 관계는 상당히 원만해 보였다. 하지만 깊은 관계를 맺는 데는 약간 문제가 있는 듯 했다. 아들은 자신도 이유를 모르겠지만 친구들과 좀 더 친해지려 다가갈수록 오히려 점점 멀어진다고 말했다. 학업 성적의 경우 예전에는 그럭저럭 괜찮았으나 최근 들어 급격한 하락을 보였으며 주의력과 기억력도 떨어졌다.

아들과 아버지의 관계는 '갈등이 존재하는 친밀함'의 형태를 보였다. 즉, 가까워지고 싶어하면서도 거리를 두려는 반항 심리가 존재했다. 이에 비해 어머니와의 관계는 '친밀함이 존재하는 소원함'으로 표면적인 관계는 상당히 친밀하지만 마음속으로는 멀게 느끼고 있었다. 루트 교수는 지금 자신과 대화를 하는 아이가 열여덟 살 정도의 성숙한 심리상태를 보이고 있으며 큰 문제는 없다는 느낌을 받았다. 교수는 아들에게 물었다.

"부모님은 사이가 좋으시니?"

"예전에는 항상 싸우셨지만 최근에 많이 좋아지셨지요."

"혹시 네 성적이 떨어지기 시작한 것이 부모님이 싸움을 멈추면서부터 아니니?"

아들은 잠시 생각하더니 대답했다.

"그건 별로 상관없는 일 같은데요."

이때 아버지가 끼어들었다.

"회사에서 일을 하다 보면 접대를 해야 할 때가 많지요. 그래서 아이 엄마와도 자주 싸우게 되고요. 사실 아들은 저를 존경하고 있어요. 단지 제가 애한테 좀 거칠고 무섭게 굴었기 때문에 아들이 엄마와 조금 더 친하기는 하지만 애 엄마는 직업도 별로고 교육수준도 낮아요. 그래서 아들은 속으로 엄마를 얕보고 있어요."

여기서 문제의 근원이 드러났다. 아버지는 사회적으로 상당히 성공한 편이었고 가정에서는 절대적인 권력을 행사하고 있다. 이에 비해 어머니는 많은 부분에서 아버지에 미치지 못하기 때문에, 아버지는 어머니를 심하게 무시하는 경향을 보였다.

아버지는 아들이 성장해 자신과 같은 강한 남자가 되기를 바랐을 것이다. 하지만 그것은 아들에게 어머니의 철저한 고립을 의미했다. 이제 한 명이 아닌 두 명의 성인 남자가 힘없고 늙은 여인을 상대하게 된 것이다. 아들을 돌보면서 형성되었던 가정에서의 역할이 사라지면 아버지로부터, 그리고 자신으로부터, 더 나아가 사회에서 도태될 것이 뻔했다.

이 때문에 아들은 자신에게 주어진 이상적인 역할을 차마 받아들일 수가 없었다. 그는 타협방안을 찾아냈다. 즉, 성장하지 않고 누군가의 관심과 돌봄이 필요한 아이로 남아있는 것이었다. 그렇게 하면 자신은 강해지지 않아도 되고, 어머니는 누군가를 돌본다는 가족 내 역할과 가치를 계속 이어갈 수 있기 때문이다.

이밖에도 아들은 이유 없이 자주 몸이 아프다고 말했는데, 이것 역시 자신을 병약하게 만들어 아버지와의 정면 대립을 피하려는 잠재의식 때문이었다. 즉, 아들이 퇴보한 주요 원인은 부모에게 있었다. '자라지 않는 아이'의 심리 구조 속에는 가정구성원 간의 관계를 현재 상태로 유지하려는 바람이 있었다.

Tips 심리학을 위한 교양 & 상식

스키너(Burrhus Frederic Skinner, 1904~1990)는 미국의 심리학자로 신행동주의를 대표하는 인물이다. 1904년 펜실베이니아 서스쿼해나에서 태어났으며, 어렸을 때부터 동물과 인간의 행위에 관심을 보였다. 1990년 8월 매사추세츠 케임브리지에서 사망했으며 주요 저서로는 《유기체의 행동》(1938), 《과학과 인간행동》(1953), 《언어행동》(1957), 《행동분석》(1961), 《자유와 존엄의 초월》(1971) 등이 있다. 그는 심리치료, 아동행동교정 분야의 공로가 큰 행동교정 기술의 창시자이다.

침팬지의 깨달음

통찰이란 관찰을 통해 전체적인 상황을 이해하고 목표를 달성할 수 있는 방법을 인식함으로써 주요 목표와 수단 간의 관계를 설정하는 과정이다.

독일의 심리학자 볼프강 퀼러는 침팬지의 '지적 능력'을 연구하는 데 상당한 노력을 기울였다. 그는 침팬지 연구소에서 소장으로 일하는 동안 침팬지의 생활습관과 학습능력에 관해 연구하며 많은 보고서를 발표했다.

침팬지 연구센터에는 셰러라는 수컷 침팬지가 있었다. 사육사는 실험을 위해 셰러가 극도의 배고픔을 느끼도록 오전 내내 먹을 것을 전혀 주지 않았다. 그런 다음 오후가 되자 사육사는 셰러를 어느 방으로 데리고 갔다. 방 천장에는 먹음직한 바나나가 한 묶음 달려 있었는데 너무 높은 곳에 매달려 있어 아무리 손을 뻗쳐도 도저히 닿을 수가 없었다.

셰러는 바나나를 향해 힘껏 뛰어보았지만 손이 닿지 않자 방안을 이리저리 돌아다니며 소리를 질렀다. 이때 사육사가 방안에 커다란 나무 상자와 짧은 막대기를 넣어 주었다. 막대기와 나무 상자를 본 셰러는 잠시 머뭇거

리더니 막대기를 집어 들고 천장을 향해 힘껏 뛰어올랐다. 하지만 실패였다. 셰러는 크게 실망해 한쪽 구석에 쪼그리고 앉았다. 그런데 얼마 지나지 않아 셰러가 갑자기 나무 상자를 향해 돌진했다. 그리고 상자를 바나나가 걸려 있는 천장 아래로 끌어다 놓더니 재빠르게 그 위로 기어 올라갔다. 그런 후 막대기를 들고 다시 한 번 천장을 향해 가볍게 뛰어오르는 게 아닌가! 결국 셰러는 바나나를 먹을 수 있었다.

며칠 후 쾰러는 다시 한 번 셰러를 시험해 보기로 했다. 실험 장소는 전과 같았다. 달라진 점은 바나나를 더 높은 곳에 매달았다는 것과 짧은 막대기를 작은 나무 상자로 바꿨다는 점이었다.

셰러는 방안에 들어서자마자 이전과 같은 방법을 시도하기 위해 큰 상자를 바나나 밑으로 옮겨왔다. 그리고 상자 위로 올라가 무릎을 구부리며 도약할 준비를 했다. 하지만 셰러는 뛰어 오르지 않았다. 아무리 뛰어도 절대 바나나에 닿을 수 없다는 것을 알아차린 것이다. 셰러는 다시 한 번 좌절하며 상자에 주저앉았다. 화가 난 셰러는 나무 상자에서 뛰어내려와 작은 상자를 집어 들고 방안을 미친 듯이 뛰어다니며 괴성을 질러대다가 분에 못 이기는 듯 이번에는 벽을 힘껏 발로 걷어찼다. 분노에 찬 괴성을 지르던 셰러는 한참이 흐른 후에야 잠잠해지더니 갑자기 무언가 떠오른 듯한 표정을 지었다. 그러더니 작은 상자를 끌고 다시 큰 상자가 있는 곳으로 다가왔다. 셰러는 작은 상자를 큰 상자 위로 끌어 올렸다. 그리고 재빠르게 상자 꼭대기로 올라가 손쉽게 바나나를 따냈다.

이 외에도 쾰러는 다른 종류의 문제들로 침팬지를 여러 번 실험했다. 그때마다 침팬지는 적절한 해결방법을 찾아냈다. 쾰러는 침팬지가 형상을 재구성할 수 있는 능력이 있다는 결론을 내렸고, 이러한 갑작스러운 깨달음을 '통찰'이라고 불렀다.

다른 방식으로 통찰을 이끌어내는 실험도 있었다. 쾰러는 월터라는 다른 침팬지를 대상으로 다음과 같은 실험을 했다. 먼저 월터를 우리 안에 가둔 후 손이 닿지 않는 거리에 바나나를 두었다. 그리고 우리 안에는 긴 막대기를 넣어 주었다.

바나나를 보자 월터는 손을 우리 밖으로 최대한 뻗어보았지만 아무리 뻗어도 바나나에 닿지 않았다. 안간힘을 쓰느라 월터의 코에서 거친 숨이 뿜어져 나왔다. 하지만 아무리해도 바나나를 손에 넣을 수 없자 지친 나머지 바닥에 벌렁 드러누웠다. 그런데 마침 그때 침팬지 몇 마리가 바나나를 향해 다가왔다. 깜짝 놀란 월터는 스프링처럼 바닥에서 뛰어 올라 옆에 있는 막대기를 집어 들더니 재빨리 바나나를 우리 앞으로 끌어당겼다. 다른 침팬지들의 등장이 월터의 통찰을 이끌어내는 촉매제 역할을 한 것이다.

쾰러는 위와 같은 연구를 바탕으로 1921년 《침팬지의 정신》이라는 책을 출판했는데, 당시 심리학계에 커다란 충격과 반향을 불러일으켰다. 그의 가장 큰 발견은 통찰식 학습이 반드시 보상을 전제로 이루어지는 것이 아님을 밝혀냈다는 점이다. 그리고 또 하나의 중요한 발견은 침팬지가 무엇인가를 통찰한 후 해당 문제를 해결하는 것을 넘어 응용까지 할 수 있다는 점이다. 즉, 자신이 깨달았던 것을 약간 변형하여 다른 문제 해결에 적용할 수 있다는 것이다.

일반적인 동물의 경우, 보상을 대가로 반복적인 시도를 하고 문제를 해결한다. 하지만 인간을 비롯한 지능이 높은 동물을 연구할 때는 쾰러나 던커, 베르트하이머가 제시한 방법이 필요하다.

쾰러는 학습이란 맹목적인 시도가 아닌 상황을 통찰하고 깨닫는 것이며 이를 통해 성공적으로 문제를 해결할 수 있다고 주장했다. 쾰러는 통찰이란 자신이 무엇을 위해, 어떤 행동을 해야 할지를 깨닫는 것이며 자신의 행동과 상황, 특히 목적과의 관계를 깨닫는 것이라고 생각했다. 쾰러의 이와 같은 이론은 현재 서양 심리학계에서 매우 중요한 학습이론으로 인정받고 있다.

Tips 심리학을 위한 교양 & 상식

쾰러(Wolfgang Köhler, 1887~1967)는 독일의 심리학자로 1921년 베를린대학교 심리학 연구소 소장 겸 철학교수가 되어 형태심리학 이론의 여러 측면을 밝히는 일련의 연구를 주도했다. 1935년 나치에 반대하여 미국으로 건너가 여러 정신생활의 구성요소를 구조화한 전체로 이해하려는 형태심리학 발전에 이바지하였다.

주요 저서로는 《침팬지의 정신》(1917), 《휴식과 정지 상태에서의 신체형태》(1920), 《형태심리학》(1929) 등이 있다.

04
화신의 공감기법

공감이란 상대방의 입장에서 느낄 수 있는 능력, 다시 말하면 타인의 감정과 심리를 잘 이해하고 민감하게 반응할 수 있는 능력을 일컫는다.

중국 청나라에 화신이라는 인물이 있었다. 그는 중국 역사에서 손꼽히는 간신배이자 탐관오리였지만 영민하기로 유명한 건륭황제는 놀랍게도 화신을 20년이나 총애했다. 우리가 모르는 내막이라도 있었던 것일까? 아니면 건륭황제가 사람을 잘못 본 것일까? 그것도 아니라면 혹시 화신이 건륭의 치명적인 약점을 알고 있었던 것일까? 하지만 한 가지, 모두가 인정하는 사실이 있다. 탐관오리였던 화신이 타인의 심리를 이해하는 데 누구보다도 뛰어난 재주를 갖췄다는 점이다.

무척 가난한 집안에서 태어난 화신은 건륭 42년(1775)에 어전시위라는 낮은 직책을 간신히 얻게 되었는데 그 후 건륭황제의 전폭적인 신임을 받아 20년 동안이나 군기대신(재상에 해당하는 벼슬)을 역임했다. 이처럼 오랫동안 군기대신을 지낸 사례는 중국 역사상 화신이 유일하다.

건륭황제는 시를 짓고 읊는 것을 좋아했다. 화신은 이 점을 알고 건륭황제의 시를 닥치는 대로 수집해 건륭황제가 좋아하는 인용문구, 시풍, 단어까지 완벽하게 숙지했다. 이러한 노력 끝에 화신은 건륭의 시구에 화답까지 할 수 있는 수준이 되었다. 그러자 화신을 바라보는 황제의 눈빛이 달라지기 시작했다. 여기서 짚고 넘어가야 할 사실은, 만주족이 시를 완벽히 이해하고 창작하는 것이 결코 쉬운 일이 아니었다는 점이다.

특히 화신의 공감 능력이 가장 빛을 발했을 때는 건륭황제의 모친상 때였다. 화신은 다른 왕족이나 대신들처럼 이제 그만 슬픔을 거두시고 정사에 전념하라는 따위의 틀에 박힌 말은 한 마디도 하지 않았다. 대신 그는 묵묵히 황제를 모시고 며칠 동안 식음을 전폐하고 울기만 했다. 어찌나 슬픔이 깊었던지 며칠이 지나자 얼굴색이 마치 병자 같았다고 한다. 그는 황제의 감정을 완전히 자신의 것처럼 느낄 수 있었던 것이다.

한번은 건륭황제가 유람을 하는 도중 갑자기 가마를 세워놓고 아무 말도 하지 않았다. 시중들이 모두 어찌할 바를 몰라 난감해 하고 있자 화신은 알았다는 듯 재빠르게 질그릇을 찾아 가마를 지키는 호위에게 건네주었다. 황제는 매우 기뻐하며 다시 가마를 움직이라고 명령했다. 유람 기간 내내 모든 사람들이 화신의 영민함과 민첩함에 감탄의 눈빛을 보냈다고 한다.

건륭황제는 농담을 즐기는 유쾌한 성격이었다. 화신은 저잣거리에 떠도는 농담들을 모아 황제에게 들려주곤 했는데 이는 다른 군기대신에게서는 절대로 찾아볼 수 없는 모습이었다.

화신이 얼마나 황제의 의중을 잘 파악하는지에 관한 다른 이야기도 있다. 청나라의 관례에 따르면 순천 향시 때 《사서》의 시험문제는 먼저 황제가 칙명하면, 조정에서 이를 받아 《사서》의 일부를 황제에게 바치고, 그러면 황제가 그 중 시제를 출제하여 다시 조정에 알려주는 방식이었다. 한번은 건륭황제의 시제를 받아들고 조정으로 가던 내시가 도중에 화신과 마주치게 되었는데, 시제에 대해 은근히 묻는 화신에게 내시는 이렇게 말했다.

"폐하께서 《사서》 1권을 펼쳐 보시더니 어느 한 곳을 보시고는 미소를 지으시며 시제를 적으셨지요."

화신은 곰곰이 생각했다. 황제께서 미소를 지으셨다고? 순간 화신은 무릎을 탁 쳤다. 분명 을선(乙酰) 파트이다! 마침 향시 시험기간이 을유(乙酉)해였는데 을선에는 을유라는 한자가 포함되어 있다. 화신은 이 사실을 제자들에게 전해주었고, 시험문제는 화신의 짐작대로 을선 파트에서 출제되었다. 화신이 얼마나 황제의 마음을 꿰뚫고 있는지 보여주는 일화이다.

공감이란 상대방의 심리상대를 정확하게 읽어내는 것을 말한다. 즉, '상대방이 생각하는 것과 똑같이 생각하고, 상대방이 화를 내면 똑같이 화가 나는 상태'인 것이다. 심리학에서 말하는 공감의 개념은 처음 미국의 임상심리학자인 칼 로저스가 환자를 대하는 의사를 일컬어 한 말이었으나 오늘날에는 환자와 의사 사이를 넘어 보편적인 인간관계에서 적용되는 말이 되었다. 공감은 동감이나 감정이입 등으로도 표현된다. 이들 모두 상대방의 입장을 느낄 수 있는 능력, 즉 타인의 감정과 심리를 잘 이해하고 민감하게 반응할 수 있는 능력을 일컫는다.

공감능력이 높을수록 상대방에 대한 감정이 더욱 정확하고 심도 깊다. 이런 능력은 타인을 더 잘 이해할 수 있도록 만들 뿐 아니라 감정 상태를 잘 해결할 수 있게 하여 상대방과 더욱 깊은 교류를 할 수 있게 하고 더욱 끈끈

한 인간관계를 형성할 수 있게 한다.

공감능력이 뛰어난 사람은 주위에 관심을 가지고 이해하려는 경향이 있다. 타인과 생각의 차이가 생겼을 때도 상대방의 의견을 존중하며 차이를 인정하고 받아들인다. 또 타인과 마찰이 발생했을 때도 원만하게 해결하여 이로 인해 생길 수 있는 심리적 부담을 덜어낸다. 이들은 자신의 이런 능력을 이미 인지하고 있으며, 그 때문에 사람들에게 더욱 쉽게 받아들여지고 존중받을 수 있다는 점을 잘 알고 있다. 그래서 심리적으로 당당하고 유쾌한 상태를 유지할 수 있다.

공감능력이 떨어지는 사람은 다른 사람의 입장에서 생각하지 못하며 타인의 관점을 받아들이지 못한다. 또, 언제나 자신의 생각만을 강요하는 경향이 있다. 그래서 사람들은 겉으로는 이들을 정중하게 대하지만 마음속으로는 점점 거리를 두게 된다.

Tips 심리학을 위한 교양 & 상식

칼 로저스(Carl Rogers, 1902~1987)는 인본주의 심리학의 대표적인 인물이다. 1902년 1월 8일 미국 일리노이 주에서 태어났으며, 1951년 《환자중심치료: 최근의 실행상황과 함축적 의미, 그리고 이론》이라는 책을 출판했다. 10년 후에는 《한 사람이 되는 것: 치료자의 심리치료 관점》을 발표했다. 로저스의 가장 큰 업적은 인본주의 심리치료 체계를 구축하는 데 지대한 공헌을 했다는 점이다. 당시 로저스의 이론은 프로이트의 정신분석법 다음으로 선풍적인 인기를 끌었다.

신 포도와
단 레몬

목표가 실현되지 못했을 때, 종종 그 목표를 평가절하하여 욕망을 감소시키고 초조한 마음을 가라앉히는 행위를 심리학에서는 '신포도 심리'라고 표현한다.

산 속에 사냥꾼이 살고 있었다. 그의 집 정원에는 포도나무 여러 그루가 있었다. 때마침 수확시즌이라 초록색 가지마다 보랏빛으로 익어가는 포도가 가득했다. 포도송이에는 흰색 당분가루가 마치 서리처럼 내려앉았다. 그 모습이 어찌나 탐스러운지 보는 사람마다 절로 입에 군침이 돌 정도였다.

근처에 살던 여우도 이 광경을 보았다. 여우는 포도를 먹고 싶은 마음에 며칠 동안 사냥꾼의 집 주위를 맴돌았다. 그러던 어느 날 사냥꾼이 외출하자 여우는 잽싸게 포도나무 정원으로 숨어들었다. 포도나무 아래에서 여우는 포도를 먹을 생각에 콩닥콩닥 설렜다. 그런데 생각지도 못했던 문제가 기다리고 있었다. 나무가 너무 높았던 것이다.

여우는 아침부터 아무 것도 먹지 못한 상태였다. 배에서는 계속 꼬르륵 소리가 들려왔다. 탐스러운 포도를 눈앞에 두고 여우는 침만 질질 흘릴 수

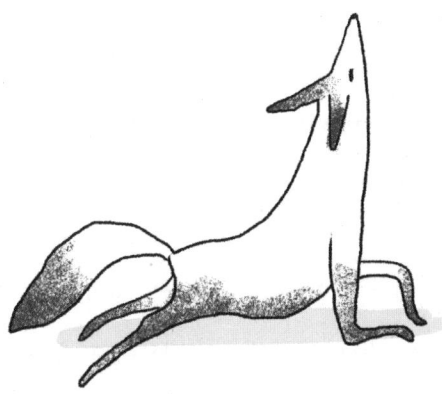

밖에 없었다. 여우는 다시 한 번 힘을 내보기로 했다. 포도를 노려보며 몇 발자국 뒤로 물러나 몸을 최대한 웅크렸다가 있는 힘껏 도약했다. 이번에는 아슬아슬하게 닿는 듯 싶었다. 하지만 결과는 역시 실패. 그리고 계속해서 이어지는 도전과 실패. 실패. 실패. 결국 여우는 지쳐 쓰러지고 말았다. 서늘한 바람이 녹색의 포도 가지를 스쳐가며 '샤샤' 소리를 냈다. 적막 속에서 '꼬로록' 소리가 유난히 크게 들렸다.

"제발 하나만 떨어져라."

여우는 간절한 마음으로 포도나무 아래에서 기도했다. 하지만 포도는 가지 끝에서 좀처럼 떨어질 기미를 보이지 않았다.

"아!" 여우의 입에서 자신도 모르게 깊은 한숨이 흘러나왔다. 그리고는 옅은 미소를 지으며 이렇게 혼잣말을 했다.

"저 포도는 아직 덜 익었어. 설령 딴다고 해도 너무 시고 떫어서 오히려 입맛만 버릴 거야. 너무 맛이 없어서 토하지나 않으면 다행일 걸. 흥, 공짜로 준다고 해도 사양하겠어."

여우는 품속에 가지고 있던 작은 레몬을 꺼내들며 말했다.

"세상에서 가장 맛있고 단 과일은 누가 뭐라고 해도 바로 이 레몬이지. 포도는 바보들이나 먹는 거라고."

여우는 고픈 배를 움켜쥐고 돌아갔다.

이 이야기는 유명한 이솝우화 중 하나이다. 심리학자들은 이 우화를 바탕으로 '신포도 심리'라는 단어를 만들어 냈으며 이 용어를 통해 합리화된 자기위안과 방어기제를 설명했다.

일상생활 속에서도 쉽게 위와 같은 상황과 심리상태를 경험할 수 있다. 사람들은 좌절을 경험할 때 종종 온갖 이유를 들어 얻지 못한 것에 대해 왜곡한다. 이처럼 '신포도 심리'는 자신이 열망하던 것을 얻지 못했을 때 오는 좌절감과 그로 인한 심리적 불안을 해소하기 위한 기제이다. 억지로 이유를 찾아내 자아를 위안하고 긴장감과 스트레스를 완화하며 불만과 불안 등 부정적인 심리상태에서 벗어남으로써 자아가 상처를 받지 않도록 하기 위함이다.

'백년 인생 중 십중팔구는 역경'이라는 말이 있듯이 우리는 살면서 수없이 많은 좌절을 경험한다. 이때마다 사람들은 부정적인 심리상태를 떨쳐버리기 위해 의식적으로든 무의식적으로든 방어기제를 사용하게 되는데, 이것이 바로, '신포도 심리'와 '단 레몬 심리'의 대표적인 예이다.

'신포도 심리'는 우화 속의 여우가 포도를 시다고 생각한 것처럼 대상을 부정적으로 왜곡하는 것을 말한다. 예를 들면 자신이 원하던 대학에 떨어졌을 경우 학비가 너무 비싸다, 커리큘럼이 별로다, 졸업후 반드시 좋은 직장에 간다는 보장이 없다는 등의 이유를 들어 폄하하는 경우를 들 수 있다.

'단 레몬 심리'는 잘 익은 포도를 먹을 수 없자 시디신 레몬을 세상에서 가장 달다고 치켜세우는 것처럼 대상을 미화하는 것을 말한다. 예를 들면 4년제 대학에 떨어져서 전문대에 간 학생이 학습기간도 짧고 학비도 저렴하며, 졸업하면 바로 직장을 찾을 수 있다는 등의 말을 하는 경우이다.

'신포도 심리'와 '단 레몬 심리'는 어리석고 황당해 보이지만 마음을 다스리는 데는 사실 상당히 긍정적인 작용을 한다. 좌절했을 때 겪게 되는 상실감과 우울함에서 벗어나게 해주고 가망이 없는 목표를 놓아버릴 수 있도록 도와주며, 그렇게 함으로써 건강한 심리상태를 유지하고 어느 정도 자존심을 지키게 해 준다.

물론 이와 같은 방법은 표면적인 치료일 뿐 근본적인 해결책은 아니다. 하지만 만약 좌절을 겪을 때마다 부정적인 심리가 아무 제약 없이 진행되고 발전되어 현실을 직시하지 못하게 된다면 문제를 해결할 수 없는 것은 물론이고 부정적 심리상태가 타성으로 굳어버릴 수 있다. 결국 더욱 복잡해지고 더 큰 좌절을 불러오게 될 것이다. 그러므로 명확한 인생관을 수립해 좌절을 극복하고 상황을 개선해나가는 것이 필요하다.

Tips 심리학을 위한 교양 & 상식

존 듀이(John Dewey, 1859~1952)는 미국의 심리학자이자 교육자이며 기능주의 심리학의 기초를 다진 인물이다. 그의 심리학 관점은 진화론과 철학사상에 기초한 도구주의에 의해 형성되었다. 존 듀이는 미국에서 처음으로 심리학 교과서를 집필했으며 훗날 실용주의에 심취하면서 교육운동을 발전시키는데 선도적인 역할을 했다.

주요 저서로는 《민주주의와 교육》(1916), 《인간성과 행위》(1921년), 《확실성의 탐구》(1929), 《경험으로서의 예술》(1933), 《경험과 교육》(1938) 등이 있다.

기대와 믿음의 힘

심리적 태도란 '마음의 방향'이라고도 부르며, 주체가 일정한 활동에 대해 미리 심리적인 준비를 하는 것을 일컫는다. 심리적 태도는 부분적인 심리활동이 아닌 전체적이고 완성된 성격을 의미한다. 인간은 일정한 활동 방향과 사전준비를 통해 이미 형성된 욕구와 객관적인 환경에 반응한다. 심리적 태도는 인간의 모든 심리활동에서 찾아볼 수 있다.

미국의 유명한 심리학자 로버트 로젠탈은 다음과 같은 흥미로운 실험 두 가지를 실시했다.

〈첫 번째 실험〉

그는 학생들에게 두 그룹의 쥐를 대상으로 각각 미로를 빠져나가는 방법을 학습시킨 다음 어느 그룹의 쥐가 더 빨리 학습하는지 알아보는 실험을 시켰다. 이때 실험을 주관하는 교사는 학생들에게 한 그룹의 쥐들은 지능이 높은 반면 다른 그룹의 쥐들은 세상에서 가장 둔하고 지능이 낮은 쥐들로 구성되었다고 알려주었다.

실험이 시작되었지만 학생들은 이미 마음속으로 실험을 어떻게 진행하더라도 결과는 정해져 있다고 굳게 믿고 있었다. 결과는 학생들의 예상대로 총명한 그룹의 쥐들의 학습 속도가 둔한 그룹의 쥐들보다 월등한 것으로 나타났다. 그러나 사실, 두 그룹의 쥐들은 전혀 차이가 없었다. 실험을 주관한 교사가 학생들에게 차이가 있다고 말한 것은 심리적인 암시를 부여하기 위함이었다.

로젠탈 교수는 그 이유를, 학생들이 총명한 그룹의 쥐에게는 호감을 가지고 학습을 실행한 반면 둔한 그룹 쥐들은 거칠게 다루었기 때문이라고 설명했다.

〈두 번째 실험〉

로젠탈 교수는 한 학교에서 학생들에게 지능 테스트를 실시했다. 테스트가 끝난 후 로젠탈 교수는 선생님들에게 각각 몇 명의 학생 이름을 종이에 적어주면서 대기만성형 학생들이라서 그들에게 적절한 교육을 시킨다면 성적이 크게 향상될 것이라고 말했다.

명단을 건네 준 이후 로젠탈 교수는 단 한 번도 명단 속의 학생들을 만난 적이 없었으며 명단에 대해 언급하지도 않았다. 사실, 로젠탈 교수가 말한 대기만성형 학생은 무작위로 골라낸 이름이었다.

학기를 마칠 즈음, 로젠탈 교수는 또다시 같은 학생들을 대상으로 지능 테스트를 실시했는데 놀라운 결과가 나타났다. 명단 속의 학생들이 모두 처음보다 월등히 높은 점수를 받은 것이다.

그 이유가 뭘까? 로젠탈 교수는 교사들이 이들 학생을 믿고 특별히 관심을 가져준 결과 성적이 크게 향상된 것이라고 설명했다.

왜 이와 같은 현상이 생기는 것일까? 심리학 용어를 이용해 설명하면,

인간의 뇌에는 사전에 미리 태도가 형성되기 때문인데, 태도란 '마음의 방향'이라고도 표현할 수 있다. 즉, 모종의 자극에 반응하기 전에 이미 존재하는 일종의 의향을 말한다.

누군가가 자신을 좋아하지 않는다는 소문을 들었을 경우, 설령 그것이 사실이 아니라 해도 당사자를 만나면 자연스럽게 대하기가 어려울 것이다. 또 누군가 남의 말에 시비를 거는 것을 좋아한다는 이야기를 들으면 그 사람을 만났을 때 평소처럼 유창하게 말할 수 없게 된다.

원인은 사전에 뇌에서 이미 어느 정도 행동방향을 결정했기 때문이다. 이와 같이 미리 결정된 행동방향 때문에 당신의 반응이 평소와 달라진다면 이 또한 기대와 믿음이라는 심리에서 비롯된 결과이다. 여기에 꼭 맞는 말이 있다.

"배움을 방해하는 것은 무지가 아니라 이미 우리가 배운 지식이다."

우리는 성인이 되고, 무지에서 지식을 알아가는 과정에서 수많은 원칙과 규칙을 배운다. 바로 이러한 것들이 자신도 모르는 사이에 잠재의식 속에 깊이 뿌리를 내리게 되고 연령이 높을수록, 학식이 풍부할수록 더 큰 영향을 받게 된다. 하지만 마음만 먹으면 그 어떤 규칙도 충분히 깰 수 있다. 방법은 다음과 같다.

1. 절대로 불가능하다고 생각하는 것들을 찾아보자. 그리고 자신이 너무도 당연하다고 생각하는 것들을 열거해보자.
2. 1에서 찾은 생각의 근거가 무엇인지 찾아보자. 그리고 자신의 생각과 근거 사이에 필연적인 관계가 있는지 스스로에게 물어보자. 자신이 할 수 없는 이유가 실제 능력이 없어서가 아니라 스스로 능력이 없다고 생각하기 때문이라는 사실을 직시하자. 자신도 태도에 영향을 받

고 있었다는 사실을 인지하자.
3. 실제로 불가능하기 때문이 아니라 스스로 그렇게 생각하기 때문에 이루지 못하는 일들도 있다. 수많은 불가능한 일이 실제로는 우리 상상 속에서만 존재한다. 심리적 태도를 깨부수고 싶다면 생각만 할 게 아니라 직접 몸으로 실천하라.

Tips 심리학을 위한 교양 & 상식

융(Carl Gustav Jung, 1875~1961)은 스위스의 정신과 의사로 분석심리학의 창시자이다. 초기에는 프로이트의 협력자였으나 훗날 관점의 차이로 결별했다. 프로이트가 자연주의에 치우친 반면 융은 인간 정신의 숭고한 포부를 강조했다.

외향성·내향성 성격, 원형(原型), 집단무의식 등의 개념을 제시하고, 발전시켰다. 그의 업적은 정신의학과 종교·문학 관련 분야의 연구에 영향을 미쳤다.

주요 저서로는 《무의식의 심리학》(1912), 《심리적 유형》(1921)이 있다.

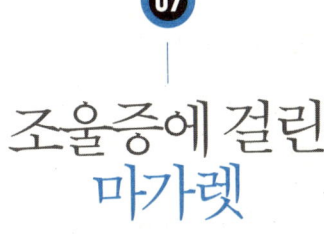

조울증에 걸린 마가렛

조증(mania, 주로 조울증에 걸린 비정상적인 흥분상태를 가리키는 정신의학 용어)의 특징은 기분이 밝고 유쾌하다는 것이다. 세상 모든 것이 아름다워 보이고 매일의 생활이 다채롭고 새롭다고 느끼며, 때로 세상에서 가장 행복한 사람이라는 생각을 한다. 하지만 기분이 안정적이지 못해 쉽게 화를 내고 고의나 무의식적으로 사람을 거칠게 대하거나 이유 없이 트집을 잡는 경우가 많다. 유쾌한 기분이 얼마 못 가는 것이다.

마가렛은 올해 스물세 살로 밝고 귀엽고 열정적이며 쾌활하다. 하지만 오랫동안 함께 일한 사람이라면 그녀의 열정과 쾌활함이 정상이 아니라는 사실을 쉽게 깨닫는다.

한번은 회사에서 단체로 등산을 간 적이 있었다. 몇 명의 직원들이 그녀와 같은 조가 되어 산을 올랐는데 마가렛은 출발하는 순간부터 수다를 떨기 시작하더니 산중턱에 이를 때까지 계속 수다를 떨었다. 그녀 자신도 왜, 무엇을 위해 떠드는지 알 수 없었다. 그저 이야기하는 것이 신나고 즐거울 뿐이었다.

문제는 하나의 화제를 계속 반복하고 있다는 사실이었다. 출발하기 전에 한 동료가 우연히 꺼낸 우스갯소리를 마치 새로운 얘기인양 몇 시간째 반복하고 있었다. 이야기가 반복될수록 동료들은 하나 둘 이상한 눈으로 마가렛을 바라보기 시작했다. 하지만 마가렛은 전혀 개의치 않았다.

산중턱을 지나서도 마가렛의 얘기는 끊이지 않았다. 오히려 더욱 기분이 좋아져 하늘을 향해 큰 소리로 외쳤다.

'아! 오늘 햇볕 정말 좋다!'

앞질러 가던 동료들이 모두 뒤돌아 봤다. 그 중 한 명이 낮은 목소리로 중얼거렸다.

"미쳤군."

그 소리를 듣자 마가렛의 얼굴에서 순식간에 웃음기가 사라졌다. 그녀는 앞으로 달려가 포악스럽게 쏘아붙였다.

"지금 누구보고 미쳤다는 거예요? 내가 보기엔 당신이 미친 것 같네요!"

그러더니 손에 쥐고 있던 음료수 캔을 그 사람을 향해 던져버리는 게 아닌가? 뒤따라오던 동료가 마가렛을 말리는 바람에 싸움은 끝이 났다. 좋았던 기분이 한 순간에 망가지자 마가렛은 견디기 힘들었다. 그 이후로 그녀는 고개를 떨구고 하루 종일 우울해하며 다시는 입을 열지 않았고 동료들이 농담을 해도 미소조차 짓지 않았다.

마가렛의 기분은 항상 이처럼 극과 극을 오간다. 누군가 우스갯소리를 했을 때 마가렛의 반응은 단 두 가지다. 미친 듯이 웃거나 혹은 아무 반응도 보이지 않는 것이다. 특히 지금처럼 기분이 좋지 않을 때는 아무 것도 그녀의 얼음처럼 굳어버린 표정을 풀어주지 못한다.

그녀는 사소한 웃음거리를 다른 일들과 연결지어 끊임없이 웃고 떠든다. 하지만 옆에 있는 사람들이 듣기에는 지나치게 썰렁하거나 경박한 얘기다. 게다가 그녀는 가끔 아주 작은 일로 마치 몇 십 년 원한이라도 쌓인 것처럼 불같이 화를 낸다. 그래서 사람들은 이런 여자는 피하는 게 상책이라고 생각하며 마가렛을 멀리하게 된다.

　마가렛은 단 한 번도 자신에게 문제가 있다고 생각해본 적이 없지만 주위에서 수군거리는 소리에 신경이 쓰인다. 그녀는 도저히 이해할 수가 없다. 즐거운 것도 문제란 말인가?

　마가렛과 같은 증상을 임상학계에서는 조증이라고 부른다. 조증 환자들은 주로 아래와 같은 세 가지 흥분상태를 보인다.

　1. 감정의 흥분상태

　　조증 환자들은 평소 환희와 같은 극단적인 흥분상태를 보인다. 이들은 세상이 너무나 흥미진진하고 아름답다고 느끼며 그 무엇도 이와 같은 감정을 깨뜨릴 수 없을 것이라고 생각한다.

　2. 언어의 흥분상태

　　조증 환자들은 끊임없이 이야기를 한다. 대개 자신을 자랑하는 것들이다. 재산이 얼마나 많으며 얼마나 많은 남자에게 고백을 받았는지, 사업이 얼마나 잘 풀리고 있는지 등등. 사람들은 귀를 기울이지 않지만 이들은 전혀 개의치 않는다.

　3. 행동의 흥분상태

　　조증 환자들은 항상 에너지가 넘친다. 매일 두, 세 시간밖에 수면을 취하지 못하지만 낮에도 전혀 피곤함을 느끼지 않으며 때로 성욕이 갑자기 왕성해진다거나 하루 종일 쇼핑을 하며 돈을 물 쓰듯 쓰기도 한다. 이렇게 산 물건들은 대부분 주위 사람들에게 나누어준다. 이들은 어떤 일을 꾸준히 하는 법이 없다. 그래서 안정적이지 못하고 경박하다는 느낌을 준다.

조증 환자와 대화를 나눌 때는 인내심을 가지고 다정하게 대해야 한다. 상대방을 설득하려고 들면 오히려 부작용을 낳을 수 있으므로 되도록 논쟁을 피하는 것이 좋다. 이들이 자기 자랑을 할 때 비웃는 행위는 불난 집에 기름을 붓는 것만큼 위험하다. 환자가 너무 말을 많이 해 피곤하다고 느낄 때는 다른 방법으로 주의를 환기시켜야 한다. 예를 들면, '시간이 많이 늦었네요.' 라던가 '이제 좀 쉬고 싶어요.' 혹은 '저녁 먹을 시간이네요.' 같은 말로 주의를 분산시킨다. 대부분의 환자들은 이런 말을 쉽게 수용하는 편이다.

Tips 심리학을 위한 교양 & 상식

코프카(Kurt Koffka, 1886~1941)는 독일계 미국 심리학자로 형태 심리학(게슈탈트 심리학)의 대표적인 인물이다. 코프카는 한 때 퀼러(Wolfgang Kohler)와 베르트하이머(Max Wertheimer)의 지각 실험에 참여하기도 했다. 발전 심리학의 일환이기도 한 형태 심리학의 발전은 코프카가 이룬 가장 큰 업적이다. 주요 저서로는 《정신의 성장》(1921), 《형태심리학의 원리》(1935) 등이 있다.

저승사자와 공포심리

공포, 초조, 우울, 질투, 적대감, 충동 등 부정적인 감정은 몸과 마음을 모두 병들게 한다. 이러한 현상이 장기간 지속되면 정신적 황폐화는 물론 면역체계가 파괴되어 각종 질병으로부터 저항력을 잃게 된다.

어스름이 깔릴 무렵, 옆 동네에 놀러갔던 노인이 마을 어귀로 걸어오고 있었다. 그때 마을 입구의 느티나무 아래 검은 옷을 입은 키가 큰 남자가 보였다. 노인은 남자에게 다가가 물었다.

"안녕하시오? 나는 이 마을의 촌장이올시다. 대체 무슨 일로 우리 마을 어귀에 서 있는 게요? 볼일이라도 있소?"

검은 옷을 입은 남자가 대답했다.

"나는 지옥에서 온 저승사자라오. 내가 이곳에 온 이유는 오늘밤에 죽을 100명의 영혼을 데리고 가기 위해서지요."

노인은 놀라 눈이 휘둥그레졌다.

"뭐라고요? 저승사자! 그게 참말이요?"

검은 옷을 입은 남자가 가만히 고개를 끄덕였다.

"재난이 닥칠 것을 미리 알았으면 도움을 줄 일이지 어찌 아무 죄 없는 사람들이 죽어가는 것을 손 놓고 기다린단 말이오?"

검은 옷을 입은 남자는 여전히 침착하게 말했다.

"진정하시오. 이게 바로 내 일이라오. 나는 저승사자이지 천사가 아니오. 남자가 아이를 낳을 수 없는 것과 같은 이치라오. 가을철 농작물이 익는 것처럼 자연의 섭리는 거스를 수 없지요."

남자를 설득할 수 없음을 깨달은 노인은 남자에게 작별인사를 하고 허겁지겁 마을로 뛰어왔다. 그리고 집집마다 돌아다니며 각별히 조심하라고 신신당부를 했다.

"지금 마을 밖에서 저승사자가 100명의 영혼을 데려가기 위해 기다리고 있단 말이오!"

노인의 말에 마을은 삽시간에 공포 분위기에 휩싸였다.

'세상에, 앞으로 죽을 영혼이 100명이나 되다니! 혹시 나도 죽는 건 아닐까? 정말 그렇다면 어떻게 해야 하지?'

대책을 의논하기 위해 마을 사람들이 노인의 집으로 몰려들었다. 하지만 아무리 의논을 해 보아도 결론이 나올 리 없었다. 결국 사람들은 무거운 마음을 안고 다시 집으로 돌아갈 수밖에 없었다. 어둠과 함께 공포의 무거운 기운이 마을 전체를 짓누르기 시작했다. 인적이 끊긴 거리에는 을씨년스러운 바람만이 간간히 아기 울음소리 같은 날카로운 소리를 내며 지나갔. 초침이 시침만큼 느리게 흘렀다. 정말 길고 긴 밤이었다.

다음날 아침. 화가 머리끝까지 난 노인은 씩씩거리며 마을 어귀로 찾아가 소리를 질렀다.

"저승사자 이놈! 냉큼 나오지 못하겠느냐! 신의도 모르는 놈아, 어서 모

습을 드러내라."

저승사자가 노인 앞에 나타났다.

"당신 기분은 충분히 이해하오. 하지만 나한테 화낼 일은 아니지 않소."

"이놈, 왜 네가 한 말을 지키지 않는단 말이냐? 너는 분명 100명을 데리고 간다고 했다. 그런데 어젯밤 죽은 사람은 무려 1000명이나 되지 않느냐! 이런데도 내가 화를 안 낼 수 있단 말이더냐!"

그랬다. 날이 밝자마자 여기저기에서 부고가 날아들기 시작했다. 노인은 짐작했던 일이라 무거운 마음으로 한숨만 쉬었다. 그런데 이상한 일이 일어났다. 이미 100명이 넘었는데도 부고가 끊임없이 계속 날아들었던 것이다. 최종 부고까지 합산한 결과 죽은 자는 무려 1000명이 넘었다. 분노와 절망에 휩싸인 노인은 합산 결과가 나오자마자 정신없이 저승사자와 처음 만났던 마을 어귀로 달려갔다. 그리고 저승사자에게 왜 약속을 지키지 않았느냐고 따져물었다. 그러자 저승사자가 무심한 얼굴로 대답했다.

"촌장, 내 분명히 말하리다. 나는 분명 어제 말한 숫자만큼의 사람만을 데리고 갔다오. 나머지 사람들은 나와는 아무 상관이 없소. 그들은 '공포'와 '초조함'이 데리고 간 것이오."

이처럼 공포와 걱정, 초조함은 저승사자와 같은 작용을 할 수 있다. 심리학에서 일컫는 정서반응의 일종으로, 사람은 특수한 정서적, 사회적 스트레스에 대해 일정한 심리적 반응을 보이며 심하면 그에 상응하는 정신질환을 보인다. 이미 습관이 되어 의식하지 않고 지나갈 뿐 심리반응은 우리 일상생활에서 수시로 발생한다. 다만 공포, 초조함, 걱정, 우울함, 질투, 적대감과 같은 부정적인 감정은 파괴력이 강하므로 오랫동안 노출될 경우 심각한 육체적, 정신적 질병을 유발할 수 있다.

초조함이란 한 사람이 확정되지 않은 어떠한 불특정 상황에 대해 괴로움을 느끼는 것으로 우울, 비관적 성향과 자신을 무의미한 존재라고 생각하는 경향을 보인다. 항상 긴장되어 있고 쉽게 흥분하며 심리상태가 불안정하고 타인을 신뢰하지 못한다. 또한, 집중력이 떨어지고 사고(思考)나 대화가 갑자기 중단되며 수면 시간이 너무 길거나 불면증 혹은 잠에서 쉽게 깨는 증상을 보인다.

기쁨, 분노, 슬픔, 즐거움, 상실감 등 우리는 일생동안 갖가지 감정을 경험한다. 정서와 건강은 아주 밀접한 관계가 있다. 따라서 자신의 감정을 적절히 조절하는 것은 건강에도 상당히 중요하다. 안정되고 유쾌한 감정은 신체를 건강하게 하지만 부정적인 감정은 이야기 속의 저승사자와 같은 치명적인 결과를 초래할 수도 있다.

안정되고 유쾌한 감정은 건강을 지키는 보약이다. 기분이 좋을 때 인간의 중추신경은 흥분을 느끼게 되고 이로 인해 소화, 흡수, 내분비와 배출 등 신진대사가 원활히 이루어진다. 식욕이 왕성하며 충분한 수면을 이룰 수 있어 뇌의 기능이 활성화 된다. 이 때문에 유쾌한 사람은 항상 에너지가 넘치고 쉽게 집중할 수 있다.

오래 전, 성당의 수녀들을 대상으로 추적조사를 실시한 결과, 낙천적으로 사는 수녀들이 그렇지 않은 수녀보다 더 오래 사는 것으로 나타났다. 중국에서도 쓰촨성의 백 세 노인 372명을 대상으로 설문조사를 실시한 결과 백 세 노인 중 98%가 낙천적인 성격인 것으로 밝혀졌다.

이 밖에도 유쾌한 감정이 신체에 영향을 미치는 예는 많다. 예컨대, 경기에서 이긴 선수와 전쟁에서 승리한 군사의 상처가 패배한 선수나 패잔병보다 빨리 낫는다거나 정신적인 스트레스가 적은 환자가 더 빨리 회복된다는 사실은 이미 의학계에서 잘 알려진 사실이다.

이와 반대로, 의학계에서는 공포, 초조함 등 부정적인 정서가 건강에 상당한 악영향을 끼치는 것으로 보고 있다. 오랫동안 우울, 공포, 슬픔, 질투, 분노 혹은 긴장 등 부정적인 감정에 노출될 경우 고혈압, 동맥 경화증, 신경계통 장애, 정신병, 천식, 만성위염, 녹내장, 암 등 각종 질병을 유발할 수 있으며 여성의 경우 월경이 불규칙해지거나 심하면 중단될 수 있다.

의학계의 연구결과에 따르면 70% 이상의 위장질환이 정서적 요인에서 비롯되었으며, 스트레스로 인한 두통은 전체의 80~90%에 달하는 것으로 밝혀졌다.

Tips 심리학을 위한 교양 & 상식

커텔(James McKeen Cattell, 1860~1944)은 미국의 심리학자로 1860년, 미국 펜실베이니아에서 태어났다. 커텔의 가장 큰 업적은 요인분석 통계방법을 인격심리학 분야에 접목시킨 점이다. 그가 개발한 성격검사 방법인 16PF(personality factor)는 오늘날에도 세계에서 가장 공신력 있는 성격 테스트 방법으로 인정받고 있으며 성격이나 행동장애 연구 및 인재채용, 교육 적성검사 등의 자료로 광범위하게 응용되고 있다.

1894년 〈심리학비평〉 공동창간, 1900년 〈파퓰러 사이언스 먼슬리〉 창간, 〈미국의 과학자〉(1906~38)라는 인명록을 편집·발간했다. 1921년 응용심리학 연구를 목적으로 심리학회사를 설립했다.

09
거식증이 부른
소녀의 죽음

거식증은 신경성 식욕부진증이라고 불리며 정신적인 요인으로 섭식에 장애가 생기는 정신질환이다. 주로 사춘기 여성에게서 나타나며 대개 체중을 급격히 줄이기 위해 의식적으로 음식을 거부했을 때 생긴다.

2005년 여름 새벽, 응급실에서 의사들이 한 소녀를 에워싸고 모여 있었다. 의사는 소녀에게 심폐소생을 시도하고 있었다. 이 의사는 당시의 상황을 이렇게 설명했다.

"처음 여자아이를 보았을 때 정말 입을 다물 수가 없더군요. 어찌나 말랐는지 허벅지는 보통 사람들 팔만하고, 팔은 손가락 두 개 정도 굵기밖에 안 됐으니까요."

의사들의 노력에도 불구하고 소녀는 결국 사망했다. 소녀의 사인은 '기아로 인한 내장기관의 쇠약'이었다.

소녀의 이름은 정소연, 당시 고등학교 1학년 학생이었으며 15세였다. 소연은 학교에서 반장과 학습부장을 겸임할 정도로 성적이 우수하고 활발한 소녀였다. 어렸을 때부터 노래와 춤 솜씨가 뛰어났으며 몇 년 전에는 청소년 장기자랑에서 3등을 하기도 했다. 특히 노래 부르는 것을 좋아했는데 2004년부터 위성TV에서 방영하고 있는 일반인 장기자랑 프로그램에 푹 빠지더니 어느 날 부모님께 자신도 내년에 그 프로그램에 참여하겠다고 선언했다고 한다.

그 후부터 소연은 외모에 관심을 기울이기 시작했다. 당시 그녀의 키는 1m 55Cm, 몸무게는 44Kg으로 날씬한 편이었지만 스스로는 아직 많이 부족하다고 생각했다. 소연은 그 해 4월부터 음식을 조절하기 시작했다. 소연은 다이어트를 결심한 후 점점 먹는 양이 줄어들더니 나중에는 아무 것도 먹지 않으려 했으며 설령 먹는다고 해도 곧장 화장실로 달려가 손가락을 입에 넣어 모두 토해내기 일쑤였다. 소연은 하루가 다르게 말랐고 결국 앙상한 나뭇가지처럼 변해버렸다.

보다 못한 소연의 부모는 4월 11일 소연을 병원으로 데리고 갔다. 진찰 결과 소연은 신경성 식욕부진증 판결을 받았으며 소연의 부모는 그녀를 정신병원에 입원시켰다. 그리고 치료를 마치고 병세가 호전되자 그녀를 다시 집으로 데리고 왔다. 소연의 고모는 당시 상황을 이렇게 말했다.

"집으로 돌아온 후 소연이는 줄곧 기분이 안 좋아보였어요. 말을 한 마디도 안 하더군요."

7월 12일. 다시 집으로 돌아온 소연은 모든 것을 포기한 듯 고분고분했다. 세 끼 밥도 꼬박꼬박 먹었으며 심지어 한 숟가락 더 얹어주는 것까지 모두 비웠다. 하지만 소연은 부모가 자신을 정신병원에 보낸 것에 대한 원망을 계속 마음속에 품고 있었다.

소연의 생일날 가까운 친척들이 모였는데 소연의 달라진 모습을 보고 병원에서 좀 더 치료를 받아 완전히 회복하는 것이 어떻겠냐는 등 의견이 분분했다. 다음날 아침, 소연은 아침 일찍 거실에 쪽지를 남겨놓고 집을 나섰다.

"나가서 놀다 올게요. 곧 돌아올 테니까 걱정 마세요."

하지만 그녀는 다시 돌아오지 않았다. 그녀의 부모와 친척들이 백방으로 찾아다녔지만 어디에서도 그녀에 관한 소식을 들을 수 없었다. 8월 21일 오후, 소연의 외할머니는 전화 한 통을 받았다. 전화를 건 사람은 다름 아닌 소연이었다. 그녀는 기어들어가는 목소리로 말했다.

"할머니, 저 서울이에요. 저… 좀… 살려… 주세요."

할머니는 곧바로 서울에 사는 소연의 삼촌에게 전화를 걸었다. 삼촌이 소연이 있다는 서울역에 도착했을 때 한 무리의 사람들이 둥글게 모여 있었다. 이미 경찰과 119구조대도 도착한 상태였다. 삼촌이 사람들을 헤치고 군중 사이로 들어가자 땅에 쓰러져 있는 소연이가 보였다.

소연은 곧바로 병원으로 후송되었고 이 소식을 들은 부모는 급히 서울로 달려왔다. 하지만 부모를 기다리고 있는 것은 싸늘하게 식어버린 딸의 주검뿐이었다. 소연의 어머니는 딸의 책가방을 들고 넋이 나간 채 멍하니 서 있었다. 그날 하루 동안 소연의 어머니는 혼절을 반복했다. 소연의 책가방 안에는 파란색 커버의 작은 일기장이 있었다. 소연의 고모가 일기장을 펼쳐 나에게 내밀었다. 펼쳐진 페이지에는 7월 달의 일기가 적혀 있었.

'꼭 노력해서 건강하고 예쁜 소녀가 될 거야!'

신경성 식욕부진증은 일종의 섭식장애로 주로 젊은 여성, 특히 사춘기 소녀에게서 자주 나타난다. 환자들 대부분은 자신이 너무 뚱뚱하다거나 다리가 너무 굵다는 등의 왜곡된 이미지를 가지고 있다. 그래서 충분히 날씬

한데도 불구하고 음식을 거부한다. 주위에서 아무리 괜찮다고 말해줘도 전혀 소용이 없다. 이들은 어떠한 음식에도 식욕을 느끼지 못하며 특히 육류와 유제품을 싫어한다. 과일이나 채소처럼 살이 찌지 않을 것 같은 음식만 먹고 그나마 먹은 음식도 식도에 손가락을 넣어 토해버린다. 어떤 환자는 설사약을 복용해 위장에 남아있는 음식물을 억지로 밖으로 배출하기도 한다. 오랫동안 영양이 결핍되어 있는 상태이기 때문에 체중이 감소하고 무월경, 성욕 감퇴를 경험하며, 심지어 성욕이 완전히 사라지기도 한다.

신경성 식욕부진증은 주로 부유한 가정의, 성적이 우수한 청소년에게서 발생한다. 사람은 의식주가 해결된 뒤에야 자신의 이미지에 대해 신경을 쓰게 된다. 그런데 이때 왜곡된 관점이나 잣대 혹은 잘못된 사회적 풍토의 영향을 받을 수 있다.

영국의 유명한 가수였던 카펜터스의 카렌 카펜터도 한 언론매체를 통해 뚱뚱하다는 평가를 들은 후 신경성 식욕부진증으로 사망했다. 아동과 청소년의 경우 환경의 변화, 가정불화, 학습 상의 좌절, 부모의 과보호 혹은 지나치게 엄격한 교육이 모두 신경성 식욕부진증을 유발하는 요인이 될 수 있다.

신경성 식욕부진증을 치료하기 위해서는 약물치료와 심리치료를 병행해야 한다. 약물로 신경계통의 조절을 돕는 동시에 환자가 신경성 식욕부진증에 걸리게 된 심리적인 근본 원인을 찾고 심리치료를 통해 왜곡된 이미지를 바로잡아야 한다.

Tips 심리학을 위한 교양 & 상식

손다이크(Edward Lee Thorndike, 1874~1949)는 1874년 미국 매사추세츠 주의 목사 집안에서 태어났다. 그는 미국 콜롬비아 학파의 대표적 인물이며 동물심리실험, 교육심리학 체계 및 연결주의 이론의 창시자이기도 하다. 또한 각종 심리테스트를 고안해 미국 교육계에 심리테스트 운동을 전개하기도 했다. 이 때문에 일부에서는 그를 기능주의 심리학파로 분류하기도 하나, 일부에서는 행위주의 학파에 가깝다고 주장하기도 한다. 하지만 손다이크 본인은 자신이 어떤 학파에도 소속되지 않는다고 주장했다.

중요한 초기저서로는 《심리학에 입각한 교수원리》(1906), 《교육 : 첫걸음》(1912), 《교육심리학》(3권 1913~14, 2판 1921) 등이 있고 주목할 만한 후기저서로는 《결핍 · 흥미 · 태도의 심리학》(1935), 《인간의 본성과 사회질서》(1940) 등이 있다.

맹목적 추종의
말로

소나무행렬모충이라는 벌레는 원래의 선례 및 경험을 그대로 답습하는 습성이 있다. 이 모충은 절대 새로운 길을 개척하거나 방법을 찾는 일이 없기 때문에 심리학에서는 맹목적으로 선례를 따르다 실패하는 현상을 일컬어 '모충 효과'라고 부른다.

프랑스의 심리학자인 파브르의 모충 실험은 상당히 유명하다. 파브르는 모충 여러 마리를 화분 주위에 한 줄로 둥글게 배치시켜 테두리를 이루게 한 후 화분에서 15cm 떨어진 곳에 모충이 좋아하는 송즙을 뿌려두었다. 모충은 앞의 동물을 쫓아가는 습성이 있기 때문에 처음 배치된 테두리 모양 그대로 앞 놈을 열심히 쫓아갔다. 일 분, 한 시간, 하루…… 시간이 지나도 행렬은 조금도 흐트러지지 않았다. 결국 그렇게 7일이 꼬박 흐른 후 모충들은 모두 굶어죽고 말았다.

두 번째 실험에서 파브르는 그 중 한 마리를 다른 곳으로 유인해 보기로 했다. 즉, 행렬을 파괴시켜 모충에게 살 길을 열어주고자 한 것이다. 하지만 아무리 유혹을 해도 모충들은 여전히 앞 놈만을 열심히 쫓아갈 뿐 절대 행렬에서 벗어나지 않았다. 결국 파브르는 그 중 한 놈을 다른 곳으로 옮겨버

렸다. 그러자 뒤따라오던 모충이 잠시 당황하며 어찌할 바를 모르더니 이윽고 몸을 틀어 다른 방향으로 기어가기 시작했다. 이렇게 해서 대형은 완전히 흐트러졌고 모충들은 송즙을 실컷 먹을 수 있게 되었다.

  실험을 하기 전, 파브르는 모충들이 테두리를 따라 도는 일에 금방 싫증을 내고 자신들이 좋아하는 송즙을 찾아 행렬을 벗어날 것이라고 예상했다. 하지만 유감스럽게도 모충들은 그렇게 하지 않았다. 비극의 가장 큰 원인은 맹종이었다. 맹목적으로 선례와 경험만을 따르려 했던 본성 때문에 좋아하는 송즙을 곁에 두고 먹을 수 없었을 뿐 아니라 결국 생명마저 잃은 것이다. 만약 그들 중 한 놈이라도 행렬을 깨버리고 다른 쪽으로 방향을 틀었다면 결과는 완전히 달랐을 것이다.

  모충을 비극적인 결말로 내몬 것은 습관적 타성과 맹목적 군중추종이라는 두 가지 심리 때문이다. 습관적 타성에 빠지면 유연한 태도를 가지고 목표를 수정하거나 조정하기 힘들며 임기응변 능력이 부족해진다. 또 맹목적인 군중추종의 경우, 많은 사람들의 의견에 따라 결정을 내리면 비교적 안전하다. 설령 일이 잘못되어도 혼자 모든 부담을 질 필요도 없다. 하지만 남들이 그렇게 하니까 나도 그렇게 한다는 식으로 살다보면 결국 자신의 주관을 잃어버리게 된다. 기존의 방법과 절차를 그대로 답습하는 행렬 속의 모충이 되는 것이다.

우리는 이미 많은 부분에서 모충과 같은 모습을 보이고 있다. 일, 학업, 일상생활 등에서 무의식적으로 이미 형성된 사고와 방법을 답습하고, 이로 인해 쉽게 타성에 젖는다. 기존의 경험에 의존하고 이미 형성된 사고방식에 맞춰 생각하며, 사고의 방향이나 각도를 바꾸려 하지 않는다.

끊임없이 발전하는 시대에 발맞춰 우리도 끊임없이 변화와 성장을 추구해야 한다. 기존의 방식만 답습해서는 문제를 해결할 수 없다. 지속적인 혁신과 시대를 앞서 가고자 하는 부단한 노력을 통해 시대의 변화에 적응하며 발전을 거듭해야 한다.

Tips 심리학을 위한 교양 & 상식

파블로프(Ivan Petrovich Pavlov, 1849~1936)는 러시아의 생리학자이자 심리학자로 고등신경활동 학설의 창시자이기도 하다. 1849년 목사의 집안에서 태어났으며 1904년 소화선(소화샘, digestive gland) 생리학 연구에서의 탁월한 업적을 인정받아 노벨상을 수상했다. 파블로프의 일생에서 가장 큰 업적은 고등신경활동의 연구로, 세계 최초로 조건 반사방법을 이용하여 동물과 인간의 고등신경활동에 대해 객관적인 실험을 전개했다. 또한 그는 현대 유물주의 고등신경활동 학설의 창시자이기도 하다.

주요 저서로는 《소화샘 연구에 대한 강의》(1897)가 있다.

농장 주인의
선거운동

자아실패의 사유모델이란 어떤 일을 하기 전, 앞으로 부딪칠 수 있는 어려움이나 실패요인을 먼저 상상해 미리 겁을 먹고 시도 자체를 포기하는 것을 말한다.

웨슬리는 캘리포니아 주의 농장 주인으로 지역사회에서 명성이 꽤 높았다. 그는 주위 사람들의 격려를 받으며 주 의원 경선에 참가했다. 웨슬리와 가족은 유세활동을 위해 백방으로 뛰어다니기 시작했다.

그러던 어느 날 저녁, 웨슬리는 외진 시골을 향해 차를 몰고 있었다. 그의 얼굴은 심각하게 굳어있었다. 가장 가기 싫었던 곳, 바로 오래 전에 연락을 끊은 얀이라는 친구의 집에 지지를 호소하기 위해 가는 중이었기 때문이다. 원래 얀과 웨슬리는 둘도 없는 단짝 친구였다. 그런데 몇 년 전 아주 사소한 일로 절교를 선언한 후 체면 때문에 지금까지 서로 연락을 못하고 있었다. 차를 모는 내내 여러 가지 잡념이 웨슬리의 머리를 스쳤다.

'무슨 말부터 꺼내야 하나?'

웨슬리는 난감한 표정을 지으며 입술을 질끈 깨물었다.

'만약 얀이 집에 없으면 어쩌지? 혹시 그의 부인이 얀이 없다고 나를 문전박대하지는 않을까?'

한번 머릿속에 떠오른 걱정은 꼬리에 꼬리를 물었다.

'혹시 나를 보고도 모른 척 하면 어쩌지? 문조차 열어주지 않으면? 혹시 나를 비웃지는 않을까? 나에게 무례하게 대하면 어쩌지? 혹시 내가 경선에 출마한다는 것을 알고 지지는커녕 반대파에 붙어 나를 비방하고 나서면 어쩌지?'

웨슬리의 얼굴은 점점 험악하게 일그러지기 시작했다. 생각하면 생각할수록 화가 나고 친구가 얄밉게 느껴졌다.

'일부러 찾아갔는데 내 체면은 조금도 생각을 안 해주다니.'

드디어 얀의 집에 도착한 웨슬리는 성난 표정으로 차에서 내려 문을 힘껏 닫더니 트렁크에서 렌치를 꺼내들었다. 그리고 현관문 앞으로 다가가 손잡이를 렌치로 힘껏 내리쳤다. 몇 번을 내리치자 손삽이가 깨져나가기 시작했다. 집안에 있던 얀은 누군가 자기 집 현관문 손잡이를 내리치는 소리를 듣고 허겁지겁 각목을 집어 들고 밖으로 뛰어나왔다. 그런데 현관문을 열었을 때, 놀랍게도 문 앞에 서 있는 사람은 다름 아닌 옛 친구 웨슬리였다. 한 손에 렌치를 들고 씩씩거리며 서 있는 친구를 보자 얀은 어리둥절할 따름이었다.

웨슬리는 얀이 한 손에 각목을 들고 자신을 노려보고 서 있자 더욱 화가 치밀었다. 그는 얀을 향해 고함을 질렀다.

"좋아! 각목까지 가지고 나왔단 말이지! 네가 뭐가 그렇게 잘났다고 그러냐? 너 같은 놈의 표는 준다고 해도 사양하겠어!"

웨슬리는 얀의 대답을 듣지도 않고 곧바로 몸을 돌려 차에 올라탔다. 그리고 비포장 앞마당을 덜커덕거리며 성급히 빠져나갔다.

　얀과 그의 부인은 한동안 자리를 뜨지 못했다. 마음이 조금 안정되자 얀은 웨슬리가 옛날의 원한을 잊지 못하고 복수를 하기 위해 찾아온 것이라고 결론을 내렸다. 하지만 차마 친구를 쫓아가 결판을 낼 결심은 서지 않았다. 얀은 세차게 현관문을 쾅 닫아버렸다.

　이것은 '자아실패'의 사유모델의 일종으로 웨슬리의 경우 반복적인 부정을 통해 표를 얻는 것에 대해 미리 자신감을 잃어버려 정작 친구의 집에 도착했을 때는 무턱대고 욕부터 하게 된 것이다.

　우리는 삶에서 부정적인 추측을 많이 한다. 그 결과 실제 상황도 자신이 생각했던 것과 똑같이 되어버리는 경우가 많다. 예컨대 어떤 일을 하기 전에 '안 될 거야.', '만약 안 되면 어쩌지?' 등의 생각으로 자신감을 잃게 되는 것이다. 이 경우 상황은 십중팔구 자신이 생각한 방향으로 흘러간다.

　자아실패와 같은 잘못된 심리상황은 주로 다음과 같은 몇 가지 요인 때문에 발생한다.

　1. 타인의 평가에 지나치게 민감할 때
　2. 자아의식 혹은 명예욕이 강할 때. 즉, 허영심이 강할 때
　3. 인간관계에 자신감이 없을 때

　좌절감에 빠진 사람은 자신을 표현하는 데 서투르고 특히 대중 앞에 나타나는 것을 꺼려, 사회활동에 거의 참여하지 않는다. 자아실패 혹은 좌절감에서 벗어나기 위해서는 먼저 건강하고 균형 잡힌 심리상태를 유지하는 것이 중요하다.

　우선, 본인의 장점과 단점을 정확하게 파악하고 객관적으로 자신을 분석

할 필요가 있다. 이를 기초로 본래의 자아를 있는 그대로 인정하고 받아들여야 한다. 자신을 인정하는 데 어려움을 겪는 사람들은 종종 자신을 표현하는 데도 서툴다. 그들은 더 좋은 이미지로 자신을 포장하려 하기 때문에 심리적인 부담감이 크고 정상적인 인간관계에 상당히 영향을 받는다.

어떤 일을 하기 전에는 성공을 위한 계획을 수립하되 최악의 상황을 고려한다. 즉, 긍정적인 면을 근거로 일을 시작하되 취약부분에 대해서도 준비를 해야 한다는 말이다. 이렇게 해야만 성공을 극대화하고 실패를 최소화할 수 있다. 마지막으로, 끊임없이 자신을 격려해야 한다. 어려움을 이겨나갈 수 있도록 항상 용기를 부여하고 실패를 떠올리는 상상에서 벗어나야 한다. 이를 통해 실패를 걱정함으로써 유발되었던 부정적인 감정을 해소하고 낙관적인 자세와 유쾌한 감정을 회복해야 한다.

Tips 심리학을 위한 교양 & 상식

조지 밀러(George Miller, 1920~)는 미국의 심리학자로, 인지심리학의 기초를 닦은 인물 중 하나이다. 특히 기억 연구에 큰 업적을 남겼다. 1956년 발표한 논문 〈신기의 숫자 7±2: 정보가공 능력의 한계〉는 단기 기억 연구에 이정표를 세웠다. 그는 미국 국가과학상을 받은 바 있으며, 1962년 미국 국가과학원의 원장으로 취임했다. 1963년 미국심리학회에서 수여하는 특별 과학 공로상을 받았으며, 1969년 미국 심리학회 의장으로 선임되었다.

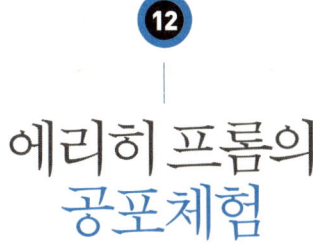

에리히 프롬의 공포체험

실패한 사람들은 대부분 신이 불공평하다고 원망한다. 하지만 그들은 자신의 약점을 점검하는 데 소홀하다. 이들 대부분은 심리적인 결함들이 존재하며 이 때문에 성공의 기회를 놓쳐버리는 경우가 많다. 기회를 놓쳤다는 상실감은 심리 상태를 더욱 악화시키고 이로 인해 끝없는 악순환이 반복된다.

에리히 프롬은 미국 신프로이트학파의 정신분석학자이자 사회심리학자이다. 프랑크푸르트학파에 프로이트 이론을 도입했으며 1922년 하이델베르크 대학교에서 박사학위를 취득했다. 대표적인 저서로는 《자유로부터의 도피》, 《사랑의 기술》 등이 있다.

하루는 학생들이 프롬 교수를 찾아와 심리상태가 개인에게 어떤 영향을 미치는지 물었다. 당시 프롬 교수도 마침 심리학 문제들을 연구하던 중이라 학생들의 열정이 대견하게 느껴졌다. 하지만 그는 바로 답을 알려주지 않고 입가에 미소를 띤 채 이렇게 말했다.

"내가 지금 처리할 일이 있으니 밖에서 조금만 기다려 다오."

시간이 조금 지나자 프롬 교수가 사무실에서 나왔다. 그는 학생들을 이끌고 어두운 방으로 들어갔다. 학생들이 칠흑처럼 어두운 방의 통로를 무사히 지나오자 교수는 등불을 하나 켰다. 희미하게 방의 윤곽이 드러나는 순간, 학생들은 하나같이 경악을 금치 못했다.

방 바닥은 인공 연못으로 이루어져 있었는데 그 안에는 각종 뱀들이 우글거리고 있었다. 그 중에는 코브라와 같은 맹독성 뱀까지 있었다. 방금 학생들은 바로 그 연못 위의 다리를 건너온 것이다. 게다가 몇몇 학생은 아직 다리 끝부분에 한 쪽 발이 걸쳐있는 상태였다. 이미 학생들을 발견한 몇몇 뱀이 고개를 치켜세우고 '칫칫' 하며 혀 소리를 내고 있었다. 프롬 교수는 학생들의 놀란 얼굴을 바라보며 입을 열었다.

"다시 저 다리를 건너고 싶은 사람이 있는가?"

학생들은 서로 얼굴만 쳐다볼 뿐 아무도 대답하지 않았다. '딸깍' 프롬 교수가 나머지 불을 켜자 학생들은 눈을 비비며 다리 아래를 자세히 살펴보았다. 그제야 학생들은 다리 밑에 반투명 그물로 만든 안전망이 설치되어 있는 것을 발견했다. 프롬 교수가 다시 물었다.

"너희들 중 누가 다시 이 다리를 건너겠느냐?"

하지만 여전히 나서는 학생이 없었다.

"왜? 설마 안전망이 안 보이는 것은 아니겠지?"

그러자 한 학생이 앞으로 나서며 말했다.

"물론 안전망은 똑똑히 보입니다. 하지만 교수님, 안전망이 튼튼하다고 어떻게 보장하실 수 있습니까?"

사실 다리를 건너는 것은 조금도 어려운 일이 아니었다. 하지만 다리 밑에 있는 뱀이 이미 학생들의 마음속에 두려움을 불러일으켜 평정심을 잃게 만들고 있었다. 두려움에 눈앞이 아찔하고 다리가 후들거려 다리를 건너는

것이 어렵게 되어 버린 것이다. 이것이 바로 심리상태가 개인에게 미칠 수 있는 영향력이다.

심리상태는 내부의 생각과 외부로 나타나는 표현 단 두 가지의 형태만을 보인다. 즉, 긍정적이고 적극적인 심리상태와 부정적이고 소극적인 심리상태로 나눌 수 있다. 긍정적인 심리상태는 영혼의 영양분이라고 할 정도로 개인에게 상당한 활력을 부여한다. 이와 같은 심리상태는 부와 성공, 건강의 원천이 된다.

이와 반대로 부정적인 심리상태는 '영혼의 쓰레기'라고 불릴 정도로 개인에게 악영향을 끼친다. 각종 질병을 유발하기도 하고 부, 성공, 행복한 삶을 영위하는 것을 방해하며, 심지어 지금 가지고 있는 것을 모두 앗아갈 수도 있다.

Tips 심리학을 위한 교양 & 상식

에릭슨(Erik Homburger Erikson, 1902~1994)은 미국의 정신병 학자로 발달심리학과 정신분석학의 대표적인 인물이다. 에릭슨은 인격의 사회심리 발전이론을 제시했다. 그에 따르면 심리의 발전은 크게 8단계로 나누는데 각 단계마다 마음속으로 특수한 사회적 임무를 담당한다. 그리고 모든 단계에서 심리적인 모순을 경험하게 되며, 이 모순을 순조롭게 극복할 때 비로소 인격이 건전하게 발전할 수 있다고 주장했다.

에릭슨은 바로 이와 같은 인격의 발전이론으로 명성을 얻었다. 그는 인격이란 독립적인 에너지이며 일종의 심리과정이라고 보았다. 또한 인격은 과거와 현재의 경험과 개인의 내적발전 및 사회적 발전의 종합적인 표현으로, 합리적인 마음가짐과 운명을 결정하는 중요한 요소라고 보았다.

낡은 표준의 재해석

심리학이란 심리활동의 발생과 발전에 따른 규칙을 연구하는 학문이다. 모든 사람이 심리학의 연구대상이며 인류가 존재하는 곳은 어디나 심리학 연구소가 될 수 있다. 또한 적절한 방법을 통해 인류의 심리활동 규칙을 파악하여 예측과 통제를 할 수 있다.

1897년, 손다이크를 비롯한 많은 심리학자들이 동물실험과 행위주의 심리학에 관심을 쏟을 때, 미국의 심리학자 조지 스트라튼은 인지적 성질의 지각실험을 실시했다. 그는 직접 1주일 동안 사물이 거꾸로 보이는 안경을 끼고 생활하는 실험을 진행했다.

처음 안경을 꼈을 때는 걷는 것은 물론이고 물건을 집는 것조차 어려웠다. 차라리 눈을 감고 기억력에 의존해 물건을 찾거나 목적지를 더듬어 찾아갈 정도였다. 하지만 5일이 지나자 그는 모든 면에서 몰라보게 적응해나가기 시작했다. 7일째 접어들면서는 생활에 전혀 불편함이 없을 정도가 되었으며 심지어 처음부터 모든 물체들이 지금의 상태로 놓여있었다는 착각까지 들 정도였다.

드디어 8일 째가 되던 날. 안경을 벗은 스트라튼은 눈앞의 세계가 너무나 낯설게 느껴졌다. 안경을 벗었음에도 불구하고 행동은 오히려 안경을 꼈을 때보다 불편하고 부자연스러웠다. 물건을 집으려고 손을 뻗으면 그 자리에 물건이 없어 허공을 집는 경우가 많았으며 오른쪽으로 가야겠다고 생각했는데 오히려 왼쪽으로 가고 있는 경우도 있었다. 반나절 정도의 실험을 통해 스트라튼은 인간의 공간지각능력이 일정부분 학습을 통해 얻어진 것이며, 다시 학습을 통해 회복할 수 있다는 사실을 알게 되었다.

스트라튼의 이와 같은 발견은 실로 놀라운 업적이었지만 당시에는 큰 주목을 받지 못했다. 하지만 1940년대 일부 심리학자들이 스트라튼의 이론에 관심을 보이면서 기존의 심리학, 심리물리학과는 완전히 다른 방식으로 감각문제에 접근하기 시작했다.

1951년, 미국에서는 스트라튼의 이론을 잇는 새로운 실험이 전개되고 있었다. 즉, '왜곡된 시각' 실험이었다. 이 실험에서 참가자들은 50일 동안 사물이 오른쪽으로 10도 가량 기울어지고 직선이 구부러져 보이는 특수한 안경을 착용하도록 요구받았다.

처음 실험을 시작했을 때 실험 참가자들은 며칠 동안 혼란스러움을 느끼며 길을 걷는 등 가장 기본적인 동작조차 어려워했다. 하지만 열흘 정도가 지나자 대부분 정상적인 감각을 회복했으며 몇 주가 지나자 몇몇 참가자들은 심지어 자유자재로 스케이트를 탈 수 있을 정도가 되었다. 실험이 끝나 안경을 벗자 참가자들은 스트라튼이 느꼈던 것처럼 세상이 뒤바뀐 것과 같은 혼란을 경험했지만 곧 정상 감각을 회복했다.

Tips 심리학을 위한 교양 & 상식

윌리엄 제임스(William James, 1842~1910)는 미국의 심리학자이자 철학가로 미국 기능주의 심리학과 실용주의 철학의 선구자이며 미국 심리학회의 창립자 중 한 사람이기도 하다. 1875년 미국에서 첫 번째 심리학 실험실을 설립하였으며 1904년 미국 심리학회의 의장으로 선출되었다. 대표적인 저서로는 《심리학 원리》(1890), 《종교적 경험의 다양성》(1902), 《다원적 우주》(1909), 《진리의 의미》(1909), 그리고 사후출판된 《철학의 제문제》(1911) 등이 있다.

제임스의 의의와 영향을 평가하기에는 아직 너무 이르다. 심리학에서의 그의 업적은 오늘날 행해지고 있는 아주 다양한 새로운 발전의 기원이 되는 준칙이 되었기 때문에 물리학에서의 갈릴레오나 생물학에서의 다윈에 버금갈 만큼 확정적이고, 철학에서 그의 업적은 아직 예언적이라고 말할 수 있다.

- H. M. Kallen -

흔들리는
평상심

만약 심리적 소양이 부족하다면 아무리 출중한 실력을 갖췄다고 해도 결국 실패를 맛본다.

중국 하나라에 후혁이라는 사람이 있었다. 그의 활솜씨가 어찌나 뛰어난지 천리 밖에서도 깨알처럼 작은 과녁을 맞히고 심지어 달리는 말 위에서 쏘아도 빗나가는 법이 없었다. 그야말로 백발백중의 신궁이었다. 후혁의 명성은 나라 전체로 퍼져 왕의 귀에도 들어갔다. 왕은 기뻐하며 말했다.

"나라에 그와 같은 명궁이 있다니, 짐이 꼭 봐야겠노라."

이렇게 해서 후혁은 왕궁에서 가장 큰 정원인 어화원으로 초대를 받게 되었다. 후혁이 어화원에 들어서자 시녀들이 공손히 활을 가져다 바쳤다. 광활한 어화원의 반대편 끝에는 작은 과녁이 세워져 있었다. 후혁의 뒤로는 화려한 햇볕가리개 밑에서 한 남자가 시녀와 내시들의 시중을 받으며 후혁을 바라보고 있었다. 저분이 임금이신가보다고 짐작하고 있는데 늙은 내시가 다가와 털이 달린 얇은 지팡이로 멀리 과녁을 가리키며 얼굴을 바짝 가져다 댔다.

"저기 과녁이 보이십니까? 만약 저 과녁을 맞히면 폐하께서 황금 만 량을 하사하실 것이며 만약 맞히지 못하면 토지의 일부를 거두어 갈 것입니다."

후혁은 내시의 말을 듣자 갑자기 눈앞이 아찔해지는 것을 느꼈다. 과녁을 맞혔을 때 받게 될 어마어마한 상금, 맞히지 못했을 때의 손실 모두 마음을 산란하게 하기는 마찬가지였다. 평소 같으면 대수롭지 않게 맞혔을 과녁을 앞에 두고 후혁은 굵은 땀방울을 흘렸다.

후혁은 천근같은 발걸음을 옮기며 조심스럽게 과녁에서 100m 떨어진 곳으로 다가갔다. 그리고 활집에서 화살 하나를 꺼내 시위에 걸더니 표적을 향해 왼팔을 뻗은 후 오른쪽 팔로 힘껏 활시위를 당겼다.

후혁은 거친 숨을 내쉬었다.

'지금 이 활시위를 놓으면 과연 어떤 결과가 나올까?'

팔이 심하게 흔들렸다. 후혁은 차마 시위를 놓지 못하고 활을 내렸다가 다시 표적을 조준했다.

'슁'

드디어 화살이 과녁을 향해 날아갔다. 하지만 화살은 과녁에서 한참 떨어진 곳에 떨어졌다. 후혁의 얼굴이 창백하게 질렸다. 두 번째, 세 번째. 화살을 쏘면 쏠수록 집중하기 어려워졌고 화살은 과녁에서 점점 더 멀어졌다. 결국 후혁은 하는 수 없이 활과 화살을 챙겨 집으로 돌아갔다. 왕은 실망하여 신하들에게 말했다.

"후혁의 활이 단 한 번도 빗나간 적이 없다고 들었거늘 어찌하여 오늘은 이리도 짐을 실망시킨단 말이냐?"

한 대신이 앞으로 나와 대답했다.

"후혁은 평소 분명 활을 잘 쏘았사옵니다. 하지만 그때는 훈련이었기 때문에 부담 없이 과녁을 명중할 수 있었던 것이옵니다. 하지만 오늘은 직접적인 이해가 얽혀 심적인 부담이 커졌고, 그로 인해 제 실력을 발휘하지 못했사옵니다. 평심을 잃었는데 어찌 과녁을 맞힐 수 있겠나이까?"

후혁은 상금을 받을 수 있는 충분한 실력을 갖추고 있었다. 하지만 심리적인 부담감 때문에 제 능력을 발휘하지 못하고 결국 실패하고 말았다. 우리의 일상생활에서도 이와 같은 현상을 자주 접할 수 있다. 반에서 상위권이었던 학생이 몇 번이나 대학 시험에 실패를 하는 것, 평소 시합에서는 좋은 성적을 내던 운동선수가 올림픽에서는 매번 고배를 마시는 이유도 바로 이러한 심리적인 요인 때문이다.

주요 원인은 욕심이 지나치거나 자신감이 부족하기 때문이다. 즉, 평소 좋은 성적으로 사람들의 이목을 끌다보니 반드시 성공을 해야 한다는 강박에 사로잡히는 것이다. 강박으로 인해 심리적 부담이 커지고, 머릿속으로 득실만 계산하고 있는 상황에서 어떻게 제 실력을 발휘할 수 있겠는가? 따라서 후혁과 같은 우를 범하지 않으려면 무엇보다 평정심을 유지하려는 노력이 중요하다. 실패할지도 모른다는 공포와 당당하게 맞서자.

Tips 심리학을 위한 교양 & 상식

왓슨(John Broadus Watson, 1878~1958)은 미국의 심리학자로 행위주의 심리학의 창시자이다. 그는 '심리학 연구의 대상은 의식이 아닌 행위'라고 보았다. 그는 의식심리학의 내관법(內觀法; 자신의 심리 상태나 그 변화를 내면적으로 고찰하거나, 다른 사람들의 자기 관찰에 의한 보고를 근거로 하여 연구하는 방법)에 반대하고 자연과학에서 자주 사용하는 실험법과 관찰법을 도입해야 한다고 주장했다. 왓슨은 심리학을 객관화하는 데 지대한 공헌을 했으며 1915년 미국 심리학회의 의장으로 선출되었다.

주요저서로는 《행동 : 비교심리학 입문》(1914), 《행동주의자의 관점에서 본 심리학》(1919), 《행동주의》(1925), 《유아와 아동의 심리학적 보호》(1928) 등이 있다.

15 남자가 두려운 소녀

심리학에는 이런 말이 있다.
'모든 여자아이는 좋은 여자가 되기를 바란다. 그리고 어떠한 여자아이도 성적 망상이나 성욕에 자신을 아무렇게나 내맡기기를 바라지 않는다.'

많은 여자들이 백마 탄 왕자님을 꿈꾼다. 하지만 안나에게 백마 탄 왕자에 대한 꿈은 악몽이 되고 말았다. 중학교 3학년 2학기 말. 안나는 고등학교 입시를 앞두고 3년 동안 배운 내용을 복습하는 데 총력을 기울이고 있었다. 그러던 어느 날, 안나는 갑자기 자신의 눈에 문제가 있다고 느끼기 시작했다. 자신도 모르게 이성을 천박한 유혹의 눈빛으로 바라보게 된다고 느꼈던 것이다. 안나는 갑자기 이성과 마주보는 것이 두려워졌다.

안나는 의지력이 강한 소녀였다. 그녀는 잡념을 떨쳐버리고 온 신경을 공부에만 집중했다. 명문 고등학교에 입학하자 안나는 자신감이 생겼다. 열심히 공부만 하다 보면 눈빛도 점점 괜찮아질 것이라고 믿기로 했다. 하지만 시간이 지나도 상황은 달라지지 않았다. 남자들을 바라보는 자신의 눈빛이 이상하다고 느껴질 때마다 안나는 속으로 생각했다.

'이건 내 잘못이 아니야. 나를 탓하지 말라고. 도대체 어떻게 하라는 거야? 나는 이미 할 만큼 했고 너무 지쳤어. 나도 충분히 힘들다고.'

안나는 수업시간에도 되도록 남자 선생님과는 눈이 마주치지 않으려고 노력했다. 안나의 이와 같은 심리상태는 많은 사람들의 오해를 샀다. 그중에는 안나의 선생님도 있었다. 그는 부인과의 사이가 별로 좋지 못했다. 그래서인지 언제나 안나에게 특별한 관심을 보였다. 하지만 안나는 결코 이같은 상황을 의도한 적이 없었다.

또 한 번은 잘난척하는 남학생의 오해를 받은 적도 있었다. 안나는 눈빛을 조절하려고 안간힘을 썼지만 잘생긴 모습을 보자 그만 통제력을 잃어버렸다. 안나의 성적은 급격하게 나빠지기 시작했다. 선생님들은 그런 그녀를 질책했고, 부모님은 실망을 감추지 못했다. 심지어 친구들조차 그녀를 비웃는 것만 같았다. 안나는 태어나서 처음으로 죽는 것만 못하다는 말의 의미를 뼈저리게 느끼고 있었다.

더욱 참을 수 없는 것은 그 남학생의 의기양양한 태도였다. 성적이 좋았던 안나는 단 한 번도 다른 사람 앞에서 주눅이 든 적이 없었다. 하지만 지금은 눈앞에 의기양양해하며 고개를 빳빳이 든 남학생을 두고도 말 한마디를 제대로 할 수가 없었다. 저녁 무렵, 친구들이 모두 떠난 교실에 혼자 남은 안나는 머리가 깨질듯이 아팠다.

대학교 입시를 치르기 전, 안나는 일기장을 모두 찢어버리고 기억을 상기시킬 수 있는 물건들을 모두 치워버렸다. 마음의 안정을 되찾자 안나의 성적은 다시 최상위권으로 올라섰다. 하지만 그 남자아이가 계속 눈에 들어왔다.

'정신 차려. 안나! 넌 할 수 있어.'

마음속으로 수없이 되뇌어봤지만 소용이 없었다. 안나는 남자 아이도 밉고 마음과는 반대인 자신의 눈빛도 원망스러웠다. 개똥밭에 굴러도 이승이 낫다는 따위의 말을 들을 때마다 안나는 오히려 '차라리 죽는 편이 나을 것 같다.'고 생각했다.

안나의 경우처럼 이성을 두려워하는 현상은 공포의 대상을 잘못 인식하고 있기 때문에 발생한다. 안나가 실제 두려워하는 존재는 남성이 아니라 자신 내면의 성적 망상이다. 이와 같은 공포가 눈을 통해 표출되는 것이다. 그녀는 남자들이 자신의 눈빛과 초조한 모습을 보고 오해를 하고 있다고 믿고 있지만 실제 남자들은 전혀 그렇게 생각하지 않고 있다. 다만 그녀 자신이 착각을 하고 있을 따름이다. 즉, 남자들이 그녀의 눈빛을 보고 나타낸 일련의 반응들은 사실 모두 자신의 상상일 뿐이었던 것이다. 이와 같은 현상은 사춘기 여학생들이 망상으로 인해 겪게 되는 일종의 착각현상이다.

이성에 대한 공포증상은 성적 망상을 억누르면서 촉발된다. 심리학자들은 사춘기 여학생들의 성적 심리에 대해 이렇게 말한다.

"모든 여자아이는 좋은 여자가 되기를 바란다. 그리고 어떠한 여자아이도 자신이 성적 망상이나 성욕에 아무렇게나 내맡기기를 바라지 않는다."

이 시기의 여자아이들은 성적인 면에서 종종 다른 사람과 자기 자신을 기만한다. 동성 앞에서도 옷을 갈아입지 않으려고 하는 심리도 같은 맥락이다. 여자아이들은 다른 사람에게 자신의 비밀이 들키는 것을 두려워한다. 프로이트는 여자아이들이 이와 같은 부끄러움과 후회, 뉘우침의 과정을 통해 여성이 된다고 말했다. 하지만 심각하게 억눌린 감정은 정신병의 원인이 될 수 있다.

Tips 심리학을 위한 교양 & 상식

캐나다의 심리학자인 헵(Donald O. Hebb, 1904~1985)은 세포연합이론을 통해 뇌의 일부가 손상된 상태에서도 일정한 지능을 유지하는 현상에 대해 설명했다. 그는 유아기 경험이 지능발달에 중요하다는 점을 강조했으며, 정상적인 환경 자극이 정신건강을 유지하는 데 중요하다고 말했다. 그는 1960년 캐나다인으로는 처음으로 미국 심리학회의 의장으로 선출되었으며, 1961년 미국 심리학회에서 수여하는 과학 공로상을 수상했고, 1979년에는 미국 국가과학원 원장에 선출되었다.

⑯ 사춘기 소년의 자위행위

수음(손이나 다른 물건으로 자기의 성기를 자극하여 성적 쾌감을 얻는 행위)은 비정상적인 방법으로 성욕을 배출하는 것이기 때문에 종종 죄책감을 불러일으킨다. 이 때문에 수음을 하는 사람들은 혼자 가슴앓이를 하는 경우가 많다.

댄은 매우 총명한 학생이다. 초등학교 때부터 중학교 1학년까지 줄곧 모든 과목에서 A 이상만을 받으며 부모와 교사의 사랑을 듬뿍 받았다. 그런데 중학교 2학년이 되면서 댄이 변하기 시작했다. 수업시간에 집중을 못하고, 사소한 일로 친구와 심하게 다투는가 하면 일부 과목은 간신히 낙제를 면할 정도로 성적이 급격히 떨어졌다.

댄의 담임선생님은 댄의 환경에 변화가 생겼거나 심리적인 문제가 생겼다는 것을 직감하고 댄의 부모와 상담을 하기로 결심했다. 수업이 끝난 후 빈 교실에 담임과 댄의 부모 세 사람이 마주하고 앉았다. 댄의 어머니가 말했다.

"저희 부부는 사이가 아주 좋아요. 댄에게도 변함없이 사랑과 관심을 주고 있지요. 그런데 어찌된 일인지 요즘에는 집에 들어오면 한 마디도 하려고 하지 않아요."

담임이 물었다.

"댄이 원래 말이 없는 편인가요?"

"어머, 아니에요. 예전에는 얼마나 말이 많았다고요. 말만 많았던 게 아니라, 우리 앞에서 노래도 하고 춤도 췄어요. 그때마다 저희가 얼마나 즐거워하면서 박수를 많이 쳤는지 몰라요."

담임이 물었다.

"그럼, 댄이 말이 없어진 후에 대화를 시도해 보셨나요?"

이번에는 댄의 아버지가 대답했다.

"물론입니다. 이미 수차례 대화를 시도했지만 모두 실패했어요. 좀처럼 말을 하려고 해야 말이죠. 게다가 이상한 버릇까지 생겼어요. 예전에는 위생에 별로 신경도 쓰지 않던 아이가 요즘에는 너무 자주 손을 씻어요. 하루에도 몇 십 번을 씻는지 모르겠어요."

교무실로 돌아온 담임은 교재를 책상위에 내려놓으며 생각했다.

'분명 문제가 있어. 댄을 불러서 얘기를 좀 해봐야겠군.'

다음날. 댄은 담임의 부름을 받고 교무실을 찾았다.

"앉아라."

담임은 댄이 앉기를 기다려 물었다.

"얼마 전에 네 부모님과 이야기를 나눈 적이 있는데, 알고 있니? 듣자하니 네가 요즘 지나치게 자주 손을 씻는다고 하더구나. 왜 그렇게 자주 씻는지 말해줄 수 있겠니?"

댄은 이해가 안 간다는 표정으로 담임을 빤히 쳐다보았다.

"선생님, 그건 제 사생활이에요. 설마 제 사생활까지 다 간섭하려는 것은 아니시죠?"

담임은 다정하게 말했다.

"그럴 리가 있겠니? 단지 요즘 네 성적이 급격히 떨어져 걱정이 돼서 그러는 거야. 네 부모님도 많이 걱정하시고. 나는 단지 원인을 찾아서 너를 도와주고 싶을 뿐이야."

댄은 한참을 머뭇거리더니 들릴 듯 말 듯한 소리로 말했다.

"저는 그냥 손이 더러운 것 같아서…"

"아! 네 판단에 더럽다고 생각하는 무엇인가를 만졌나보구나."

담임은 '네 판단에' 와 '생각하는' 에 더욱 힘을 주며 말했다. 댄이 생각하는 더러운 물건이 실제로는 그렇지 않을 수 있다는 점을 암시하기 위해서였다. 담임은 계속 말을 이어갔다

"지나치게 손을 자주 씻는 것도 병이야. 봐라. 성적도 떨어지고 기분도 항상 나쁘지 않니. 빨리 고치는 것이 좋을 것 같구나."

댄은 대답이 없었다.

"도움이 필요하면 언제든지 말하렴. 힘닿는 데까지 도와줄게."

"고맙습니다."

댄은 건성으로 대답하고 교무실을 나갔다.

그런데 며칠이 지난 후, 댄이 정말 자진해서 담임을 찾아왔다. 댄은 담임에게 자신이 손을 자주 씻는 이유가 수음 때문이라는 사실을 털어놓았다.

"선생님, 제 자신이 너무 더럽게 느껴져요. 그런 기분을 떨쳐버리고 싶어서 자꾸 손을 씻게 돼요."

댄은 그 기분이 끔찍해서 손을 씻고 또 씻었지만 죄책감까지 씻어버릴 수는 없었다. 시간이 지날수록 마음은 점점 무거워졌고 자신이 타락한 것

만 같아 수업에 집중하는 것조차 불가능했다. 하지만 이상하게도 죄책감이 커질수록 마치 귀신에 홀리기라도 한 것처럼 수음에 더욱 깊이 빠져들었다. 그래서 댄은 더 자주 손을 씻게 되었고 죄책감은 감당할 수 없을만한 무게로 가슴을 짓눌러왔다. 그야말로 하루하루가 지옥이었다.

하지만 성(性) 의학에서는 남성이 수음을 통해 느끼는 최고조의 쾌락이 정상적인 성교를 통해 얻은 쾌락과 큰 차이가 없다고 말하고 있다. 다시 말해, 수음은 죄악이고 나쁜 행위라는 잘못된 인식만 버린다면 수음으로 인한 심리적인 문제는 나타나지 않는다는 뜻이다.

남성이 사춘기가 되면 고환에서 끊임없이 남성호르몬이 분비된다. 이를 통해 근육이 발달하고 음모가 검고 굵게 변하는 등 남성적인 특성을 갖추게 되며, 이와 함께 성적인 흥분도 느끼게 된다. 일부 사람들은 이 과정에서 자신도 모르게 고환을 만지는 행위 즉, 수음을 통해 성욕을 만족하기도 한다. 남성의 자위행위는 상당히 보편적인 현상이고 성적인 발육이 왕성한 남성이 수음이나 몽정을 통해 성욕을 배출하는 행위는 전혀 잘못된 것이 아니다.

하지만 아직도 많은 청소년들이 자위를 잘못된 것으로 인식하고 있고 자위를 하는 사람은 조루한다는 식의 그릇된 성지식으로 인해 지나치게 걱정하거나 수치심, 죄책감 등을 느끼고 있으며 심각한 경우 심리적 부담으로 인해 정신병으로 발전하기도 한다. 사실 수음 자체가 인체에 미치는 영향은 거의 없다. 오히려 수음을 잘못된 행위로 인식함으로써 발생하는 정신적인 스트레스가 더 큰 문제가 될 수 있다.

> **Tips** 심리학을 위한 교양 & 상식

클라크 헐(Clark Leonard Hull, 1884~1952)은 미국의 심리학자로, 신행동주의 또는 행동이론의 대표적인 인물이다. 욕구감소이론(Drive Reduction Theory)을 발표한 바 있으며, 1936년 미국 국가과학원의 원장이 되었고 같은 해 미국 심리학회의 의장을 역임했다.

주로 학습이론 연구에 많은 업적을 남겼으며, 일련의 정의와 학문적 또는 실천적 원리로서 인정되는 명제에서 연역되는 가설을 실험적으로 검증하는 가설연역법은 행동이론의 수리적 모델에 영향을 주었다.

저서로 《행동의 원리》(1946), 《행동체계》(1952)가 있다.

학습된 무기력

학습된 무기력이란 한 객체가 모종의 학습을 경험한 후 감정, 태도, 행위 등에서 소극적인 특성을 나타내는 심리적 상태를 일컫는다. 어떤 일을 완성하기 위한 충분한 능력이 있음에도 처음부터 시도조차 하지 않으려는 특징을 보인다.

심리학자들은 벼룩을 대상으로 재미있는 실험을 한 적이 있다. 먼저, 실험을 시작하기 전 벼룩을 뚜껑이 없는 컵에 넣어 쉽게 컵을 빠져나올 수 있음을 확인했다. 그런 후, 이번에는 벼룩을 컵에 집어넣고 윗부분을 투명 유리뚜껑으로 막아버렸다. 벼룩들은 처음과 마찬가지로 힘껏 뛰어올라 컵을 빠져나가려 했지만 그때마다 뚜껑에 부딪히고 말았다. 몇 십 번을 시도해도 결과는 마찬가지였다. 어느 정도 시간이 흐른 후 심리학자들은 뚜껑을 치워주었다. 하지만 벼룩들은 더 이상 뛰어오르지 않았다. 그나마 뛰어오르는 몇몇 놈도 조심스럽게 뚜껑이 있던 자리와 거리를 유지했다.

 일상생활에서도 벼룩의 실험과 같은 현상을 자주 볼 수 있다. 노력을 했음에도 불구하고 목표를 이루지 못했을 때, 사람들은 크게 상심하고 더 이상 시도하지 않고 포기하게 된다. 어떻게 해도 피할 수 없는 좌절이 마음속에 '학습된 무기력'을 형성했기 때문이다.

'학습된 무기력'이라는 단어는 펜실베이니아 대학의 심리학 교수인 마틴 셀리그만의 개 실험에서 유래되었다. 셀리그만 교수는 개를 우리 안에 가두고 버저가 울릴 때 강력한 전기충격을 가했다. 그러자 개는 큰 소리로 울부짖으며 우리 밖으로 나가기 위해 안간힘을 썼다. 그 후에도 버저가 몇 번 더 울리고 그때마다 여지없이 고통스러운 전기충격이 가해졌다. 하지만 어디에도 빠져나갈 구멍은 없었다. 결국 다음 버저 소리가 들리자 개는 모든 것을 포기한 듯 바닥에 엎드려버렸다. 마치 온몸으로 전기충격을 즐기려는 듯 보였다. 교수는 전기충격을 가하지 않고 우리의 문을 열어주었다. 개에게 빠져나갈 출구를 마련해준 것이다. 하지만 개는 빠져 나가려고 하기는커녕 더 바짝 엎으려 몸을 벌벌 떨면서 신음소리를 냈다. 이처럼 원래는 충분히 빠져나갈 수 있는 고통스러운 상황을 절망에 빠져 그대로 손 놓고 기다리는 현상이 바로 '학습된 무기력'이다.

이러한 벼룩과 개의 실험을 통해 우리는 아래와 같은 두 가지 상황을 생각해볼 수 있다. 먼저, 아이들의 교육을 생각해보자. 신생아는 주위의 물건들을 빨고 만지며 기어오르는 과정을 통해 많은 것을 학습한다. 하지만 모든 게 처음이기 때문에 실수를 연발한다. 만약 이 때 부모가 '안 돼!' 하며 화를 내거나 '위험해, 만지지 마!' 하며 과잉보호를 한다면 아이는 전기충격을 받은 개처럼 점차 자신감을 잃게 된다.

시간이 지날수록 아이는 부모가 원하는 이른바 '말 잘 듣는 아이'가 될 것이다. 아무 것도 만지려하지 않고 시도하지도 않을 테니 말이다. 하지만 이미 아이의 마음속에는 열등감의 씨앗이 깊이 박혀버렸을 것이다. 이러한 상황을 원하지 않는다면 아이에게 늘 도전할 기회를 열어주고 성공했을 때는 칭찬을, 실패했을 때는 격려를 아끼지 말아야 한다. 또한 더 많은 발전을 할 수 있도록 적당한 지도와 충고를 해주는 것도 좋다.

다음으로, 직장생활을 생각해 보자. 만약 아무리 노력해도 항상 돌아오는 것은 상사의 꾸지람과 질책뿐이라면 그 직원은 점차 모든 것을 포기하고 소극적인 자세를 취하게 될 것이다. 즉, 바닥에 엎드려서 전기충격을 기다리는 개처럼 모든 노력을 포기한 채 속수무책으로 상사의 꾸지람을 기다리게 될 것이다. 따라서 상벌을 항상 분명히 해야 한다. 상을 줄 때는 인색하지 말아야 하며, 벌을 내릴 때는 무엇을 잘못했는지 정확하게 전달해야 한다.

Tips 심리학을 위한 교양 & 상식

제롬 케이건(Jerome Kagan, 1929~)은 미국의 심리학자로, 영아와 아동의 인지, 정서 발달에 관하여 연구했다. 특히 기질 형성에 관한 연구는 상당히 유명하다. 1987년 미국 심리학회에서 수여하는 과학 공로상을 수상했다.

사소한 착각의 마술

베버는 실험을 통해 같은 종류의 두 자극을 구별할 수 있는 최소의 차이는 자극의 세기에 비례한다는 법칙을 발견했다. 이것을 '베버의 법칙(Weber's law)'이라고 한다.

1830년 독일의 라이프치히 대학교 실험실에서는 에른스트 하인리히 베버라는 젊은 생물학 교수가 아주 특별한 실험을 진행하고 있었다. 베버는 다른 생물학 실험과는 달리 수술용 칼을 사용하지 않았으며, 개구리의 다리를 절단하거나, 토끼의 머리를 톱으로 자르지도 않았다. 놀랍게도 그는 대학생, 일반 시민, 자신의 지인들로 구성된 건강한 사람들을 대상으로 한 의원에서 사용하는 침과 컴퍼스 등을 이용해 실험을 했다.

베버는 침에 먹을 묻혀 실험대상자의 등에 점을 살짝 찍은 후, 실험대상자에게 방금 점을 찍은 위치를 짚도록 했다. 그때마다 실험대상자들은 실제 점에서 몇 인치 정도 떨어진 곳을 지목했는데, 베버는 그 거리를 상세히 노트에 기록했다.

베버는 똑같은 방법으로 계속해서 가슴, 팔, 얼굴 등 신체의 각 부위마다 반복적으로 실험을 진행했다. 이 실험이 끝나자, 이번에는 실험대상자들의 눈을 가리고 컴퍼스를 이용해 신체의 각 부위마다 자극을 주었다. 컴퍼스의 두 다리를 넓게 벌렸을 때, 실험대상자들은 컴퍼스의 양쪽 다리가 모두 신체에 접촉했는지 여부를 쉽게 알아맞혔다. 하지만 컴퍼스의 다리를 좁혀 가자 실험대상자들은 자신의 신체에 컴퍼스의 두 다리가 접촉했는지, 아니면 한 쪽 다리만 접촉했는지 정확히 알아차리지 못했다. 그리고 일정한 거리까지 좁혀지자 두 개의 다리를 한 개의 다리로 착각하기 시작했다.

이 거리는 신체 부위마다 차이를 보였다. 혀는 1/20인치 정도에서, 얼굴은 1/2인치, 등의 척추부위는 0~2인치 정도였다. 즉, 신체의 민감도가 부위별로 심하게는 50배의 차이를 보였던 것이다. 이 실험을 '최소 가지(可知) 차이' 실험이라고 부르며, 이를 바탕으로 한 이론을 '베버의 최소 가지 차이 이론' 이라고 한다.

베버는 위와 같은 방법으로 두 선의 거리, 두 물체 사이의 온도, 두 광선의 밝기 등에 대하여 실험을 진행했으며, 실험결과를 계량화하여 '최소 가지 차이' 이론을 수립했다.

베버는 실험을 통해 '최소 가지 차이' 의 크기는 표준단위의 자극(두 번 자극을 가했을 때, 첫 번째 자극이 표준단위 자극임)의 정도에 따라 차이를 보인다는 사실을 발견했다. 게다가 이와 같은 차이는 모두 상수(常數)로 표현이 가능하다. 예를 들면, 구별 가능 광선의 강도는 $\frac{1}{60}$, 통감의 최소 가지 차이는 $\frac{1}{30}$, 청각은 $\frac{1}{10}$, 후각은 $\frac{1}{4}$, 미각은 $\frac{1}{3}$로, 감각 중 청각이 가장 민감했다.

베버의 실험은 너무나 간단했으나, 심리학 역사에서 큰 획을 그었다. 왜냐하면, 심리학과 생물학의 관계를 계량화된 방식으로 규명함으로써, 훗날 심리학의 계량화 연구에 성공적인 사례를 남겼기 때문이다.

외부 자극에 대해 감각이 반드시 1 : 1의 반응을 보이는 것은 아니다. 예를 들면 다음과 같다.

1. 수영을 하기 위해 처음 물에 들어갈 때는 물의 온도가 상당히 차갑다고 느끼지만 어느 순간부터는 더 이상 차갑지 않다고 느끼게 된다. 사실 물의 온도(물리적 자극)는 계속 19°C를 유지하고 있었다. 이것은 시간이 지날수록 몸이 적응을 하여, 감각에 차이가 발생했기 때문이다.

2. 솜 1g과 철 1g이 있다. 무엇이 더 무거울까? 이러한 질문을 받게 되면 언뜻 철이 더 무겁다고 느끼지만, 사실 두 물체는 모두 1g으로 무게가 똑같다. 이와 같은 현상은 머릿속에 자리 잡은 이미지로 인한 착각 때문에 발생한다.

베버의 연구는 심리학 중 정신물리학의 영역에 해당한다. 정신물리학은 베버가 기초를 닦고, 페히너에 의해 괄목할만한 발전을 이루었다. 정신물리학은 심리와 사물 간의 함수관계를 연구하는 학문으로, 외부의 물리적 자극과 감각 혹은 지각의 관계를 정량화된 방식으로 규명하는 것이 목적이다. 감각, 지각, 정서, 행위, 주의력 등이 모두 정신물리학의 연구범위에 속한다.

인생의 유리벽

모험과 고수, 즉흥과 심사숙고, 첩경과 우회, 혼란과 질서, 고지식함과 임기응변, 이 모든 것은 변화에 적응하는 데 도움을 준다.

칼 웨익 교수는 캠퍼스를 산책하고 있었다. 그런데 작은 화원에 접어들자 몇몇 젊은이들이 창문가에 모여 있는 모습이 눈에 들어왔다. 가까이 다가가자 젊은이들은 다름 아닌 그의 학과 학생들이었는데 서로 머리를 맞대고 꽤나 집중을 하고 있는 모습이 무엇인가 실험을 하고 있는 모양이었다.

웨익 교수는 호기심이 발동해 더욱 가까이 다가갔다. 하지만 학생들은 실험에 집중하느라 아무도 웨익이 다가오는 것을 눈치채지 못했다. 한 학생이 말했다.

"그렇게 하면 안 돼! 내가 하는 걸 잘 봐. 이렇게 넣어야지."

학생은 파리가 있는 병을 조심스럽게 들어 꿀벌이 들어있는 병의 주둥이로 가지고 갔다.

"어머! 빨리 잡아! 날아가잖아!"

여학생이 소리쳤다.

"야! 몇 마리 안 남았단 말이야."

다른 남학생도 소리를 지르며 파리를 잡기 위해 벌떡 일어났다. 그제야 학생들은 바로 뒤에 교수가 서 있다는 사실을 발견했다.

"교수님!"

"난 그저 너희가 무슨 재미있는 실험을 하고 있는지 보고 싶었을 뿐이야. 그러니 신경 쓰지 말고 계속해."

학생들은 웨익 교수의 참관 하에 다시 실험을 시작했다. 학생들은 같은 수의 꿀벌과 파리를 유리병에 넣고 병의 바닥을 창가 쪽으로 향하게 눕힌 다음 어느 곤충이 더 빨리 탈출을 하는지 지켜봤다.

그런데 완전히 예상을 깨는 결과가 나왔다. 꿀벌들은 병 바닥쪽에서만 열심히 출구를 찾을 뿐 반대쪽으로는 날아가 볼 생각도 하지 않더니 결국 병 안에서 모두 죽고 말았다. 반면에 파리는 2분도 채 안 되는 시간에 탈출구를 찾아 모두 날아가 버렸다.

도대체 어떻게 된 일일까? 평소 더럽고 인간에게 질병만 안겨다 준다고 생각했던 파리가 오히려 꿀벌보다 지능이 높은 것일까? 물론 그렇지 않다. 꿀벌은 본래 빛을 좋아하는 성질이 있다. 또한 지능이 높은 꿀벌은 밝은 곳에 출구가 있으리라는 계산을 할 수 있었다. 꿀벌 나름대로는 상당히 논리적인 행동이었던 것이다. 단지 자연계에는 유리라는 물체가 없기 때문에 이성적으로 유리의 존재를 받아들일 수 없었을 뿐이다.

이에 비해 파리는 아무 생각이 없었다. 그래서 사방을 날아다니다 운 좋게 출구를 발견할 수 있었던 것이다. 가끔 이성이 통하지 않는 세계에서 파리와 같은 단순함이 오히려 통할 수 있다. 즉, 파리가 목숨을 구할 수 있었던 이유는 머리를 쓰지 않았기 때문이다. 훗날 웨익 교수는 수업 때마다 이 날의 실험을 언급했다.

"살면서 '꿀벌의 유리 벽' 같은 일들을 자주 접하게 될 것이다. 이때 우리는 혼란 속에서 질서를 잡기 위해 노력해야 한다. 하지만 끊임없이 변화하는 세계에서 때로는 마구잡이로 하는 행동이 정체된 논리보다 큰 효과가 있다."

Tips 심리학을 위한 교양 & 상식

존 스튜어트 밀(John Stuart Mill, 1806~1873)은 영국의 심리학자이자 철학자, 경제학자이다. 《자유론》, 《논리학 체계》 등의 저서에서 그의 사상을 잘 엿볼 수 있다. 1865년 존 스튜어트 밀은 4가지 연상법, 즉 유사법, 접근법, 반복법, 불가분법을 제시했다.

리비히와 베를린블루

자주 쓰는 어떤 사물을 접할 때 우리는 종종 그 사물의 다른 용도를 생각해 내는 것에 어려움을 느낀다. 게다가 처음 발견한 기능이 중요할수록 다른 기능을 발견하는 것은 더욱 어려워진다. 이와 같은 현상을 가리켜 기능고착심리라고 한다.

리비히는 독일의 유명한 화학자이다. 독일 다름슈타드의 염료 제조판매업자 집안에서 태어났으며 어릴 때 아버지를 따라 가정용 약물과 도료를 직접 만들며 화학에 흥미를 느끼기 시작했다. 청년시절 리비히는 독일 학교의 틀에 박힌 교육에 염증을 느끼면서도 화학서적을 읽고 직접 화학실험을 하는 것만큼은 누구보다 좋아했다. 본·에를랑겐 등의 대학에서 화학을 배운 후 파리로 건너가 L.게이뤼삭의 실험실에서 지도를 받으며 프랑스 과학자들과도 친분을 쌓았다.

하루는 실험실 일로 영국에 출장을 가게 되었다. 그곳에서는 베를린블루(Berlin blue, 철염(鐵鹽)과 페로시안화칼륨 반응에서 만들어지는 감청의 안료. 베를린청이라고도 함)를 제조하고 있었다. 일꾼들은 먼저 약물과 동물의 피, 가죽을 함께 넣어 끓인 후 다시 이것을 솥에 넣고 철로 된 막대기를 이용해 저어주었다. 그런데 이때, 그냥 젓는 것이 아니라 '쾅쾅' 소리가 나도록 막대기를 솥에 힘껏 찧어주었다. 이 모습을 본 리비히는 이상한 생각이 들어 일꾼에게 물었다.

"꼭 이렇게 하는 이유가 있습니까?"

한 일꾼이 이마의 땀방울을 소매로 닦으며 대답했다.

"솥의 용액을 저을 때는 반드시 철로 된 막대기를 사용해야 해요. 그리고 젓는 소리가 클수록 블루의 품질이 좋아지죠."

리비히는 웃으며 말했다.

"꼭 그렇게 안 하셔도 되요. 철을 함유한 화합물을 조금 넣어주기만 하면 됩니다. 지금 막대기로 힘껏 젓고 빻아주시는 것도 사실은 솥과 막대기의 철 성분이 빠져나와서 원료와 잘 배합되도록 하려는 것뿐이에요."

일꾼들은 리비히가 시키는 방법에 따라 블루를 만들어 보았다. 그러자 정말 더 좋은 품질의 블루가 나왔다.

창조적 사고 연구에 관한 국제회의에서 일본 학자 한 명이 단상에 클립을 가지고 나와 이렇게 말했다.

"이 클립을 가지고 몇 가지 용도를 생각해 낼 수 있으십니까?"

관중석에서 한 학자가 소리쳤다.

"30가지요!"

그러자 일본인 학자가 말했다.

"저는 이미 300가지 용도를 발견했습니다."

관중석의 학자들이 일제히 박수를 쳤다. 그때 단상 밑에서 누군가 쪽지를 건네주었다. 쪽지에는 다음과 같이 적혀 있었다.

"저는 만 가지가 넘는 용도를 발견할 수 있습니다. 그 용도는 내일 말씀 드리겠습니다."

쪽지를 보낸 사람은 중국의 쉬궈타이라는 학자였다. 쉬궈타이에 따르면 클립은 같은 질량을 가지고 있으므로 각종 분동(分銅, 천평칭이나 대저울 따위로 무게를 달 때, 무게의 표준이 되는 추)을 만들 수 있으며 금속물질이기 때문에 각종 화학물질과 반응할 수 있다. 또한 클립의 모양을 변형시켜 1, 2, 3 등의 숫자를 만들거나 더하거나 빼기를 통해 영어, 라틴어, 러시아어의 자음과 모음 등 각종 언어가 표현할 수 있는 모든 것을 나타낼 수 있다.

이처럼 알고 보면 아주 간단한 문제지만 저명한 학자들조차 쉽게 생각해 내지 못했던 이유는 시각과 사고가 한정되어 있기 때문이다. 일반적인 용도에 대한 이미지가 너무 강해 다른 용도를 떠올리는 데 방해가 되었던 것이다. 물건이 얼마만큼 기능을 발휘하는가는 그것을 사용하는 사람의 지혜에 달려있다. 어떻게 응용하는가에 따라 결과는 천양지차이다.

Tips 심리학을 위한 교양 & 상식

데카르트(René Descartes, 1596~1650)는 철학자이자 과학자이기도 하지만, 심리학에서는 반사동작학설의 창시자이기도 하다. 그의 주장에 따르면, 인간의 원시적인 감정은 놀람, 기쁨, 증오, 욕망, 쾌락, 비애의 여섯 가지로 이루어져 있으며, 아무리 복잡한 감정이라도 사실 이 여섯 가지 감정의 복합체일 뿐이라고 주장했다.

바네스의 역발상

심리학자들은, 인간은 문제를 해결할 때 하나의 근거에서 여러 가지 방식을 도출할 수 있다고 믿는다. 즉, 일정 시간 안에 여러 가지 방향으로 해결방법을 모색하고 답안을 얻어내는 것이다. 이와 같은 확산형 혹은 산발형 사고방식을 '발산사유'라고 부른다.

에드윈 바네스는 농촌에서 태어났다. 그는 우연한 기회에 신문에서 에디슨의 이야기를 접한 후 에디슨의 사업 파트너가 되어 에디슨의 발명 성과를 세상에 전파하는 일을 하고 싶다고 생각했다. 바네스는 곧바로 가족들에게 작별인사를 한 후 뉴저지로 향하는 기차에 몸을 실었다. 그리고 드디어 에디슨을 만나는 데 성공했다.

하지만 에디슨이 느낀 바네스의 첫인상은 거리의 유랑자였다. 얼마나 오래 입었는지 낡아빠진 옷에는 때가 꼬질꼬질했다. 하지만 두 눈만큼은 하늘의 별처럼 반짝거리며 자신감이 넘쳤다. 바네스는 자신이 농촌출신이라는 사실과 에디슨을 찾아오게 된 경위 등을 설명했다.

"저는 학력도 짧고 부자도 아닙니다. 하지만 당신의 사업 파트너가 되고 싶습니다. 당신의 발명 성과를 세상 모든 사람들이 누릴 수 있도록 세계에 전파하는 일을 하고 싶습니다. 그러기 위해 처음에는 이곳에서 일하면서 발명품들의 특성을 파악하고 싶습니다."

　에디슨은 바네스를 뚫어져라 바라보다 입을 열었다.

　"성의는 감사합니다. 하지만 이런 일로 저를 찾아오는 사람은 하루에도 수십 명이나 됩니다. 실제 같이 일을 해본 사람도 꽤 있고요. 하지만 결과는 항상 좋지 않았어요. 자, 이렇게 합시다. 제가 문제를 낼 테니 한번 해결해 보시지요. 만약 완벽하게 해결하면 일을 하도록 허락하겠습니다."

　"좋습니다."

　바네스가 흔쾌히 대답했다. 에디슨이 말했다.

　"자, 저를 한번 이 실험실에서 나가도록 해 보세요."

　바네스가 펄쩍 뛰며 화를 냈다.

　"처음부터 불가능한 문제를 내시는군요. 당신을 밖에서 안으로 들어오도록 하는 것이면 몰라도 안에서 밖으로 내보내는 것은 도저히 불가능합니다. 너무 하시네요."

　에디슨은 자리에서 일어나며 말했다.

　"그래요? 그럼 내가 밖으로 나갈 테니 안으로 들어오도록 만들어 보세요. 그러면 되겠지요?"

　에디슨은 문 밖으로 나가 안쪽을 향해 몸을 돌렸다. 그리고 그 순간 에디슨은 이미 자신이 졌다는 사실을 깨달았다. 이런 번뜩이는 기지 덕분에 바네스는 에디슨의 실험실에 머물게 되었다. 그 후 몇 년 동안 노력한 결과 드디어 에디슨과 계약을 체결하고 정식으로 영업을 시작하게 되었으며 빠른 시간 안에 미국에서 다섯 손가락 안에 꼽히는 대갑부로 성장했다.

바네스가 슬기롭게 관문을 통과하고 꿈을 이룰 수 있었던 것은 유연한 사고방식 덕분이었다. 에디슨이 문제를 냈을 때 사람들은 '어떻게 하면 에디슨을 내보낼 수 있을까'에만 골몰했을 것이다. 하지만 바네스는 역으로 '밖에 있는 에디슨을 안으로 들어오게 한다.'라는 발상을 했다. 창조적 사고방식의 승리였다.

많은 심리학자들이 발산사유와 창조능력이 직접적으로 연관되어 있다고 믿고 있다. 따라서 의식적으로 발산사유를 훈련할 필요가 있다. 즉, 독창적이고 유연한 방법으로 문제를 해결하려는 노력을 지속적으로 기울여야 한다. 이와 같은 사고가 습관화 되었을 때만 비로소 창조능력을 높일 수 있다.

창조적 사유는 관습적 사유와 상반된 개념으로 참신한 방법으로 문제를 해결하는 것을 일컫는다. 이를 통해 사물의 객관적인 본질을 파악할 수 있을 뿐 아니라 독창적이고 사회적 의의가 있는 새로운 성과를 창출할 수 있다. 때문에 창조적 사유는 인류의 사고발달 수준을 가늠하는 지표가 되기도 한다. 심리학자들은 창조적 사유에 많은 관심을 가져왔으며, 다음과 같은 몇 가지 방법을 통해 창조적 사고를 훈련할 수 있다고 믿고 있다.

1. 사고는 언어를 통해 표출되며 언어는 사고를 자극한다. 특히, 추상적인 사고는 언어를 통해야만 실현이 가능하다. 따라서 많이 읽고, 많이 쓰며, 많이 말하는 노력을 통해 언어능력을 제고할 것을 권장한다.
2. 창조는 원래의 지식을 재조립하고 개조하는 가공과정을 통해 얻어진다. 아무리 요리를 잘하는 사람도 쌀이 없으면 밥을 할 수 없다는 말처럼 창조적 성과를 이루기 위해서는 먼저 튼튼한 기초가 쌓여야 한다. 폭넓고 심도 깊은 지식을 기반으로 할 때만 새로운 성과를 도출하는 것이 가능하다. 유명한 철학자 헤겔은 다음과 같이 말했다.

"단순한 충동과 의지만 가지고는 영감을 얻을 수 없다. 창조적 성과를 얻고 싶지 않은 사람이 어디 있겠는가? 하지만 아무리 재주가 있고 의지가 불타오른다고 할지라도 기초가 없고 노력하지 않는다면 가치 있는 창조물을 이끌어내는 것은 불가능하다."

3. 창조적 능력이 뛰어난 사람은 독특한 성격을 가지고 있다. 제 22회 국제 심리학 세미나에서 한 심리학자는 창조적 능력이 뛰어난 사람의 성격을 다음과 같이 정리했다.

"창조적 능력이 뛰어난 사람은 대체로 독립심이 강하며 모험을 좋아한다. 사물에 대해 강한 호기심을 보이며 다른 사람의 의견을 잘 듣지 않는 경향이 있다. 복잡하고 신기한 사물이나 사건에 강한 매력을 느낀다. 이밖에, 예술적인 심미관을 보유하고 있으며 유머감각도 뛰어나다. 그들은 취미와 관심분야가 다양하며 상당한 집중력을 보인다."

우리도 의식적으로 이와 같은 성격을 키우기 위해 노력해야 한다.

Tips 심리학을 위한 교양 & 상식

발산사유 능력은 창조적 인간의 기본적인 특징이다. 발산사유를 훈련할 때는 교육학과 심리학의 과학적인 방법을 응용해야 한다. 또, 안정적인 심리적 환경을 조성하여, 과감히 질문하고, 새로운 시도를 할 수 있도록 해야 한다.

경청의 기술

심리학에서 '투사(投射)'란 자신의 생각과 태도, 염원, 감정 등을 외부의 사물이나 타인에게 적용시키는 심리적 작용을 일컫는다. 투사는 개인이 외부의 정보를 인식하고 재구성해 문제를 해결하는 과정에 상당한 영향을 미친다.

출판사 편집자들이 이달의 이슈를 고르기 위해 한 자리에 모였다. 이 중 A라는 편집자는 현재 대학원 과정을 밟고 있다. 그는 '무한 경쟁시대, 직장인도 계속 공부해야'라는 타이틀을 골랐다. B 편집자의 딸은 올해 유치원에 입학했다. 그녀는 '초등학교 입학 전 우리아이 교육 어떻게'라는 제목의 글을 골랐다. C 편집자는 요즘 낚시에 심취해 주말마다 낚시 여행을 떠난다. 그는 '숨은 보석, 국내 여행지를 돌아보다'라는 제목의 글을 골랐다. 편집자들은 자신의 관심사에 다른 사람도 흥미를 느낄 것이라고 생각했다. 이처럼 사람들은 종종 본인의 심리를 타인에게 투사하곤 한다.

미국의 한 쇼프로그램에서 초등학생을 초대해 인터뷰를 했다.
"우리 어린이는 자라서 무슨 일을 하고 싶어요?"

"파일럿이요!"

"만약 태평양 한 가운데를 지나가고 있는데 비행기 연료가 다 떨어지면 어떻게 하죠?"

아이는 잠시 생각하더니 대답했다.

"비행기 안에 있는 사람들에게 안전벨트를 단단히 매라고 한 후에 저는 낙하산을 타고 밖으로 나올 거예요."

순간 관중석이 웃음바다가 되었다. 방청객 중 어떤 사람은 허리를 부여잡고 눈물을 흘리며 웃었고 어떤 사람은 미간을 찡그리며 "아휴, 저런 나쁜 녀석!" 하며 혀를 찼다. 사회자는 아이가 방청객들에게서 커다란 호응을 얻어낸 것에 대해 의기양양해 하고 있는지 살폈다. 하지만 뜻밖에도 아이의 눈에는 눈물이 그렁그렁 맺혀 금방이라도 떨어질 것 같았다. 그제야 사회자는 아이가 방청객들의 반응에 당황해하며 마음 아파하고 있음을 깨달았다. 사회자는 다정하게 아이에게 물었다.

"왜 그렇게 하는 거죠?"

아이는 진지하게 대답했다.

"연료를 구해 오려고요."

그 대답에 방청객들은 아이의 천진함을 오해했음을 깨달았다.

타인의 말을 들을 때, 당신은 정말 그 뜻을 이해하는가? 혹시 자신의 생각을 상대방에게 투사하고 있지는 않은가? 상대방의 생각을 다 알고 있다고 착각하지 말라. 말은 끝까지 다 들어봐야 한다. 이것이 바로 '듣기의 기술'이다.

심리학 연구 결과 사람들은 일상생활 속에서 자주 자신의 심리(성격, 기호, 욕망, 관념, 정서 등)를 타인에게까지 적용하려는 경향이 있음을 발견했다. 이 때문에 종종 다른 사람도 자신과 똑같다고 생각하게 된다. 예를 들어, 본인이 자주 거짓말을 하는 경우 상대방도 자신을 속이고 있다고 생각하게 되며, 자신에 대한 만족감이 높은 사람들의 경우에는 타인도 자신을 좋아할 것이라고 생각한다. 심리학에서는 이와 같은 현상을 가리켜 '투사효과'라고 한다.

투사효과로 인해 사람들은 타인의 감정이나 의도를 추측할 수 있다. 인간에게는 일정한 공통점이 있기 때문에 추측은 대부분 맞아떨어진다. 하지만 모든 사람이 같을 수는 없다. 그렇기에 추측이 빗나가는 경우도 당연히 존재한다. 다른 사람들도 자신이 멋지다고 생각하는 사람을 좋아할 것이라고 추측해 괜한 질투를 한다거나, 부모가 아이를 대신해 미래를 설계하고 학교 혹은 직업을 결정하는 것이 모두 투사로 인한 잘못된 추측 때문에 발생한다. 이처럼 우리는 삶 속에서 투사로 인해 많은 오해를 낳고 판단착오를 경험하게 된다.

Tips 심리학을 위한 교양 & 상식

토마스 홉스(Thomas Hobbes, 1588~1679)는 정치적 성향이 강한 영국의 철학자로 세상에 알려져 있으나, 사실 심리학에서의 공로가 더 크다. 그는 영국 최초의 경험주의 심리학자로, 그의 학설은 19세기 실험주의 심리학과 20세기 행위주의 심리학의 기초가 되었다.

아인슈타인의
터닝포인트

바넘 & 베일리 서커스단의 연출가인 바넘은 서커스단이 인기를 끌게 된 이유를 이렇게 밝혔다. "제 프로그램에는 모든 사람들이 좋아할만한 요소들이 있어요. 그런데 사람들은 그것이 자신만의 이야기라고 생각하죠. 그래서 1분에 한 명씩 제 프로그램에 '속아 넘어가는' 거예요." 사람들은 보편적인 성격이나 심리에 대한 묘사를 자신만의 특징이라고 느끼는 경향이 있다. 이러한 경향을 심리학에서는 바넘 효과라고 부른다.

아인슈타인은 어렸을 때 노는 것을 좋아하는 아이였다. 하루 종일 놀기만 하는 아인슈타인을 보며 어머니가 몇 번이나 꾸지람을 했지만 아무 소용이 없었다. 열여섯 살이 었던 어느날 아버지는 강으로 낚시를 가기 위해 짐을 꾸리고 있는 아인슈타인을 방으로 불렀다. 그날의 이야기는 훗날 아인슈타인의 인생을 송두리째 바꾸어 놓았다.

"아버지가 말이다. 어제 옆집 잭 아저씨하고 아랫동네 대저택의 굴뚝을 청소하러 갔단다. 그런데 그 집 굴뚝은 꼭대기로 올라가려면 반드시 굴뚝 안에 있는 사다리를 통해야만 했어. 잭 아저씨가 먼저 올라가고 내가 나중에 올라갔지. 우리는 손잡이를 잡고 조심스럽게 한 칸 한 칸 꼭대기까지 올라갔단다. 청소를 마치고 다시 그 사다리를 타고 내려왔고 말이야. 그런데 내려 와 보니 잭 아저씨는 얼굴과 온몸이 검은 재 투성이였는데 내 몸에는 조금도 재가 묻어있지 않았단다."

"정말요?"

아인슈타인은 흥미를 느끼며 더 바짝 다가가 앉았다. 아버지는 그런 아인슈타인을 보며 미소를 지으며 말했다.

"그런데 재미있는 것은, 그때 나는 잭 아저씨를 보고 내 얼굴도 재투성이일 거라고 생각했지. 그래서 강변에 가서 몇 번이나 얼굴을 씻었는지 모른단다. 그런데 잭 아저씨는 나를 보고 자신도 깨끗하다고 생각을 한 거야. 그래서 함께 강변에 와서 얼굴에 몇 번 물만 묻히고 말더구나. 우리가 거리에 나타났을 때 사람들이 잭 아저씨를 보고 배꼽 빠지게 웃었다는 것, 안 봐도 상상이 가지 않니?"

아인슈타인도 잭 아저씨의 이야기에 웃음을 참을 수가 없었다. 같이 웃던 아버지는 아인슈타인의 웃음이 그치기를 기다려 말했다.

"그러니 얘야, 이 세상에 너의 거울이 되어줄 사람은 아무도 없단다. 오직 자신만이 스스로의 거울이 될 수 있어. 다른 사람을 거울로 삼는다면 바보도 자신을 천재라고 오해할 수 있단다."

사람이 사람인 이유는 자의식을 가지고 있기 때문이다. 인간은 스스로 현재의 나와 이상 속의 나를 머릿속에 그릴 수 있다. 태교 이래 인류는 단 한 번도 자신에 대한 탐색을 멈춘 적이 없다. 하지만 그렇기 때문에 자아 속에서 길을 잃고 헤매기도 한다.

不識廬山眞面目	여산의 진면목을 알 수 없는 것은
只緣身在此山中	내가 그 안에 있기 때문이다.

소동파의 시처럼 사람은 자신을 완전히 벗어날 수 없다. 그래서 외부적인 신분으로 자신을 나타내거나 주위 사람들의 모습을 참고해 자아를 인식하고자 한다. 이 때문에 쉽게 환경적 정보의 암시에 노출되며 다른 사람의 행동을 자신의 행동으로 착각하게 된다. 이로 인해 자아인식에 편차가 발생한다. 이와 같은 현상을 심리학에서는 바넘 효과라고 한다. 아래는 바넘 효과의 대표적인 사례이다.

1. 타인이 자기에 대해 내린 평가를 맹신한다.

   한 심리학자가 사람들에게 다면적 인성검사(MMPI)를 실시한 후, 두 개의 결과를 펼쳐놓고 어떤 것이 자신의 성격과 일치하는지 맞혀보도록 했다. 두 개의 결과 중 하나는 검사를 받은 사람의 진짜 심리검사 결과였고 다른 하나는 사람들의 대답을 평균으로 도출한 결과물이었다. 뜻밖에도 검사 대상자 대부분은 후자가 자신의 성격을 정확하게 표현했다며 후자를 선택했다.

2. 두루뭉술하고 통상적인 성격 묘사가 자신에게 딱 맞아떨어진다고 쉽게 믿어버린다.

   사실 이와 같은 묘사는 그야말로 코에 걸면 코걸이 귀에 걸면 귀걸이임에도 불구하고 사람들은 자신의 성격을 그대로 표현했다고 믿어버린다. 예를 들면 '당신은 누군가의 관심을 필요로 하고 있다'거나 '고집대로 밀고 나가는 성향이 있다'는 등의 말은 누구에게나 적용될 수 있다.

바넘 효과는 일상생활에서도 쉽게 찾아 볼 수 있는데 점을 보는 행위가 대표적인 예이다. 많은 사람들은 무당이나 점쟁이의 말이 어렵다고 얘기한다. 사실 무당이나 점쟁이를 찾는 사람들은 이미 암시에 쉽게 노출될 가능성을 다분히 가지고 있다. 게다가 무당이나 점쟁이는 사람의 내면을 잘 파악하거나 눈치가 빨라 찾아온 사람의 마음을 어느 정도 읽을 줄 안다. 그래서 적당히 공감하거나 위로를 해주는 것이 가능하다. 이러한 상황에서 곧 동풍이 부니 꽃이 만발한다는 식의 두루뭉술하고 추상적인 말을 이용해 점을 보러 온 사람이 자신의 이야기를 하고 있다고 착각하게 만든다.

Tips 심리학을 위한 교양 & 상식

스티븐스(Stanley Smith Stevens, 1906~1973)는 미국의 심리학자로, 음성강도(音聲强度)의 감각성에 관한 연구로 명성을 얻었다. 그는 새로운 감각 등급 평가 방법을 제시했는데, 이 방법을 통해 각각의 감각기관이 가지고 있는 감각정도를 알아볼 수 있다. 1960년 미국 심리학회의 우수 과학 공로상을 수상했다.

스트레스 대처법

업무에 대한 스트레스는 심리적인 긴장을 유발한다. 심리학에서는 이를 가리켜 자이가르니크 효과라고 부른다. 이것을 극복하는 가장 좋은 방법은 사람들에게 자신이 상황을 어느 정도 통제할 수 있는 능력이 있다고 느끼도록 하는 것이다. 설령 실제로는 그런 능력이 없더라도 말이다.

벤자민 해리슨은 미국의 23대 대통령으로 제9대 대통령 W. H. 해리슨의 손자이다. 미국 오하이오 주에서 태어났으며 친 형제자매 5명과 이복형제 3명을 합쳐 모두 8명의 남매가 있었다. 어려서부터 질 높은 교육을 받고 자란 그는 마이애미 대학을 졸업해 변호사가 되었다. 남북전쟁에서 북군에 종군하여 유능한 지휘관으로 인정을 받아 준장으로 진급했으며 1881년에 연방 상원의원으로 선출되었다.

1888년, 벤자민 해리슨이 공화당 후보로 대통령 선거에 출마했을 때의 일이다. 많은 사람들이 흥분과 긴장 속에 애를 태우며 투표 결과를 기다리고 있었지만 정작 본인은 시종일관 태연함을 유지하고 있었다. 벤자민 해리슨의 선거진영에서 가장 기대를 걸고 있던 지역은 인디애나 주였다. 그런데 저녁이 훨씬 지났는데도 인디애나 주의 투표결과는 나오지 않고 있었다. 드디어 11시, 인디애나 주의 투표결과가 발표되자 친구는 곧바로 해리슨에게 전화를 걸었다. 해리슨도 좌불안석하며 투표결과를 기다리고 있을 것이라고 생각했던 것이다. 하지만 놀랍게도 전화를 받은 집사는 이렇게 말했다.

"죄송합니다. 의원님께서는 한참 전에 이미 잠드셨어요."

다음 날 아침. 친구는 해리슨에게 말했다.

"참 태평이네 그려. 자네는 걱정도 안 되던가?"

해리슨은 웃으며 대답했다.

"어차피 주사위는 던져졌어. 내가 잠을 자건 안 자건 상관없이 결과는 나오게 되어 있네. 무엇 때문에 쓸데없이 걱정하며 자신을 괴롭히나? 게다가 경선에 이겨서 대통령이 되면 할 일이 산더미 같을 텐데 좀 쉬어두어야 하지 않겠는가?"

벤자민 해리슨은 스트레스로부터 자신을 지킬 줄 아는 현명한 사람이었다. 우리가 직면해야 하는 것은 일 자체가 아니라 그로 인한 심리적 긴장상태이다. 이와 같은 긴장상태를 심리학에서는 자이가르니크 효과라고 부른다. 자이가르니크 효과는 프랑스의 심리학자인 자이가르니크가 실행한 실험에서 유래했다.

자이가르니크는 지원자들을 모아 다음과 같은 실험을 실시했다. 먼저 실험 대상자들을 두 개의 그룹으로 나눈 후 20개 항목의 일을 완성하도록 했다. 그런데 그 중 한 그룹에는 계속해서 간섭을 해 임무를 완성하지 못하도록 했고, 나머지 한 그룹은 순조롭게 임무를 완성하도록 내버려두었다. 그 결과, 처음 일을 시작할 때는 두 그룹의 실험 대상자들이 느끼는 긴장 정도가 똑같았으나 시간이 지날수록 임무를 완성한 그룹의 긴장은 점차 사라진 반면, 임무를 완성하지 못한 그룹은 계속해서 똑같은 강도의 긴장을 느꼈다. 그리고 임무를 완성하지 못한 그룹은 머릿속에서 일에 대한 생각을 지우지 못했다.

자이가르니크는 사람은 임무를 부여받았을 때 일정한 긴장상태를 느끼며, 그 임무를 완성한 후에야 긴장이 사라진다는 사실을 입증했다. 즉, 임무를 완성하지 못하면 긴장도 완화될 수 없는 것이다.

자이가르니크 효과는 현대 사무직 종사자들의 건강에 커다란 위협이 되고 있다. 지적인 활동을 주로 하는 사무직 종사자들은 업무를 위해 적극적인 사고를 하게 되는데 해결되지 않은 문제나 끝내지 못한 업무 때문에 퇴근을 한 후에도 사고가 끊이지 않고 계속 진행되면서 긴장상태가 유지되는 것이다. 의사, 엔지니어, 변호사 등이 모두 이와 같은 자이가르니크 효과를 경험한다. 긴장감과 압박감이 오랫동안 지속될 경우 심각한 정신적 육체적 질병을 유발할 수 있다. 따라서 사무직 종사자들은 반드시 스트레스 대처법을 익혀두어야 한다.

Tips 심리학을 위한 교양 & 상식

길포드(Joy Paul Guilford, 1897~1987)는 미국의 심리학자로, 주로 심리테스트 방법, 인격 및 IQ 분야에 종사했다. 그는 심리테스트 방법과 요소 분석방법을 이용하여 인간의 특성을 연구했다. 1950년 미국 심리학회의 의장이 되었으며, 1964년 미국 심리학회가 수여하는 특별 과학 공로상을 수상했다.

조 지라드식 면접비법

심리학에서 초두(primacy)란 처음 어떠한 객관적 사물을 인지한 후 머릿속에 남게 되는 '첫인상'을 뜻한다. 초두 효과란 사회 인지 과정에서 받게 된 '첫인상'의 정보가 대상 사물에 대한 인식에 영향을 미치는 것을 의미한다.

조 지라드는 세계 최고의 판매왕으로, 하루 평균 여섯 대의 자동차를 판매하며 12년 연속 기네스북 '세계 판매 1위'의 자리를 지키고 있다.(2007년 기준) 세계 500대 기업 중 상당수가 조 지라드를 강연에 초청했고 수많은 사람들이 그의 강연에서 감동과 힘을 얻었다. 하지만 이런 그에게도 구직을 위해 회사를 전전하던 시절이 있었다. 당시 지라드는 한 회사의 인사부 담당자를 찾아가 물었다.

"혹시 조수가 필요하세요?"

담당자는 공손하게 대답했다.

"죄송합니다. 저희는 조수가 필요 없습니다."

지라드가 물었다.

"그럼 일반 직원은 필요하지 않으세요?"

담당자는 지라드를 보며 대답했다.

"우리는 이미 직원이 넘쳐나고 있어요. 곧 감원을 할지도 모릅니다. 유감스럽게도 일자리는 다른 곳에서 알아보셔야 할 것 같네요."

지라드가 끈질기게 물었다.

"육체노동이라도 좋아요. 짐꾼이나 청소부는 안 필요하세요?"

짜증이 치밀어 오른 인사부 담당자는 목소리를 억누르며 대답했다.

"죄송해요. 지금은 사람이 전혀 필요 없어요."

"아, 그렇군요. 정말 유감이네요."

지라드는 약간 실망한 표정을 짓더니 다시 입을 열었다.

"그럼, 지금 딱 필요하실 것 같은 물건이 있어요."

서류가방을 주섬주섬 뒤지던 그는 작은 팻말을 꺼내들었다. 팻말에는 이렇게 적혀 있었다.

"더 이상 직원 채용 계획 없음."

인사부 담당자는 팻말을 보더니 미소를 지으며 고개를 끄덕였다.

"졌습니다. 참 특이한 재주를 가졌군요. 혹시 원한다면 우리 회사 마케팅부나 영업부에서 일해보지 않겠어요?"

지라드가 팻말을 통해 보여준 재치와 낙관적인 태도는 인사부 담당자에게 상당히 좋은 '첫인상'을 남겼다. 덕분에 그는 직장을 얻는 데 성공할 수 있었다. 이처럼 첫인상은 일상생활에서도 중요한 작용을 하는데, 이를 심리학에서는 '초두 효과'라고 한다.

초두 효과란 처음 획득한 정보에 의해 형성된 인상이 다음 정보를 받아들일 때도 커다란 영향을 미치는 현상을 일컫는다. 따라서 초면인 사람 앞에서는 특별히 좋은 인상을 남기기 위해 주의할 필요가 있다.

사회 인식 과정에서 외모, 표정, 자세, 몸매, 차림새 등 외부적인 정보는 첫인상을 좌우하는 중요한 요소이다. 또, 이렇게 처음 획득된 정보는 이후의 평가에도 중요한 근거로 작용한다. 예를 들면, A가 B를 처음 만나 좋은 인상을 받았다고 하자. 그러면 B를 두 번째 만나기 전까지의 긴 시간 동안 A의 머릿속에는 처음 받았던 좋은 인상이 계속 남아있게 된다. 이후 다시 B를 만났을 때 A는 자연스럽게 처음의 인상에 근거해 B를 인식하고 평가하는 것이다.

초두 효과는 상대방의 첫 인상에서 얻은 적은 양의 정보를 이전의 경험과 지식에 근거해 가공, 분석, 비교, 종합하는 과정이기도 하다. 이를 통해 상대방의 특성을 추측하고 종합적인 평가를 내린다.

Tips 심리학을 위한 교양 & 상식

브루너(Jerome Seymour Bruner, 1915~)는 미국의 심리학자로, 구조주의 교육사상의 대표적인 인물이다. 인지과정에 대하여 수많은 연구를 실행했으며, 언어 학습, 개념 형성 및 사유방법에 관한 많은 저서를 남겨 인지심리 이론의 체계화에 큰 공헌을 했다. 주요 저서로는 《교육의 과정》(1960), 《인식에 관하여 : 왼손에 관한 소론》(1962), 《교수이론에 관하여》(1966), 《교육의 적절성》(1971) 등이 있다.

바보새의 진실

사람들은 때로 자신의 심리적 특징(개성, 욕망, 이념, 정서 등)이 타인에게도 똑같이 나타난다고 믿는다. 예를 들면 내가 거짓말을 잘 하는 편이라면 상대방도 나를 속이고 있다고 생각하며, 자신이 멋지다고 생각할 경우 다른 사람도 그렇게 자신을 바라볼 것이라고 믿는다. 심리학에서는 이와 같은 현상을 '투사'라고 부른다.

작은 새 한 마리가 계속 유리창에 날아와 부딪쳤다. 바로 옆 창문은 활짝 열려있었지만 새는 고집스러울 정도로 한 곳으로만 돌진했다. 며칠 동안 이 광경이 계속되자 사람들은 새를 '바보 새'라고 부르기 시작했다. 바보 새는 항상 똑같은 자리로만 날아들었다. 마치 유리가 깨져야만 멈출 것 같았다. 새는 매일 그렇게 부딪쳐 창틀로 떨어지고 또 다시 날아올라와 유리창에 부딪쳤다.

도대체 왜 그러는 건지 궁금해진 한 소년이 망원경으로 새를 관찰했다. 그리고 몇 분 후, 소년은 사람들에게 말했다.

"우리가 새를 오해하고 있었어요. 새는 집으로 들어가려는 것이 아니라 유리창에 붙어있는 벌레를 먹으려고 한 거예요. 유리창에 정말 벌레가 많이 붙어 있어요!"

새는 멍청해서 유리창에 부딪힌 것이 아니라 단지 먹이를 구하고 있을 뿐이었다.

2000년 7월 2일 오후 4시. 막 시험을 마친 16살 남학생 상우가 21층 자기 집 아파트 건물에서 떨어져 목숨을 끊었다. 상우는 객관적인 조건으로만 봐서는 전혀 자살할 이유가 없어 보였다. 공부도 잘했고 174cm 키에 얼굴도 잘 생긴 편이었다. 피아노와 전기기타 등 다양한 취미를 즐겼으며 붓글씨와 회화에서는 수준급 실력을 자랑했다. 주위 사람들은 상우를 한 번도 말썽을 피운 적이 없는 모범생으로 기억하고 있었다.

이런 아이가 왜 자살이라는 극단적인 방법을 선택할 것일까? 음악을 좋아하는 상우는 예술학교에 진학하기를 원했다. 작곡가가 되는 것이 그의 꿈이었다. 하지만 부모님은 상우의 예술학교 진학을 완강히 반대했고 언성을 높이는 날이 늘어갔다. 수차례의 싸움과 설득을 거치면서 상우는 어떤 방법으로도 부모님을 설득할 수 없음을 깨달았다. 결국 그는 부모님이 원하는 고등학교에 진학할 수밖에 없었고, 그 후 어둡고 무거운 마음으로 생활하다 결국 자살이라는 극단적인 길을 택하고 말았다.

축구 광팬인 아버지가 있었다. 그는 모든 경기마다 직접 축구장을 찾아가 관람했고, 혹여 일 때문에 시간이 없을 때는 TV 중계를 녹화라도 해야 직성이 풀렸다. 아버지는 아들이 학교에 입학할 때마다 학교로 찾아가 축구부 명단에 아들의 이름을 올렸다. 아들도 축구를 좋아하기를 바랐고 혹시 유명한 축구선수가 되면 금상첨화라고 생각했다. 하지만 아들은 축구를 좋아하지도 않을뿐더러 재능도 전혀 없었다. 결국 훗날 아버지와 아들은 원망과 서먹함으로 소원한 사이가 되고 말았다.

　심리학자들은 사람들이 일상생활 속에서 종종 자신의 심리적 특징(개성, 욕망, 이념, 정서 등)을 타인에게 대입하는 것을 발견했다. 예를 들면 내가 거짓말을 잘 하는 편이라면 상대방도 나를 속이고 있다고 생각하며, 자신이 멋지다고 생각할 경우 다른 사람도 그렇게 자신을 볼 것이라고 믿는다. 심리학에서는 이와 같은 현상을 '투사'라고 부른다.

　투사란 개인이 가지고 있는 가치관과 감정 따위를 외부 세계의 사물이나 사람에 그대로 대입하는 심리현상을 일컫는다.

　사람들은 종종 자신의 정신세계가 사면이 투명한 유리로 이루어진 방과 같다고 믿는다. 그래서 외부 세상을 여과 없이 볼 수 있다고 생각한다. 하지만 사실 인간의 정신세계를 이루는 방은 사면이 커다란 거울로 이루어져 있다. 다시 말해, 우리가 실제 보고 있는 것은 외부 세상이 아닌 자기 자신인 것이다.

Tips 심리학을 위한 교양 & 상식

힐가드(E. R. Hilgard, 1904~2001)는 미국의 심리학자로, 초기에는 동물과 인간의 조건반사를 연구했으며, 후기에는 인간의 동기와 무의식에 관해 연구했다. 그리고 말년에는 미국 심리학 역사를 연구했다. 1948년 미국 국가과학원의 원장이 되었으며, 1949년 미국 심리학회 의장으로 당선되었다. 1967년에는 미국 심리학회에서 수여하는 특별 과학 공로상을 수상했다.

희망의 마라톤

적극적인 의지는 타성을 극복하고 집중력을 높일 수 있다. 어려움과 맞닥뜨렸을 때 그것을 극복한 자신의 모습을 상상해보라. 한 걸음 한 걸음 실천하는 과정에서 끝까지 해낼 수 있는 힘을 얻을 것이다.

1958년, 캐나다 마니토바 주에서 태어난 테리폭스는 운동을 좋아하는 활동적인 아이였다. 하지만 1977년, 겨우 18살의 나이에 그는 골암 선고를 받고 오른쪽 무릎 위 6cm되는 부분까지 다리를 절단해야만 했다. 당시 병원에는 많은 소아암 환자들이 있었는데 테리폭스는 그들이 겪는 고통과 열악한 의료 환경을 보고 충격을 금치 못했다. 퇴원 후 그는 소아암 환자들을 위한 기금을 마련하기 위해 캐나다 대륙을 횡단하기로 결심했다.

1980년 4월 12일. 드디어 '희망의 마라톤'이 시작되었다. 뉴펀들랜드의 세인트존스에서 처음 출발했을 때는 별로 관심을 받지 못했지만 시간이 지날수록 많은 사람들의 이목을 끌기 시작했다. 사람들은 테리폭스의 의지에 크게 감동받았고 덩달아 기금도 쌓이기 시작했다. 그는 하루에 42km씩 달

려 대서양 연안에서부터 퀘벡 주, 온타리오 주까지 횡단했다. 하지만 그해 9월 1일 장정은 중단되고 말았다. 암세포가 폐까지 퍼져 더 이상 달릴 수가 없었던 것이다. 143일에 거친 5,373km의 대장정이었다. 그리고 1981년 6월 28일 테리폭스는 스물두 살의 꽃다운 나이로 세상을 떠났다. 비록 영웅은 떠났지만 사람들은 그를 잊을 수가 없었다. 캐나다에서는 오늘날까지도 그의 이름을 딴 테리폭스 마라톤 대회가 열린다. 지금까지 이 행사를 통해 모인 기금은 무려 3억 4천만 달러에 이른다.

140여 일 동안 몸을 가누기 힘들 정도의 강한 바람도 불었고 뼈 속까지 파고드는 차가운 빗줄기와 살을 에는 추위도 있었다. 하지만 테리폭스는 외롭지 않았다. 수많은 사람들이 그와 함께 달리며 격려를 아끼지 않았고 난관에 부딪칠 때마다 기꺼이 도움의 손길을 뻗어주었다. 사람들은 테리폭스를 통해 암 환자들에게 더욱 관심을 가지기 시작했고 암 환자들은 용기와 희망을 얻었다. 테리폭스는 캐나다 국민의 영웅이었다.

최근 의학계에서는 의지가 질병치료에 미치는 영향에 관심을 보이고 있는데 특히 암과 같은 난치병 치료에 상당히 긍정적인 영향을 미치는 것으로 나타났다. 연구결과에 따르면, 비관적이고 의지가 약한 환자는 암세포에 대한 자체 저항력이 떨어질 뿐 아니라 약물치료도 효과를 보지 못하는 경우가 많다고 한다. 하지만 낙관적이고 의지가 강한 환자는 치료효과가 좋고, 설령 완치 되지 못한다 해도 어느 정도 생명을 연장할 수 있다. 한 과학자는 이렇게 말했다.

"희망은 모든 질병의 해독제이다. 강한 의지는 질병을 이겨내는 가장 강력한 무기이다."

Tips 심리학을 위한 교양 & 상식

콜버그(Lawrence Kohlberg, 1927~1987)는 미국의 아동발달 심리학자이다. 피아제의 도덕발달 이론을 이어 받아, 주로 아동의 도덕인지 발달에 관해 연구했다. 그가 제시한 '도덕 발달 단계' 이론은 국내외 심리학계와 교육학계에 커다란 반향을 불러일으켰다.

뷔리당의 당나귀 효과

심리학에서는 오랫동안 결정을 내리지 못하고 망설이기만 하는 심리현상을 가리켜 '뷔리당의 당나귀 효과'라고 부른다.

파리 대학의 뷔리당(Buridan) 교수는 완전히 같은 두 가지 조건 사이에서 한 가지를 택하는 것이 불가능하다는 이론을 증명해 학계에서 명성을 얻었다. 교수는 양과 질이 똑같은 건초더미 사이에서 결정을 내리지 못하고 결국 굶어죽은 당나귀의 실례를 들었다. 구체적인 이야기는 다음과 같다.

뷔리당 교수는 당나귀 한 마리를 기르고 있었다. 교수는 매번 근처에 사는 농부에게서 당나귀에게 줄 건초더미를 샀는데 품질이 좋아 크게 만족하고 있었다. 농부도 평소 자신에게 따뜻하게 대하는 교수를 진심으로 존경했다. 그러던 어느 날, 농부는 자기도 모르게 너무 많은 건초더미를 베어버렸다. 그래서 그는 평소 단골이었던 교수에게 한 더미를 더 주기로 마음먹었다. 건초더미를 마차에 싣고 온 농부는 당나귀의 양 옆에 건초더미를 똑

같이 내려놨다.

  농부는 이렇게 하면 당나귀가 더 많은 건초를 먹을 수 있을 것이라고 생각했다. 하지만 당나귀는 양과 질이 똑같은 건초더미 사이에서 혼란스러운 듯 고개만 계속 좌우로 돌릴 뿐, 얼음처럼 그 자리에 고정되어 전혀 움직일 생각을 하지 않았다.

  왜 당나귀는 이와 같은 행동을 보였을까? 물론 당나귀는 양쪽 중 어느 쪽으로나 갈 수 있는 자유가 있었다. 하지만 건초더미의 가치가 완전한 평행선을 이뤄 도저히 우열을 가릴 수 없었다.

  당나귀는 그 자리에 서서 바람에 불어오는 냄새로 품질을 가늠해 보기도 하고, 양쪽을 돌아보며 양을 따져보기도 했다. 하지만 건초더미는 색상, 신선도까지 완전히 일치했다. 결국 당나귀는 그 자리에서 고민만 하다 굶어 죽고 말았다. 비슷한 이야기가 또 있다.

  어떤 남자가 칠면조를 잡기 위해 큰 상자로 함정을 만들었다. 그는 상자

안팎에 옥수수를 뿌리고 상자 중 한 면을 문으로 만들어 밧줄을 잡아당기면 닫히도록 했다. 그런 후 자신은 밧줄을 쥔 채 숨어서 칠면조가 오기를 기다렸다. 그러던 중 칠면조 무리가 떼를 지어 상자 안으로 들어가는 일이 발생했다. 모두 열두 마리였다. 그런데 남자가 밧줄을 잡아당기기 전에 그만 한 마리가 나가버리고 말았다. 남자는 생각했다.

'다시 열두 마리가 될 때까지 기다리자.'

그런데 조금 후 또 한 마리가 상자 밖으로 나갔다.

'다시 열한 마리가 될 때까지 기다릴 테다.'

그렇게 밧줄을 잡고 기다리고 있을 때 세 번째 칠면조가 나갔다. 남자는 또 기다렸다. 결국 상자 안에는 단 한 마리의 칠면조도 남지 않았다.

이처럼 계속 망설이기만 할 뿐 쉽게 결단을 내리지 못하는 현상을 심리학에서는 '뷔리당의 당나귀 효과'라고 부른다. 이 같은 효과는 정책 결정자에게는 특히 치명적일 수 있다. 똑같은 건초더미 앞에서 '비이성적인 방법'으로 한 쪽을 택할 것인가, 아니면 '이성적인 방법'으로 기다리기만 하다 결국 굶어죽을 것인가? 전자가 되기 위해서는 경험과 지식, 직관과 상상력에 근거해 가능성이 가장 큰 방안을 선택해야 한다. 이때는 '이성'을 최대한 억제해야만 만족스러운 결과를 얻을 수 있다.

인생에는 수많은 선택의 순간들이 있다. 사람들은 그때마다 가장 좋은 선택을 하기 위해 끊임없이 득실을 따진다. 하지만 기회는 종종 우리를 기다려주지 않고 순식간에 지나가버린다. 그 자리, 그 순간에 결정을 내려야 할 때가 분명 있다. 그때 만약 결정을 내리지 못하고 우물쭈물 하다가는 아무 것도 얻지 못한다.

'뷔리당의 당나귀 효과'를 방지하기 위해서는 어떻게 해야 할까?

1. 결단이 필요할 때는 안정적인 방법을 선택한다. 새로운 국면에 직면했을 때 사람들은 그것이 '좋다 나쁘다'를 가지고 논쟁을 벌인다. 하지만 불필요한 논쟁일 경우가 많다. 둘 중 하나를 골라야 하는 절체절명의 순간이 아니라면 너무 급하게 결정을 내릴 필요는 없다.
2. 독립적으로 사고하는 습관을 길러라. 매번 군중에게 휩쓸려 다니다보면 정확한 판단능력을 기를 수 없다.
3. 냉정하게 전략을 실행해야 한다. 이미 리스크 방지를 위한 훌륭한 전략을 세웠음에도 불구하고 실제 상황에서는 제대로 실행하지 못하는 경우가 종종 있다. 자신의 이익과 직접적으로 연관되어 있어 쉽게 결정을 내리지 못하는 것이다. 예를 들면, 주가가 내려가고 있을 때 이미 마지노선을 설정해 놓았음에도 불구하고 쉽게 포기하지 못하는 경우가 있다.
4. 항상 최고의 이득만을 얻어야 한다는 생각을 버려라. 너무 높은 목표는 방향을 제시해주기는커녕 오히려 심리적인 압박으로 작용해 제대로 된 실력을 발휘하지 못하도록 만든다. 결단력도 없으면서 항상 최고의 이익만을 추구하려 한다면 매 순간 한계에 부딪치고 말 것이다.
5. 불리한 환경에서는 방향을 틀 줄도 알아야 한다. 환경이 불리하게 변하여 손실을 입었을 때 대부분 사람들은 이를 보충하기 위해 안간힘을 쓴다. 하지만 인간의 의지로는 환경의 변화를 막을 수 없다. 환경이 악화되고 기회가 희박해졌을 때 위험을 무릅쓰고 기존의 전략을 강행하거나 오히려 투자를 늘린다면 손실만 커질 뿐이다.

말더듬이 웅변가

열등감이란 수치와 실망, 위축 등이 복합된 감정으로 극복하지 않는다면 부정적인 영향만을 가져올 뿐이다.

심각하게 말을 더듬는 아이가 있다. 이 아이가 커서 선택하게 될 직업 중 가장 가능성이 낮은 것은 무엇일까? 대부분의 사람들은 이렇게 대답할 것이다. "웅변가요!" 맞는 말이다. 적어도 보통 사람들에게 있어서는 말이다. 하지만 데모스테네스에게는 전혀 통하지 않았다.

데모스테네스는 고대 그리스의 부유한 가정에서 태어났다. 하지만 일곱 살이 되던 해 아버지가 돌아가시자 어머니는 개가를 했고 모든 유산은 백부에게 빼앗기고 말았다. 하루아침에 부잣집 금지옥엽에서 무일푼의 고아가 되어버린 데모스테네스는 심각한 말더듬이였다. 제대로 된 교육도 받지 못했으며 성인이 될수록 말을 더듬는 증상은 더욱 심해져 갔다. 훗날 백부의 유산 횡령사실을 알고 법정에 소송을 하려고 했으나 그는 법정에서 자신의 의견을 명확하게 주장할만한 능력이 없었다. 그래서 그는 잠시 소송을 포기하기로 했다.

보통 사람들은 데모스테네스와 같은 상황에 놓이면 생각이 극단으로 치달을 것이다. 그리고 결국 운명과 타협하고 평생을 열등감 속에서 살게 될 것이다. 하지만 데모스테네스는 달랐다. 그는 운명에 도전하기로 결심했다. 말을 더듬는 버릇을 고치기 위해 매일 100개 문장 이상을 큰 소리로 읽었으며 날이 어두워질 때까지 바닷가에서 입에 돌을 물고 발음을 연습했다. 결국 그는 피나는 노력 끝에 아테네에서 가장 유명한 연설가가 되었으며 소송에서도 승리했다. 불가능이 현실이 된 것이다.

데모스테네스는 민주당파의 수장으로 30년 동안 마케도니아의 침략에 맞서는 투쟁을 이끌었다. 특히 마케도니아가 그리스를 침공할 때 필리포스 2세에 대적하며 자유를 지켜야 한다고 설파해 수많은 사람들을 감동시켰다. 오늘날 데모스테네스는 세계역사상 가장 뛰어났던 웅변가 중 한 사람으로 손꼽히고 있다.

데모스테네스의 이야기는 무엇을 말하고 있는가? 불행이 우리의 목을 짓눌러 숨조차 쉬기 어려울 때 느끼는 굴복과 열등감은 100% 패배를 의미한다. 자신감을 갖고 맞서 싸울 때만 희망과 승리를 거머쥘 기회를 얻을 수 있다.

심리학에서 봤을 때, 자신감이란 자아를 긍정적으로 바라보는 태도이다. 자신감이 있는 사람은 스스로의 능력을 믿는다. 노력을 통해 목표를 이룰 수 있다고 믿으며 타인에게 자신의 가치를 보여주려 노력한다. 그들은 타인을 존중하며 타인도 자신을 존중하고 있다고 믿는다.

반면, 열등감이란 삶에 대한 소극적인 태도이다. 열등감을 가지고 있는 사람은 문제에 부딪쳤을 때 어찌할 바를 모르고 당황한다. 항상 자신이 남보다 못하다고 느끼며 스스로 문제를 해결할 능력이 있다는 사실을 깨닫지 못한다. 심지어 열등감은 종종 자멸을 초래하기도 한다. 그렇다면 열등감에 잠식당하지 않기 위해 어떻게 해야 할까? 오스트리아의 저명한 심리학자 아들러는 이렇게 말했다.

"모든 인간은 더 우월한 것을 추구하려는 의지를 타고난다. 이 때문에 열등감은 때로 개인의 발전을 위한 동력이 되기도 한다. 인간의 생명력은 더 높은 곳을 향해 뛰고 있으며 절대 멈추는 법이 없다. 이 점을 인식하면 열등감을 오히려 부족한 점을 보충하고 스스로를 뛰어넘는 잠재된 동력으로 활용할 수 있다."

Tips 심리학을 위한 교양 & 상식

아들러(Alfred Adler, 1870~1937)는 오스트리아의 정신의학자이자 개인심리학의 창시자이기도 하다. 사회문화 환경을 강조했으며, 그의 이론은 정신분석의 사회문화학파 발전에 커다란 영향을 미쳤다.

주요 저서로 《신경쇠약의 특색에 관하여》(1912), 《개인심리학의 이론과 실제》(1924) 등이 있다.

마음을 여는 기술

누군가를 처음 만났을 때, 만약 당신이 상대방과 같은 가치관을 가지고 있다고 밝힌다면 상대방은 친밀감을 느껴 쉽게 마음을 열게 된다. 이처럼 의식적으로 자신의 태도나 가치관을 표현하는 행위는 명함처럼 스스로를 소개하는 효과가 있다. 이와 같은 현상을 심리학에서는 '명함효과'라고 부른다.

대학을 갓 졸업한 청년이 있었다. 취업을 위해 백방으로 뛰어다녔지만 몇 달이 지나도록 그를 받아주는 회사는 나타나지 않았다. 그는 마지막 희망을 걸고 한 회사에 이력서를 넣었다. 그리고 회사의 역사와 사장에 대해 철저히 조사했다. 그런데 놀랍게도 조사하는 과정에서 그는 사장이 자신과 비슷한 경험을 했던 것을 발견했다. 최종면접까지 보게 된 청년은 사장 앞에서 자신의 구직 경험을 허심탄회하게 털어놓으며 앞으로의 포부를 밝혔다. 청년의 작전은 그대로 맞아떨어졌다. 청년은 결국 한 부서의 책임자로 임명받았다.

이 청년이 사용한 것이 바로 '명함효과'이다. 실험에 따르면, 미리 정보를 제공해 명함효과를 노린 그룹과 아무 정보도 제공받지 못한 그룹을 만났을 때 실험대상자들은 미리 정보를 제공받았던 그룹에게 더 많은 친밀감을 보이는 것으로 나타났다. 따라서 상대방의 특성을 제대로 파악하고 정확한 전략을 구사한다면 명함효과는 인간관계에서 상당히 큰 영향력을 발휘할 수 있다.

평범한 외모를 가진 가난한 청년이 있었다. 그에게는 이렇다 할 학벌도, 기술도 없었지만 먹고 살기 위해 그는 어느 전기회사를 찾아갔다. 회사 사장은 청년의 남루한 옷차림과 풀죽은 모습을 보고 듣기 좋게 둘러댔다.

"이걸 어쩐다. 지금 우리 회사는 사람이 더 이상 필요 없어. 한 달 후에나 다시 와보게."

이는 완곡한 거절을 뜻했다. 그런데 뜻밖에도 한 달 후 청년은 정말 사장 앞에 나타났다. 사장은 이번에는 직접 말해야겠다고 생각했다.

"자네처럼 옷을 입은 사람은 우리 회사에서 일할 수 없네."

청년은 머리를 망치로 얻어맞은 듯한 충격을 받았다. 그는 당장 사방을 뛰어다니며 정장을 사고, 이발을 하고, 말끔해진 모습으로 다시 사장을 찾았다. 또랑또랑하게 자신을 바라보는 청년을 마주한 사장은 난감할 따름이었다. 당장은 채용계획이 없었기 때문이다. 그때 사장의 머리에 그럴듯한 핑계가 떠올랐다.

"자네는 우리 회사에서 필요로 하는 지식이나 기술이 없지 않은가? 어떻게 자네를 받아들일 수 있겠는가?"

청년은 회사를 나와 그 길로 곧장 서점으로 달려갔다. 그리고 전기와 관련된 서적을 닥치는 대로 사고 학원까지 등록했다. 얼마 후, 피나는 노력 끝에 상당한 지식을 쌓은 청년은 자신에 찬 모습으로 다시 사장을 찾아가 말했다.

"보십시오! 더 이상 부족한 점이 있습니까? 설령 있다고 해도 상관없습니다. 다시 하나하나 채워 가면 되니까요."

결국 사장은 청년의 뚝심과 끈기에 감동하고 말았다. 회사에 취직한 후 청년은 누구보다 열심히 일해 놀랄만한 성과를 속속 이루어내며 사람들의 감탄을 자아냈다. 이 청년이 바로 훗날 세계적인 전기기업 파나소닉을 설립한 마쓰시타 고노스케이다.

당시 마쓰시타 고노스케의 포기할 줄 모르는 정신은 사장에게 더없이 훌륭한 명함효과를 남겼다. 덕분에 그는 일자리를 얻는 데 성공했으며 이후에도 남다른 노력을 통해 일본 전기업계의 전설이자 '경영의 신'으로 불리는 자리에까지 올라갈 수 있었다.

명함효과란 상대방이 당신의 입장이나 관점을 받아들이도록 하기 위해 먼저 그들이 좋아할만하거나 익숙한 관점을 피력한 후, 서서히 자신의 입장과 관점을 주입시키는 방법이다. 이를 통해 서로의 관점과 가치관이 비슷하다는 인상을 남겨 마음의 거리를 좁힐 수 있다.

명함효과는 상대방의 방어심리를 누그러뜨려 상대방이 당신에 관한 정보를 좀 더 편하게 받아들일 수 있도록 한다. 더 나아가 마치 오랫동안 사귄 친구처럼 급격히 친해지는 계기가 될 수도 있다. 누군가를 처음 만났을 때, 만약 당신이 상대방과 같은 가치관을 가지고 있다고 밝힌다면 상대방은 친밀감을 느껴 쉽게 마음을 열게 된다. 그리고 당신과 가까워지기를 바랄 것이다. 이처럼 의식적으로 자신의 태도나 가치관을 표현하는 행위는 명함처럼 스스로를 소개하는 효과가 있다.

Tips 심리학을 위한 교양 & 상식

셀리그먼(Martin E.P. Seligman, 1942~)은 미국의 심리학자로, 주로 우울증, 낙관주의, 비관주의 등에 관해 연구했고 특히 긍정적 심리학으로 유명해졌다. 1998년 미국 심리학회의 의장으로 당선된 바 있다.

현재 펜실베이니아 대학 심리학부 교수로 재직 중이며 '행복은 타고나는 것이 아니라 훈련되는 것'이라는 긍정심리학 이론을 담은 책들을 쓴 베스트셀러 작가로 유명하다.

주요 저서로는 《학습된 낙관주의》, 《긍정심리학》, 《심리학의 즐거움》 등이 있다.

소크라테스의 산파술

소크라테스는 대화나 토론을 할 때 색다른 형식을 사용했다. 즉, 계속되는 질문을 통해 상대방이 스스로 문제를 인식하고 해답을 찾도록 유도한 것이다. 이와 같은 소크라테스의 교육법을 '영혼 산파술'이라고 한다.

정치가를 꿈꾸는 청년이 소크라테스를 찾아 가르침을 청했다. 청년은 정의와 불의를 명확히 알고 싶었다. 다음은 청년과 소크라테스의 대화이다.

소크라테스 : 허위는 무엇에 속하는가?
청　　년 : 불의에 속합니다.
소크라테스 : 도둑질, 거짓말, 노역은 무엇에 속하는가?
청　　년 : 불의에 속합니다.
소크라테스 : 만약 장군이 자국을 침략한 적을 벌하기 위해 노역을 시킨다면, 이것은 불의인가?
청　　년 : 아닙니다.
소크라테스 : 만약 전쟁 중에 적을 기만하고 적의 재물을 훔친다면 이것은 무엇에 속하겠는가?

청   년 : 물론 정의에 속합니다. 제가 말씀드린 불의는 친구들 사이를 일컫는 것입니다.

소크라테스 : 좋다. 그럼 장군이 사기를 잃은 군사들을 위해 곧 지원군이 온다고 거짓말을 했다면 어떻겠느냐? 덕분에 열세에 놓였던 아군이 승리를 거두었다면 말이다. 이것은 무엇이냐?

청   년 : 당연히 정의입니다.

소크라테스 : 약을 먹지 않으려는 아이를 위해 약이 쓰지 않다고 거짓말을 한 아버지가 있다고 하자. 덕분에 아이의 병이 나았다면, 이는 무엇에 속하는가?

청   년 : 당연히 정의에 속합니다.

소크라테스는 질문의 고삐를 늦추지 않았다.

소크라테스 : 정신병에 걸린 남자가 있다. 친구는 남자가 자살을 할 것이 두려워 그의 집에서 칼을 비롯한 예리한 물건들을 모두 훔쳤다. 이 친구의 도둑질은 정의인가?

청   년 : 그렇습니다. 친구의 행위는 분명 정의입니다.

소크라테스 : 너는 친구 사이에는 거짓말을 해서는 안 된다고 하지 않았느냐?

청   년: 그 말을 취소해도 되겠습니까?

소크라테스는 고대 그리스의 위대한 철학자이자 교육학자였다. 비록 출신이 비천하고 외모도 볼품없었지만 누구보다도 학식이 높고 배우는 것을 좋아했다. 특히 철학에 관심이 많았다. 그는 아테네 시장에서 연설을 하고 함께 토론하는 것을 좋아했으며 선 채로 사고하는 독특한 습관을 가지고 있었다. 소크라테스는 한번 생각에 빠지면 먹고 자는 것도 잊었으며, 옆에서 누가 불러도 듣지 못할 정도였다. 옆에서 보면 마치 귀신에라도 홀린 듯 보였다.

소크라테스는 다른 사람과 대화나 토론을 할 때 독특한 방법을 사용했다. 그는 결코 다른 학자들처럼 자신의 학식이 풍부하다고 말하지 않았다. 오히려 본인은 아무 것도 아는 것이 없다며 질문을 통해 가르침을 받기를 청했다. 하지만 일단 답을 하기 시작하면 반박을 통해 상대방의 논리적 모순을 집어내 상대방이 결국 소크라테스의 관점을 말하도록 유도했다. 하지만 소크라테스는 그 관점이 결코 자신의 것이 아니라고 주장했다. 각자의 영혼에서 나온 것이며, 단지 육체의 방해를 받아 그동안 밖으로 나오지 못했다는 것이다. 소크라테스는 자신은 단지 아이를 받아주는 산파의 역할을 했을 뿐이라고 주장했다. 그래서 이와 같은 소크라테스만의 독특한 교육형식을 '영혼 산파술' 혹은 '산파술' 이라고 부른다.

Tips 심리학을 위한 교양 & 상식

셰퍼드(Roger Newland Shepard, 1929~)는 미국의 심리학자로, 주로 대뇌의 가공과정 특성에 관한 연구에 관심을 보였다. 그의 연구는 사람들의 정신에 대한 인식을 완전히 바꿔놓았으며 심리학, 철학, 컴퓨터 과학, 언어학 및 신경과학 등의 광범위한 분야에 영향을 주었다. 1976년 미국 심리학회의 우수 과학 공로상을 수상했다.

귀신과 마주친
필립스

심리질환이란 감정, 생각, 행위, 성격 등이 정상적인 상황을 벗어난 것을 의미하며 심리장애 혹은 심리문제라고도 부른다.

다음은 영국의 민간에서 전해 내려오는 이야기이다.

영국의 노리치라는 작은 마을의 한 여관에 윌리엄이라는 상인이 묵고 있었다. 어느날 윌리엄은 심한 감기에 걸려 도저히 침대에서 일어날 수가 없었다. 그는 여관 종업원인 필립스를 불러 말했다.

"이보게, 내가 요즘 몸이 안 좋아서 자리에서 일어날 수가 없네. 나 대신 몇 가지 일 좀 처리해줄 수 있겠나? 사례는 톡톡히 하겠네."

어차피 마땅히 할 일이 없던 필립스는 흔쾌히 대답했다.

"좋아요!"

그 후 필립스는 종종 상인을 도와 일을 처리했다. 그런데 얼마 지나지 않아 상인의 병이 심각할 정도로 악화되었다. 상인은 가지고 있던 돈을 모두 필립스에게 맡기며 말했다.

"이것은 내 전 재산일세. 자네가 나 대신 보관하면서 그 돈으로 나에게 의사를 데려다주고 약을 좀 사주게나."

몹시 가난했던 필립스는 갑자기 어마어마한 액수의 돈을 보자 눈이 휘둥그레졌다. '우리 집 식구가 삼 대를 벌어도 저만한 돈을 만지기 힘들 거야!'

처음에는 필립스도 사방으로 명의를 찾아다니고 몸에 좋다는 약을 구해오는 등 성심성의껏 상인을 돌봤다. 하지만 시간이 지날수록 마음 한 구석에 다른 생각이 싹트기 시작했다.

'저 돈이 그대로 내 것이 된다면 영국 최고의 부자가 될 수 있을 텐데.'

그때부터 필립스는 상인 몰래 음식에 독약을 섞기 시작했다. 결국 상인은 하루 아침에 부자가 된 며칠을 버티지 못하고 죽음을 맞이했고 재산은 고스란히 필립스에게 남겨졌다. 이 일을 아는 사람은 세상에 오직 필립스 한 사람뿐이었다.

필립스가 어느 날 하인들과 함께 바다에 배를 띄우고 유람을 즐기고 있었다. 그런데 갑자기 현기증을 일으킨 필립스는 그대로 정신을 잃고 바닥에 쓰러졌다. 잠시 후 눈을 뜨자 두 눈동자가 바로 코앞에 자신을 노려보고 있었다.

"사례로 그렇게 많은 돈을 주었거늘, 너는 어떻게 내 목숨을 앗아갈 생각을 했단 말이더냐? 이제 네 목숨을 내놓아라!"

필립스는 눈동자를 쫓기 위해 미친 듯이 팔을 휘저었다. 주위에 있던 사람들은 필립스의 황망한 모습을 보고 그가 뭔가 해서는 안 될 짓을 했다는 사실을 짐작할 수 있었다.

필립스는 집에 도착해서도 계속 발버둥을 치며 배에서 있었던 일을 떠올렸다. 그는 갑자기 쇠망치를 들어 자신의 치아를 부수기 시작했다. 놀란 가족들이 망치를 빼앗자 이번에는 주방으로 달려가 식칼로 복부를 그었다. 가족과 하인들이 다시 필립스에게 달려들어 식칼을 빼앗자 이번에는 손으로 자신의 양쪽 눈동자를 파냈다. 얼굴이 온통 피범벅이 되고 주위는 구경 온 동네사람들로 북새통을 이뤘다. 결국 필립스는 많은 사람들이 보는 앞에서 자해 끝에 죽고 말았다.

사람들은 필립스가 자해로 인해 죽은 것이 원혼의 복수 때문이라고 믿었다. 하지만 현대 심리학의 관점에서 보면 필립스가 자해를 한 이유는 오랫동안 심리적 문제가 쌓여 폭발한 결과이다.

심리질환은 절대 간과할 수 없는 중요한 문제이며, 이것이 누적되어 정신적인 질병이 될 때가지 방치해서는 안 된다. 급격하게 변화하는 환경 속에서 치열한 경쟁과 과중한 업무는 수많은 사무직 근로자와 샐러리맨들의 정신건강을 크게 위협하고 있다. 그러므로 경각심을 가지지 않으면 우울증, 정신분열 등 심각한 정신질환을 초래할 수도 있다.

심리질환은 소위 말하는 '정신병'과는 다르다. 먼저 심리질환 환자는 문제가 있는 부분을 분명히 인식하고 있다. 또한 정상적인 판단능력을 유지하고 있어 자신의 행동을 통제할 수 있다. 둘째, 심리질환 환자는 스스로 상당한 고통을 느끼지만 주위 사람들의 이해를 받지 못하는 경우가 많다. 치료받기를 간절히 바라며 감정이 불안정하다. 심리질환은 약물에만 의존해서는 효과를 보기 어렵다. 대다수의 경우 심리적인 암시로 인해 질병이 유발되었기 때문이다. 환자들의 대부분은 성격 혹은 인격적인 결함을 가지고 있으며 병이 유발된 분명한 계기가 있다. 예를 들면 여러 번 정신적 충격을 받았거나 심각한 스트레스로 인해 질병에 걸리는 경우가 많다.

Tips 심리학을 위한 교양 & 상식

나이서(Ulric Neisser, 1928~)는 미국의 심리학자로, 1967년 《인지심리학》을 출간하여 처음으로 인지심리학을 세상에 알렸다. 주로 기억과 지능, 자아개념에 관하여 연구했으며, 같은 사건에 대해 개인과 집단의 기억에 차이가 있음을 밝혀낸 것으로도 유명하다.

에빙하우스의 망각곡선

망각이란 예전에 기억하고 있던 것을 생각해낼 수 없거나 잘못된 기억을 가지고 있는 것을 말한다.

에빙하우스는 독일의 심리학자로 프로이센 바르멘에서 태어났다. 본(Bonn) 대학교에서 역사와 철학을 공부하고, 1873년에 베를린 대학에서 철학 박사학위를 받았다. 그 후 보불 전쟁이 발발하여 군에 입대했으며, 전쟁 후에는 과학으로 관심을 돌렸다. 그러던 중 실험심리학의 선구자인 G. T. 페히너의 정신물리학에 자극을 받은 에빙하우스는 엄격한 실험을 통해 기억에 관하여 연구해 보기로 결심했다.

에빙하우스는 체계적인 실험을 위해 본인의 개인적인 습관까지 고쳤다. 엄격할 정도로 규칙적인 생활을 했으며 업무와 자료 학습도 그 시간에 맞춰서 진행했다. 에빙하우스는 기억력 연구를 위해 '무의미 음절'을 개발했다. 산문이나 시는 기억력 연구에 적합하지 않았기 때문이다. 사람마다 문화적 배경이 다르고 언어를 이해하는 능력이 다른데다 의미적 연상을 통해 기억에 도움을 받을 가능성이 컸다. 이럴 경우 실험의 객관성을 보장할 수 없는 것은 불을 보듯 뻔했다. 그래서 에빙하우스는 모든 실험대상자들에게 똑같이 생소하며 연상 작용이 일어날 수 없는 자료를 개발했다. 이것이 바로 '무의미 음절'이다. 무의미 음절은 lef, bok, gat처럼 두 개의 자음 사이에 한 개의 모음을 끼워 만든 단어로 에빙하우스는 이 같은 방법으로 모두 2300개의 음절을 만들어냈다. 그리고 이 단어들을 카드에 쓴 다음 그중 무작위로 아무 것이나 뽑아 학습했다. 일반적으로 우리가 알고 있는 기억의 과정은 다음과 같다.

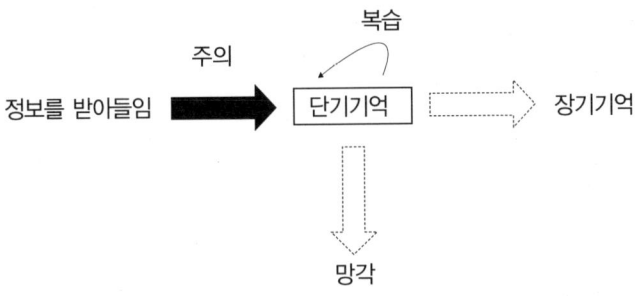

에빙하우스는 사람이 어떤 정보를 학습할 때, 처음에는 이 정보가 단기기억으로 저장되지만 적절한 시기에 복습을 하면 장기기억으로 전환되어 머릿속에 남게 되고, 복습을 하지 않으면 망각, 즉 잊어버리게 된다고 주장했다.

에빙하우스는 주로 자신을 대상으로 실험을 진행했으며 asww, cfhhj, ijikmb, rfyjbc 처럼 어떤 식으로든 의미를 가진 단어로 조합하는 것이 불가능한 자음과 모음의 단순조합을 사용했다. 그의 실험결과를 표로 나타내면 다음과 같다.

시간 간격	기억량
방금 기억 완료	100%
20분 후	58.2%
1시간 후	44.2%
8~9시간 후	35.8%
하루 후	33.7%
이틀 후	27.8%
6일 후	25.4%
한 달 후	21.1%

　에빙하우스는 이 데이터를 곡선으로 표현했다. 이것이 바로 유명한 에빙하우스의 망각곡선이다. 그래프에서 세로선은 기억하고 있는 정보의 양, 가로선은 시간을 의미한다. 곡선은 바로 기억하고 있는 정보의 양과 시간의 관계를 보여주고 있는 것이다.

　곡선을 보면 망각도 일정한 규칙에 따라 진행됨을 알 수 있다. 무조건 '하루에 몇 개씩' 잊어버리는 것이 아니라, 처음에는 빠른 속도로 망각이 이루어지다 시간이 지날수록 속도가 느려지고, 마지막에는 거의 망각이 일어나지 않음을 볼 수 있다.

　이밖에 에빙하우스는 12개의 무의미 음절을 기억하기 위해서는 16.5번, 36개의 무의미 음절을 기억하기 위해서는 무려 54번의 복습이 필요하지만, 시(詩) 속의 480개 음절을 기억하는 데는 단지 8번의 복습만으로 충분하다는 사실을 알아냈다.

　이 실험을 통해 알 수 있는 사실은 무엇인가를 학습할 때는 먼저 이해가

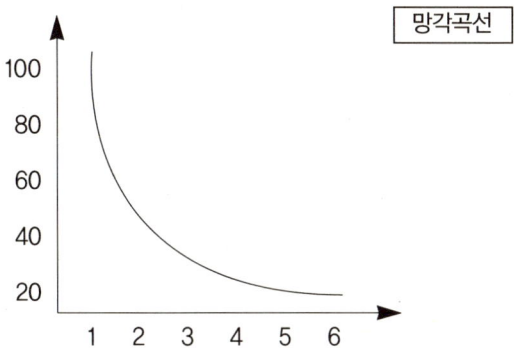

선행되어야만 더 빨리, 더 확실히 기억할 수 있다는 점이다. 이로써 무조건적인 주입식 교육이 비효율적일 수밖에 없는 이유 역시 분명해진다. 사람들이 의미가 있는 자료를 더 쉽게 이해하고, 의미가 없는 자료를 기억할 때는 애를 먹는 것도 같은 원리이다.

하지만 의미가 있는 자료도 시간에 따른 기억 양을 곡선으로 나타냈을 때는 무의미 음절의 곡선과 별 차이가 없는 것으로 나타났다. 즉, 망각의 규칙은 똑같이 적용된다는 뜻이다. 따라서 학습을 할 때는 먼저 이해를 한 후, 부지런히 복습하는 것이 가장 효과적이다.

Tips 심리학을 위한 교양 & 상식

에빙하우스(Hermann Ebbinghaus, 1850~1909)는 독일의 심리학자이며, 브레슬라우 대학교 교수를 역임한 바 있다. 그는 스스로 개발한 무의미 음절을 이용해 자신을 관찰대상으로 기억에 관한 실험을 했다. 그 결과, 기억에 질서가 있음을 발견하였으며, 이를 토대로 망각과 시간과의 상관관계를 다룬 '망각곡선'을 만들었다. 1885년, 그의 실험보고서가 발표되면서 기억에 관한 연구는 심리학에서 가장 주목받는 영역이 되었다.

다양한 공포증의 양상

공포증이란 특정 환경이나 물건에 대하여 비이성적으로 공포를 느끼는 것을 말한다. 일단, 자신이 두려워하는 특정 환경이나 물건을 접하게 되면, 공포증 환자들은 심한 두려움에 휩싸이며 어떻게 해서든 그 상황을 벗어나려고 한다.

윌리엄 씨는 대학 졸업 후 생활용품 회사의 마케팅 부서에 취직했다. 그의 일상 업무는 관할 구역의 백화점과 할인매장을 돌며 판매 상황을 조사하는 것이었는데, 이때 가장 중요한 일은 상품 홍보였다. 윌리엄 씨의 사장은 항상 이렇게 말했다.

"무슨 수단을 써서라도 경쟁사, 심지어 동료의 상품까지 밀어내라. 이것이 곧 실적이다. 실적은 곧 그대들의 월급 액수이다!"

윌리엄 씨는 매일 고객에게 품질이나 서비스를 들먹이며 경쟁사를 깎아내려야했고 회사에서는 동료들과 치열한 경쟁을 벌여야 했다. 동료들은 서로의 허물을 고자질하는 데 혈안이 되어 있었다. 누가 업무 시간에 쇼핑하는 것을 봤다, 누가 자기 고객을 빼앗아갔다 등등. 하지만 사장의 관심은 오직 실적뿐이었다. 설령 도둑질을 했다고 해도 돈만 많이 벌어다주면 눈 감아줄 용의가 있었다. 이 때문에 회사는 점점 전쟁터처럼 변했고 동료들 사이에 남은 것은 적대감뿐이었다.

몇 년 후, 윌리엄 씨는 조지아 주에 위치한 첨단과학기업에서 일을 하게 되었다. 새 회사는 분위기도 좋고 시스템도 체계적으로 갖추어져 있어 일을 하는 데 훨씬 수월했다. 게다가 새로 맡게 된 업무도 적성에 맞아 짧은 시간 내에 많은 성과를 올릴 수 있었다. 덕분에 윌리엄 씨는 얼마 안 되어 고위간부직으로 승진했다. 승진 후 그는 유난히 출장이 많아졌다. 그 때문에 매번 짐을 싸 공항을 오고가야하는 불편함이 있었지만 윌리엄 씨는 그것마저도 감사했다.

'이 정도쯤이야 아무 것도 아니지. 어디 가서 이렇게 좋은 회사를 다시 구할 수 있겠어! 많은 실적을 이뤄서 더 인정받고 싶어.'

그런데 윌리엄 씨에게 뜻하지 않은 일이 일어났다. 지난 달, 윌리엄 씨는 비행기 안에서 갑자기 가슴이 답답해지는 것을 느꼈다. 곧이어 알 수 없는 긴장감이 온몸을 감싸더니 이윽고 호흡조차 어려워졌다. 그날 이후 윌리엄 씨는 비행기를 탈 때마다 공포심을 느꼈으며 결국 비행기를 타지 못할 정도가 되었다.

병원을 찾아도 딱히 원인을 찾을 수 없자 윌리엄 씨는 심리치료센터를 찾았다. 자신이 처한 상황을 모두 의사에게 말한 뒤 그는 이렇게 말했다.

"선생님, 제가 왜 이런 거죠? 일을 하려면 꼭 비행기를 타야 해요. 벌써 며칠 전부터 휴가를 내고 회사에 못 나가고 있어요. 정말 이렇게 회사를 그만두어야 하는 걸까요? 이 일만 안 하면 문제가 없는 건가요? 어떻게 해야 하죠?"

의사는 윌리엄 씨에게 공포증이라는 진단을 내렸다.

공포증이란 위험이 없음을 분명히 알면서도 공포심리가 강하게 나타나는 것을 말한다.

공포증이 일어나면 일종의 강렬한 감정에 사로잡히게 된다. 갑자기 머릿속이 하얗게 되는 느낌이 오고 온몸이 마비되며 동공이 커지고 눈꺼풀이 계속 경련을 일으킨다. 얼굴에는 두려움이 가득한 표정이 나타난다.

공포증은 크게 광장공포증, 사회공포증, 특수 공포증(특정 동물이나 어둠, 질병, 부상, 죽음 등에 대한 공포증)으로 나눈다. 여기에서 파생되는 증상으로는 혼인 공포증, 섹스 공포증, 애정 공포증, 나이 공포증, 아동의 등교 공포증 등 무궁무진하다.

Tips 심리학을 위한 교양 & 상식

조셉 캠벨(Joseph Campbell, 1904~1987)은 미국의 실험심리학자이며, 진화철학과 사회과학 방법론의 대표인물이기도 하다. 또한, 진화인지론의 기초를 닦은 것으로도 유명하다. 1970년 미국 심리학회의 우수 과학 공로상을 수상했다.

마음의 감기, 우울증

우울증의 특징은 우울한 감정과 염세적인 태도다. 우울증 환자는 항상 풀죽어있고, 자주 한숨을 쉬며 주위 사물에 관심이 없다. 증상이 심해질 경우 자살을 시도할 위험성도 있다. 심리학자 마틴 셀리그만은 우울증을 '마음의 감기' 라고 표현하기도 했다.

올해 스물다섯 살인 제인은 책임감이 강하고 자신에 대한 요구가 비교적 높은 직장인이다. 덕분에 매번 인사고과에서 높은 점수를 받으며 인센티브도 많이 받는 편이다. 하지만 요즘 들어 제인은 조금도 즐겁지 않다. 오히려 최근 한 달 동안은 아무 것에도 흥미를 느끼지 못하고 있으며 심지어 어떤 때는 자신도 모르게 눈물을 흘리기도 한다.

제인에게는 매일 저녁 잠자는 것이 고역이다. 쉽게 잠들지 못할뿐더러, 설령 잠이 들더라도 금방 깨어나기 때문이다. 게다가 새벽 3, 4시쯤 되면 더 이상 잠이 오지 않았다. 예전에는 활력이 넘치는 그녀였지만 요즘은 웬일인지 어지럽고 답답하기만 했다. 전신에 힘이 없고 업무에 집중하기도 어려웠다.

도대체 어떻게 된 일일까? 제인은 두려웠다. 그렇게 좋아하던 모임도 나

가지 않은 지 이미 오래고, 하루 종일 우울하고 아무리 좋은 소식을 들어도 전혀 기쁘지 않았고, 입맛이 없어 체중도 많이 줄었다. 순발력도 예전만 못했다. 제인은 자신이 아무짝에도 쓸모없는 인간이라는 생각이 들었다. 가족과 회사에 짐만 될 뿐이라고 생각하자 차라리 죽는 것이 낫겠다는 생각이 들었다. 자살에 대한 생각이 머리에서 떠나지 않았다. 가족과 친구들은 제인의 이런 모습이 걱정되어 그녀를 데리고 유명한 병원을 모두 다녀봤지만 아무 소용이 없었다.

모두 원인을 몰라 발을 동동 구르고 있을 때 한 친구가 혹시 우울증이 아니겠냐는 의견을 내놓았다. 제인이 친구와 가족들의 손에 이끌려 정신과를 찾아가자 의사는 제인에게 우울증 치료제를 처방해주며 말했다.

"주위 분들의 격려가 무엇보다 중요합니다."

그 후, 제인은 점차 예전의 웃음을 되찾았으며 업무효율도 완전히 회복하게 되었다.

제인의 사례는 전형적인 우울증 증상을 말해주고 있다. 우울증의 특징은 우울한 감정과 염세적인 태도다. 우울증 환자는 항상 풀죽어있고, 자주 한숨을 쉬며 주위 사물에 관심이 없다. 증상이 심해질 경우 자살을 시도할 위험성도 있다.

우울증 발병에는 대부분 분명한 계기가 있다. 불행한 경험, 사업 실패, 주위 사람의 멸시, 사회생활 부적응 등과 같은 정신적 상처와 스트레스가 모두 우울증을 유발할 수 있다. 또, 우울증은 개인의 성격과도 밀접한 관계가 있다. 일반적으로 내향적이고 걱정이 많으며 의존적인 성격을 가진 사람들이 우울증에 걸릴 확률이 높다. 우울증은 상당히 위험한 심리질환이다. 타인과 세계에 대한 인식을 완전히 바꿔버릴 수 있으며 심할 경우 강한 자살충동을 느끼게 한다. 구소련의 유명한 작가 파데예프, 《설국》을 집필한 일본 작가 가와바타 야스나리, 미국 작가 헤밍웨이도 자살 전에 심각한 우울증을 앓았던 것으로 알려져 있다.

Tips 심리학을 위한 교양 & 상식

브라운(Roger William Brown, 1925~1997)은 미국의 심리학자로, 아동의 언어학습 과정에 관한 연구로 명성을 얻었다. 그가 집필한 사회심리학과 일반심리학에 관한 교과서는 심리학계에 커다란 영향력을 미쳤다.

매기와 마법사상

영국의 사회인류학자 프레이저는 이렇게 말했다. "인간은 자신의 사고(思考) 순서를 자연계의 순서라고 착각한다. 그래서 종종 생각만으로 외부의 사물을 움직이는 상상을 하곤 한다." 프레이저는 이러한 현상을 '마법 사상'이라고 불렀다.

올해 서른두 살의 매기는 사립 중학교에서 6년째 물리학을 가르치고 있다. 6년이라는 시간은 매기에게도, 학생들에게도 평범하기 그지없는 날들이었다. 하지만 최근 들어 괴상한 잡념이 매기를 괴롭히기 시작했다. 누군가 자신을 만지거나, 혹은 자신이 만졌던 물건을 건드리면 그 사람에게 불행이나 질병이 찾아올 것 같은 환상에 시달렸던 것이다.

이는 물리를 가르치는 매기에게 있어 여간 불편한 일이 아니었다. 그녀는 학생들이 자신이 사용했던 실험도구를 만져 문제가 생기지 않을까 전전긍긍했다. 수업에 빠지는 학생이 있으면 혹시 자신 때문에 문제가 생긴 것은 아닌가 걱정이 되어 수업에 집중할 수가 없었다.

하루는 두피에 붉은 종기가 난 적이 있었다. 매기는 이것이 매독의 초기 증상이라고 생각했다.

'독이 뇌까지 퍼질 거야. 그럼 나는 바보가 되겠지?'

매기는 이렇게 생각하며 종기가 없어질 때까지 두려움에 떨었다. 매기의 강박관념은 행동으로도 나타났다. 그녀는 주위의 물건을 오염시킬까봐 손을 씻고 또 씻었으며 외출할 때는 몇 번이나 다시 돌아가 문이 잠겼는지 확인하는 등 이미 완성된 일을 수차례 확인한 후에야 안심이 되었다.

매기의 담당의사는 상담을 통해 매기가 도덕관념이 강한 편이나 상당히 민감하고 자기중심적이라는 사실을 발견했다. 매기는 전문대를 졸업해 교사로 취직한 후, 3년 전 자신보다 학력이 낮은 남편과 결혼했다. 하지만 얼마 지나지 않아 그녀는 남편에게 크게 실망했다. 말투도 거칠고 식사 예절도 몰라 모임에 함께 나갈 때마다 창피함을 느꼈기 때문이다. 그녀는 점점 남편을 배척하고 냉담하게 대했으며 때로는 심하게 무시하기도 했다.

매기는 남편과의 사이가 멀어지면서 자연스럽게 다른 남자를 알게 되었다. 하지만 도덕의식이 강한 탓에 그녀는 외도를 하는 내내 불안감에 떨어야 했다.

시간이 어느 정도 지난 후, 매기는 점차 남편이 좋은 사람이라는 것을 깨달았다. 이웃들의 남편에 대한 평가도 좋았다. 중요한 사실은 자신이 줄곧 남편을 사랑하고 있었다는 점이었다. 그때부터 매기는 다시 남편을 따뜻하고 상냥하게 대하기 시작했다.

매기는 지난날 남편을 냉대하고 무시했던 것을 뼈저리게 후회하게 되었다. 그리고 후회가 깊을수록 남편을 존경하는 마음이 더 강하게 일었다.

"남편은 저에게 하늘같은 존재에요. 감히 쳐다볼 수도 없는 사람이죠. 저 같은 사람에게는 너무 과분해요."

매기는 한숨을 내뱉더니 의사에게 이렇게 말했다.

"제가 좀 더 진실했다면 남편에게 떠나라고 말했을 거예요."

이와 같은 환자들의 강박적인 생각은 원시적인 '마법 사상'과 매우 비슷하다. 매기는 자신이 다른 사람을 만지면 그 사람에게 불행이 찾아오거나 질병에 걸린다고 믿었다. 원시 부족은 생리를 하고 있는 여자가 다른 사람을 만지면 병을 옮길 수 있으며, 사냥도구를 만지면 그날은 사냥감을 얻지 못한다고 믿었다. 이것은 심리적 연상으로 인한 '마법 사상' 때문이다. 매기는 손을 씻는 행위를 통해 죄책감을 씻어내고자 했다. 이와 같은 행위도 원시사회에서 얼마든지 똑같은 예를 찾을 수 있다.

Tips 심리학을 위한 교양 & 상식

제이욘스(Robert B. Zajonc, 1923~2008)는 미국의 사회심리학자로, 가정의 규모와 출생 순서 등의 요인이 아동의 지능발달에 어떠한 영향을 미치는지 연구했다. 1978년, 미국 심리학회의 우수 과학 공로상을 수상했다.

다이애나의 폭식증

폭식증이란 일종의 섭식장애로 깊은 밤, 혹은 외롭거나 심심할 때, 슬프거나 화날 때 갑자기 폭식을 하는 증상을 말한다. 한번 폭식이 시작되면 통제가 불가능해 한꺼번에 너무 많은 음식을 먹게 된다. 처음에는 포만감 때문에 만족과 안정감을 느끼지만 곧 죄책감, 죄의식 등의 감정을 느끼며 손가락을 입에 넣어서 억지로 음식물을 토해내거나 과도하게 운동을 하는 등의 부적절한 방식으로 먹은 음식을 배출하려고 한다.

영국의 찰스 왕세자와 다이애나 왕세자비의 결혼생활은 1996년 완전히 끝을 맺었다. 다이애나 왕세자비는 찰스 왕세자의 외도와 폭식증, 우울증 등으로 여러 번 자살을 기도했던 것으로 알려져 있다.

다이애나 왕세자비의 인터뷰 장면이 기억난다. 당시 왕세자비의 파란 눈동자는 쓸쓸하게 허공을 바라보고 있었다. 왕세자비는 인터뷰에서 자신의 불행한 결혼생활과 왕궁 생활이 가져다주는 압박감에 대해 허심탄회하게 얘기했다. 심한 스트레스를 받아 거식증, 폭식증을 앓았으며 동맥을 끊거나 모서리에 머리를 부딪치는 등 여러 번 자살을 기도했다고 한다. 다이애나의 슬픔을 보며 영국인들은 찰스 왕세자를 미워하게 되었다.

결혼 전 날, 다이애나는 찰스 왕세자에게서 자신의 이름이 새겨진 반지를 선물 받았다. 카드에는 이렇게 적혀 있었다.

"당신을 보는 순간 나는 무한한 자긍심을 느꼈다오. 내일 교회에서 당신을 기다리리다. 사람들 앞에서 너무 긴장할 필요 없소. 당당하게 행동하면 됩니다."

왕세자의 카드는 다이애나에게 큰 위안이 되었다. 하지만 몇 달 동안 쌓인 긴장과 불안을 떨쳐버리기에는 역시 역부족이었다. 그날 저녁 다이애나는 너무 많은 음식을 먹고 쓰러져버렸다.

결혼 후에도 다이애나는 여전히 우아하고 아름다웠다. 하지만 왕실과의 마찰과 정신적 고통으로 인해 여러 가지 심리적 장애를 겪기 시작했다. 일례로 다이애나는 때로 한밤중에 주방으로 달려가 미친 듯이 음식을 꺼내먹기도 했다. 폭식은 그녀의 일상생활이 되어버렸다.

다이애나 왕세자비는 신경성 폭식증을 앓았다. 긴장된 생활환경 때문이기도 했지만 왕세자와 카밀라가 서로 선물을 주고받았던 사건이 폭식증을 앓게 된 가장 큰 원인이었다. 폭식증의 특징은 말 그대로 '폭식'이다. 짧은 시간 내에 지나치게 많은 음식을 먹는 것이다. 그리고 여러 가지 수단을 동원해 먹은 음식을 배출하거나 열량을 소모하는 행위를 수반한다.

폭식증은 대부분 여성에게서 나타난다. '폭식증'이라는 단어를 들으면 대부분의 사람들이 몸을 가누지도 못할 정도로 뚱뚱한 여자를 떠올리지만 실상은 그렇지 않다. 폭식증 환자들의 대부분은 정상적인 체형을 유지한다. 경우에 따라서 약간 통통하거나 마른 사람이 있기는 하지만 모두 체중 변화가 심하다는 특징이 있다. 짧은 시간 안에 4~7kg 정도가 오르락내리락하기도 한다.

폭식증 환자들은 긴장과 조급함을 잘 느끼며 폭식을 통해 이와 같은 감정을 해소한다. 또 폭식증 환자들은 자존감이 낮고 자신감이 결여되어 있으며, 몸매를 통해 자신을 평가하는 경향이 있다. 이 때문에 조금만 살이 쪄도 자신이 세상에서 가장 추하다고 생각하며 고통스러워한다.

폭식증은 감기처럼 약물로 쉽게 치료할 수 있는 병이 아니다. 금연이나 알코올중독 치료처럼 강한 의지가 필요하며 끊임없이 노력해야 한다. 폭식증을 치료하기 위해서는 먼저 개인의 식습관을 바꾸고 생활 속의 스트레스를 줄여야 한다. 그리고 자신이 남보다 못하다는 생각을 버려야 한다.

Part 2

세상과 소통하는 사회 심리

사회심리학은 사회와 관련된 심리적인 문제를 연구하는 학문이다.
사회심리학은 심리학과 사회과학의 영역을 복합적으로 다루고 있기 때문에 연구방법도 두 가지로 나눌 수 있다. 먼저 사회과학의 관점에서 심리적인 문제에 접근하는 것으로 사실상 사회학 연구의 범주에 속하는 것을 '심리 사회학'이라고 부른다. 두 번째 방법은 심리학의 관점에서 사회현상을 연구하는 것으로 심리학적 요소에 더 치중하는 면이 강하다. 이를 '사회 심리학'이라고 부른다. 최근에는 두 가지 영역을 하나의 학문으로 묶는 경향이 있는데, 나는 이것이 옳지 않다고 생각한다. 두 영역 모두의 발전을 방해할 것이기 때문이다.
사회심리학이 연구하는 내용은 주로 다음과 같다.
　　① 개인이 일생 동안 겪는 심리적인 발전과 변화 및 일반적으로 나타나는 현상
　　② 사회 환경이 개인에게 미치는 영향
　　③ 인간관계에 관한 연구 등
본 장을 통해 사회 환경과 인간관계가 개인의 심리에 미치는 영향을 이해하고 생활에 접목하여 더욱 건강하고 행복한 삶을 살아가는 데 도움이 되기를 바란다.

누군가 도움이 필요할 때,
때로 위험을 무릅쓰면서까지
기꺼이 손 내미는 이들이 세상에는 있다.

투신자살
소동

누군가 신변의 위협을 느낄 때, 한 치의 망설임도 없이 도움의 손길을 내미는 이들이 있다. 그들은 때때로 자신의 생명을 내놓아야 하는 위험을 무릅쓰기도 한다.

일본 후쿠오카의 한 정신병원에서 정신분열증을 앓고 있는 남자가 탈출해 집으로 돌아갔다. 그런데 가족들이 남자를 다시 병원에 입원시키려하자 남자는 화를 참지 못하고 9층 건물의 옥상으로 올라갔다. 주위에는 순식간에 2천 명이 넘는 인파가 몰렸고 소방대원과 경찰이 구조를 위해 출동했다. 하지만 환자가 극도로 흥분한 상태여서 구조 활동을 벌이기가 쉽지 않았다. 여차하면 뛰어내릴 것만 같았다.

남자와 구조대원들의 대치국면은 3시간이나 계속되었다. 그때까지도 구조대원들은 뾰족한 방법이 생각나지 않아 애를 태우고 있었다. 너무 오랜 시간이 지체되자 구경꾼들은 슬슬 짜증이 나기 시작했다. 몇 명이 남자를 올려다보며 외쳤다.

"뛰어내려! 그냥 뛰어내려!"

"네가 뛰어내려야 나도 일을 하러 가지!"

"바보! 뛰어내리지도 못할 거면서 올라가긴 왜 올라갔냐?"

여기저기에서 비아냥거리는 소리가 터져 나왔다. 자살을 만류하거나 남자를 격려하는 소리는 어디에도 없었다. 군중을 내려다보던 남자는 절망했다. 그는 옆에 있던 벽돌을 들어 군중을 향해 내던졌다. 하지만 벽돌은 군중의 양심을 깨우기는커녕 악마적인 본성만 더 격화시켰다. 점점 커지는 외침 속에서 양심이 있는 일부 시민과 구조대원들은 있는 힘껏 저지하고 만류할 뿐 다른 방법을 찾지 못해 분통을 터뜨렸다.

남자는 더 이상 세상에 자기편이 없다는 사실을 절감했다. 희망이 없다. 이미 구원받을 수 없는 나락으로 떨어진 것이다. 남자는 철저한 절망 속에서 공허한 눈으로 군중을 내려다보더니 그대로 몸을 날렸다. 둔탁한 소리와 함께 남자의 몸이 차가운 아스팔트 위로 떨어졌다. 결국 남자는 이송 도중 사망했다. 남자가 떨어질 때 군중 속에서 한 명이 외쳤다.

"좋아! 그래야 진짜 남자지. 무사도 정신은 죽지 않았어!"

이미 오랜 시간이 지났지만 남자의 아버지는 아직도 그 말을 잊을 수가 없다. 남자의 아버지는 지금도 세상을 증오하며 살아가고 있다.

"내 아들을 죽인 건 바로 그놈들이야."

이와 같은 비극이 초래된 이유는 군중심리와 인간 내면의 냉담함 때문이다. 평생 동안 살면서 자살을 목격할 수 있는 기회가 몇 번이나 되겠는가? 남자의 죽음은 무료했던 삶을 자극하는 재미거리에 지나지 않았다. 당시 군중에게는 다음과 같은 세 가지 심리가 복합되어 있었다.

1. 군중심리

사회심리학에서는 개인이 군중과 함께 있을 때 군중과 똑같아져야 한다는 무언의 압력을 받게 되며, 이 때문에 원래의 도덕적 원칙과 태도를 포기하게 된다고 보고 있다. 이를 통해 개인은 다수의 타인과 대적해야하는 부담을 줄일 수 있으며 소속감과 안전함을 느낄 수 있다. 일상생활에서도 많은 사람들이 무조건 군중의 의견에 따름으로써 심리적 안전을 꾀하고 위험부담을 줄이려는 경향을 보인다.

2. 책임의 분산

많은 사람들이 한 가지 임무 혹은 상황을 공동으로 책임질 때 개인이 느끼는 책임감은 적어진다. 사람의 수가 많을수록 책임감은 더욱 적어진다. 이때 개인에 따라서는 군중 속에 숨어 나태하고 소극적인 태도로 일관하기도 한다. 이에 비해 개인 혼자일 때는 강한 도덕적 책임을 느끼며 누군가 도움을 청해올 때 적극적인 태도를 보인다. 심지어 생명까지 아끼지 않는 경우도 있다.

3. 무관심

누군가 생명이 위급한 상황에서도 그들은 손 놓고 구경만 할 뿐 어떠한 도움도 주지 않았다.

Tips 심리학을 위한 교양 & 상식

반듀라(Albert Bandura, 1925~)는 미국의 심리학자로 사회학습이론의 창시자이다. 그는 직접적인 경험을 통해 얻어지는 모든 학습현상이 관찰학습을 통해서도 가능하다고 보았다. 1980년 미국 심리학회의 우수 과학 공로상을 수상했다.

02
침팬지의
권력 다툼

동물심리의 발생과 발전과정에 관한 연구는 동물심리학과 비교심리학의 연구 영역으로, 생물학 특히, 동물학과 깊은 관계가 있다. 인간도 생물학적으로 동물에 속한다는 점에서 동물심리에 관한 연구는 중요한 의의가 있다. 동물심리학은 하등동물에서 유인원과 같은 고등동물에 이르기까지 모든 동물의 심리발전 과정을 연구하며, 자연환경에 적응하는 과정에서 어떻게 하등동물(자극에 반응함)이 고등동물(사고를 통해 문제를 해결함)로 발전했는지를 탐구한다.

네덜란드의 한 동물원에서는 스물다섯 마리의 침팬지를 사육하고 있다. 이 중 최초로 동물원에 입소한 수놈의 이름은 마이크이며, 두 번째 입소한 수놈의 이름은 마리, 세 번째 수놈의 이름은 제리이다. 마이크는 무리의 우두머리로 모든 권력을 장악하고 있다. 마이크는 먹이를 가장 먼저 먹을 수 있는 우선권이 있으며 다른 침팬지에게 명령을 할 수 있었다. 또, 무리의 모든 암컷을 거느릴 수 있었다. 마이크가 어슬렁거리며 걸어오면 모든 침팬지들이 눈치를 보며 자리를 양보했다.

얼마 지나지 않아 2인자인 마리가 시위를 하기 시작했다. 마리는 앞발로 땅을 치며 마이크의 주위를 빙빙 돌기도 하고 마이크가 보는 앞에서 암컷과 짝짓기를 하기도 했다. 어느 날 참다못한 마이크가 자리에서 벌떡 일어나자 마리는 서둘러 다른 곳으로 도망갔다. 하지만 마이크는 마리를 쫓는 대신 자리에 있던 암컷들을 하나하나 안으며 위로했다. 특히 모두가 '어머니'라고 부르는 지위가 가장 높은 암컷을 꼭 껴안아 주었다.

이 일이 있은 후 암컷들은 마이크를 대신해 마리를 공격했다. 그러자 마리도 마이크에게 직접적인 시위를 하는 방법을 포기하고 마이크와 가까운 암컷들을 공격하기 시작했다. 이 때부터 제리가 종종 나타나 마리를 돕는가 싶더니 더 이상 마이크에게 존경을 표하지 않고 마리를 따라다녔다.

마이크는 점점 고립되어갔다. 그러던 어느 날 밤, 드디어 세 마리 수컷 사이에 전쟁이 일어났다. 다음날 아침 우리 문을 열었을 때, 마이크는 온몸에 상처를 입고 풀이 죽은 모습으로 구석에 앉아 있었다. 지도자의 자리를 빼앗긴 것이다.

그날 이후 마이크와 제리는 함께 마리의 수하에서 성심성의껏 명령에 복종했다. 그런데 얼마 지나지 않아 제리가 마리를 무례하게 대하기 시작했다. 결국 마이크와 제리가 손을 잡았고, 암컷들도 점점 마리와 멀어져갔다. 예전에 마이크가 겪었던 일을 마리가 그대로 당하고 있는 것이다. 마리는 우울하고 불안했다. 그러던 어느 날 밤, 다시 한 번 피비린내 나는 싸움이 벌어졌다. 사육사들이 발견했을 때 마리는 피범벅이 된 채 바닥에 쓰러져 있었다. 수술대에서 수의사들은 마리의 음낭이 심하게 파열되고 고환이 이미 떨어져 나갔음을 발견했다. 결국 마리는 죽고 말았다.

동물심리학은 비교심리학자들이 상당히 관심을 가지는 분야이다. 비교심리학은 인간과 동물의 심리를 비교함으로써 인간의 심리적 기원을 밝히는 학문이다.

위의 이야기는 비교심리학자 프란스 드 발이 네덜란드의 한 동물원에서 침팬지들을 관찰하면서 기록한 내용이다. 그는 침팬지를 오랫동안 연구한 끝에 《침팬지 폴리틱스》라는 책을 발표했다. 프란스 드 발은 침팬지 집단에서 일어나는 복잡한 일들은 '정치'라는 말로밖에 표현할 수 없다고 말했다. 침팬지의 권력에 대한 욕구는 결코 인간에게 뒤지지 않는다. 프란스 드 발은 이렇게 말했다.

"침팬지 사회는 정말 믿을 수 없을 정도로 인간 사회와 비슷하다."

영장류 학자들은 침팬지가 인간이 상상하는 것 이상으로 영리한 동물이라고 말한다. 우두머리는 교묘한 방법으로 무리를 통제하고, 몸집이 작은 수컷은 큰 수컷에게 충성을 다하며 큰 수컷이 자리를 물려줄 것을 기대한다. 학자들은 인류도 초기 진화과정에서 이처럼 복잡한 등급체계의 형성을 통해 발전했을 것으로 보고 있다.

영장류 학자들은 수컷 두목의 경우 인간처럼 절제, 교활함, 협력과 같은 특징을 보인다고 주장한다. 그들은 절대 준비되지 않은 전쟁은 하지 않는다. 특히 침팬지는 고도의 기회주의자이므로 절대 햄릿처럼 망설이지 않는다. 경쟁자의 약점을 발견하는 즉시 공격을 감행한다.

침팬지는 전략을 중시한다. 위의 이야기에서 보았던 수컷 침팬지들은 '동맹'을 통해 절대 권력을 가진 침팬지를 권좌에서 끌어내렸다. 하지만 모든 침팬지가 권력을 위해 동맹을 맺는 것은 아니다. 수컷들은 권력을 위해 상대방과 연합을 하는 반면, 암컷들은 단순히 자신이 좋아하는 암컷과 연합을 이룬다. 설령 그 암컷이 자신의 지위 향상에 도움이 되지 않는다고 해도 전혀 상관하지 않는다. 암컷들은 일단 신분서열이 정해지면 오랫동안 그 질서를 유지한다.

침팬지도 다른 동물들처럼 유전적인 요인을 고려하여 짝짓기를 한다. 이

때 자신의 이익을 위해 교묘한 속임수를 쓰기도 한다. 예를 들면, 수컷 침팬지는 우두머리의 암컷과 몰래 짝짓기를 한 후, 우두머리 앞에서는 고의로 더욱 충성하는 모습을 보인다. 물론 이때 우두머리는 아무 것도 모르고 있다. 이처럼 우두머리의 암컷과 짝짓기를 하는 것은 훗날 자리를 강탈했을 때 후방을 튼튼하게 하기 위한 조치이다. 수컷은 이밖에 몰래 자신을 지지해줄만한 동지들을 모은다. 또 전투가 벌어졌을 때 암컷들의 지지를 얻을 수 있도록 일부러 암컷의 털을 다듬어 주고, 새끼들과 놀아주기도 한다. 이러한 모습은 대통령 후보들이 어머니 유권자들에게 잘 보이려고 그들의 아이들에게 뽀뽀해 주는 모습과 아주 흡사하다.

Tips 심리학을 위한 교양 & 상식

허버트 사이먼(Herbert Alexander Simon, 1916~2001)은 미국의 사회과학자·경영학자로, 행동과학적 조직론의 창시자의 한 사람이다. 주요 저서로는 《경영행동》과 《조직론》이 있는데, 《경영행동》에서 '만족화 행동원리'를 정식화하였고, 《조직론》에서는 조직의 체계적 이론화를 확립하여 의사결정자의 모델이론을 전개하였다. 이 연구 업적으로 1978년 노벨 경제학상을 받았다.

레빈의 장이론

레빈은 게슈탈트 심리학(형태심리학)에 기초하여 '장(場)이론'을 창시했다. 장이론의 핵심은 생활환경이 개인의 인격, 사건, 관념, 요구 등에 영향을 미친다는 것으로, 훗날 '집단행동학'으로 발전하여 실제 사회문제를 해결하는 데 큰 도움을 주었다.

레빈은 1890년 9월 9일 프로이센의 작은 시골마을에서 네 형제 중 둘째로 태어났다. 그의 아버지는 백화점을 운영했다. 1905년 가족이 모두 베를린으로 이사하면서 프라이부르크 대학교에 진학해 의학을 공부했으나 곧 학업을 포기했다. 그 후 뮌헨 대학교에서 한 학기 동안 공부를 하고, 1910년부터 베를린 대학에서 심리학 박사학위 과정에 몰두했다.

1914년 박사학위를 위한 대부분의 필수과목을 수료한 후, 레빈은 독일군에 입대했다. 4년 후 전쟁이 끝나자 레빈은 다시 베를린 대학으로 돌아와 학생들을 가르쳤다. 당시 레빈의 수업은 인기가 많아 그의 수업은 항상 문전성시를 이루었으며, 학생들이 앞을 다투어 레빈의 연구에 참여했다.

베를린 대학에서 레빈은 형태심리학의 선두주자인 베르타이머, 쾰러와 친분을 쌓으며 그들에게서 많은 영향을 받았으나 형태심리학자가 되지는 않았다. 이밖에도 레빈은 당시 대부분의 심리학자들이 그랬던 것처럼 프로이트 정신분석학의 영향도 많이 받았다. 1926년, 교수로 임명되었으며, 그 시기 학생들과 공동으로 우수한 논문들을 다수 발표했다.

하지만 히틀러가 집권하자 유태인이었던 레빈은 탄압을 피해 미국으로 건너갔으며 코넬 대학교에서 2년 동안 아동심리학 교수를 지냈다. 그 후, 아이오와 주립대학교에서 아동복지소 심리학 교수를 역임했고, 1945년에는 매사추세츠 공과대학 집단 역학연구센터의 교수로 임명되었으며, 같은 해, 미국 유태인 협회 사회관계 위원회의 주임을 역임하면서 사회문제를 연구하는 데 전력을 쏟았다. 하지만 1947년 2월 12일, 쉰여섯 살의 나이에 심장쇠약으로 매사추세츠에서 갑자기 사망했다.

레빈의 심리학 연구 활동은 크게 세 시기로 나눌 수 있다.

1. 베를린 대학 시절, 그는 성인 혹은 아동을 대상으로 수많은 실험을 진행했으며 그 결과 동기이론을 발표했다. 특히 학습과 인식의 과정, 개인의 동기와 정서의 변화에 관한 연구에 주력했다.
2. 아이오와 주립대학교에서는 격려, 처벌, 충돌, 사회 등이 인간관계에 미치는 영향을 연구했다. 특히, 지도자, 사회적 분위기, 군중의 기준과 가치관 등 집단적인 현상에 대해 집중적으로 연구했다.
3. 매사추세츠 공과대학의 연구센터에서는 기술, 경제, 법률, 정치로 인한 사회적 제약을 분석하고, 산업조직에서의 충돌과 군중 간의 편견 혹은 적대감에 대해 연구했다.

레빈은 현대 심리학 특히, 사회심리학에 큰 공헌을 했다. 그는 수많은 연구를 통해 형태심리학이 정서와 의지에 대해 밝혀내지 못했던 사실들을 규명했으며, 희망과 포부가 인간의 삶과 성패에 상당한 영향을 미친다는 사실을 증명했다. 이밖에 사회심리학 연구에도 주력하여 민주적인 리더십이 독재나 방임보다 직원들의 업무효율을 높인다는 사실을 증명했다.

레빈은 심리학에 관한 수많은 이론을 제창했는데 그 중 토폴로지와 벡터 분석의 개념을 이용해 심리현상을 설명한 것으로 유명하다.

토폴로지는 위상수학이라고도 하며 공간의 위치 관계를 다루기 위하여 만들어진 수학 분야이다. 레빈은 이 토폴로지를 특수한 생활환경에서 발생할 수 있는 사건과 발생할 가능성이 없는 사건을 이해하는 데 응용했다. 또 벡터란 원래 물리학에서 크기와 방향으로 정하여지는 양 즉, 힘, 속도, 가속도 따위를 화살표로 표시하는 것을 말하는데, 이것을 심리학에 응용하여 방향적 행동을 일으키는 추진력으로 해석했다. 그는 이것을 특수한 안건에서 실현될 가능성이 있는 사건을 명확히 하는 데 사용했다.

이처럼 레빈의 심리학 체계는 토폴로지나 벡터 분석과 같은 수학적인 요소를 많이 함유하고 있다. 이밖에도 그는 물리학의 장력이라는 개념을 심리학에 접목시켰다. 그의 '장력 이론'에 따르면, 이미 만족했거나 실현된 일에 대해서는 장력이 약하게 작용하며, 아직 만족하지 못했거나 실현하는 과정에서 장애물에 봉착했을 때는 장력이 강해진다고 보았다. 이밖에도 필요와 의지가 행동을 촉진하는 원동력이라는 '행위 동력 이론' 등 많은 이론이 있다.

Tips 심리학을 위한 교양 & 상식

레빈(Kurt Lewin, 1890~1947)은 독일 국적의 유태인 심리학자이다. 장이론(field theory)을 창시하여 실험사회심리학의 기초를 닦았다. 1914년, 베를린 대학에서 철학 박사학위를 받았으며, 주요 저서로는 《위상심리학의 원리》, 《심리학의 다양한 이론》 등이 있다.

외모
지상주의

후광 효과란 어떤 대상을 평가할 때, 대상의 어느 한 가지 특징이 다른 특징을 평가하는 데까지 영향을 미치는 것을 뜻한다. 인물을 평가할 때 외모에서 좋은 인상을 받았을 경우 그 사람의 지능이나 성격까지도 좋게 평가하는 경우가 대표적인 예이다. 마치 달무리처럼 평가 대상의 주위까지 확산된다고 하여 '달무리 효과'라고 부르기도 한다.

미국의 한 심리학자가 다음과 같은 실험을 했다. 우선 남녀배우 각각 두 명씩 총 네 명을 섭외했는데 남녀 각각 둘 중 한 명은 평범한 외모인데 비해 다른 한 명은 누가 봐도 감탄이 나올 정도로 출중한 외모를 자랑했다. 배우들의 임무는 같은 회사에서 면접을 보는 것이었다. 심리학자는 먼저 두 여성, 두 남성 배우의 학력, 성장배경, 경력 등을 완전히 같은 수준이 되도록 위조하고 면접대응 훈련을 실시했다. 시간이 지나자 배우들의 면접에 대한 순발력이나 대응능력이 완전히 같은 수준으로 맞춰졌다. 그런 후, 외모가 평범한 쪽이 먼저 면접을 보도록 상황을 만들었다.

두 여성 배우는 프론트데스크 안내원을 모집하는 회사에서 함께 면접을 보게 되었다. 먼저 평범하게 생긴 여성이 면접실에 들어갔다.

"컴퓨터 타자 속도가 어느 정도 되나요?"

"오타가 전혀 없을 경우 1분에 50자 정도입니다."

면접관은 고개를 끄덕이며 말했다.

"좋군요. 아주 좋아요. 우리 회사의 출근 시간은 아침 9시이고, 퇴근 시간은 저녁 5시예요. 12시부터 1시까지 점심시간이고 1시에는 반드시 데스크 앞에 있어야 해요. 월급은 35,000달러 정도입니다."

면접을 마친 후 면접관은 여성의 능력에 감탄하며 다음 주에 연락을 주겠다고 말했다.

다음 날, 외모가 출중한 여성이 면접을 위해 회사를 찾았다. 서류상의 내용 뿐 아니라 복장까지도 전날 평범한 여성과 완전히 같았다. 그런데 그녀가 면접실에 들어간 지 채 몇 분도 되지 않아 면접관이 물었다.

"혹시 다른 회사에도 지원을 했나요?"

여성은 고개를 끄덕였다. 그러자 면접관이 몸을 책상으로 바짝 가져다대며 말했다.

"다른 회사 면접은 취소할 수 없겠소? 당신을 당장 채용하고 싶어서 그래요."

면접관은 회사의 규정에 대해 설명했다.

"우리 회사는 한 시간 정도 점심시간이 있습니다. 하지만 꼭 한 시간을 지킬 필요는 없어요. 얼마든지 융통성 있게 사용할 수 있으니까요. 그리고 봉급은 37,000달러 정도입니다. 다음 주부터 출근 가능하겠어요?"

다른 회사의 면접도 상황은 마찬가지였다. 심리학자는 혹시 면접관이 남자라 외모에 민감할 수도 있다고 생각했다. 그래서 이번에는 면접관이 여성인 회사를 찾았다. 이 회사 역시 프론트데스크 안내원을 모집하고 있었다. 여성 면접관은 외모가 아름다운 배우를 보고 이렇게 말했다.

"데스크 안내원으로 쓰기에는 너무 아깝군요. 당신 정도의 외모면 내 개인비서가 더 어울리겠어요."

물론 개인비서는 안내원보다 훨씬 직급이 높았다. 여성조차 여성의 외모에 상당한 영향을 받는다는 증거였다.

두 남자 배우는 주식 매니저를 고용하는 회사에 지원했다. 먼저 평범한 외모의 남성이 면접을 보았다. 면접관은 남자에게 출중한 능력을 가졌다고 칭찬한 후 다음 주에 연락을 주겠다고 말했다. 다음 차례는 외모가 출중한 남성의 차례였다. 그런데 이때 잠시 밖에 나왔던 면접관이 복도에서 출중한 외모의 남자배우와 마주쳤다. 그는 배우를 보자마자 말했다.

"자네는 생긴 것 자체가 주식 매니저구만!"

면접관은 몇 마디 간단한 질문을 하더니 흥분한 어투로 말했다.

"모레부터 당장 출근하게. 지금 당장 인력자원 부서에 가서 입사수속을 밟도록 하게나."

실험이 모두 끝난 후, 심리학자는 4명의 배우와 그들이 면접을 본 회사의 면접관들을 초대해 외모가 직업에 미치는 영향에 대해 토론하자고 제의했다. 하지만 회의에는 프론트데스크 안내원을 구했던 회사의 남자 면접관과 주식 매니저를 구했던 회사의 면접관만이 참석했다. 심리학자가 안내원을 구했던 면접관에게 왜 외모가 출중한 여성을 채용했는지 묻자 면접관은 다른 이유만 댈 뿐 외모에 대해서는 끝까지 부인했다.

어째서 외모가 이렇게 큰 작용을 하는 것일까? 심리학자들은 이것이 후광효과 때문이라고 말한다. 다시 말하면, 사람들은 일반적으로 외모가 출중하거나 패기가 남다른 사람을 만나면 자신도 모르게 그 사람의 다른 부분도 뛰어날 것이라고 믿는다. 예를 들면, 잘생긴 사람과 대화를 할 때는 목소리도 좋고 대화 수준도 높다고 느낀다.

일상생활에서도 이와 같은 현상을 자주 볼 수 있다. 한 가지 좋은 점을 발견한 후, 그 사람의 모든 면을 좋게 평가한다거나, 한 가지 나쁜 점을 발견한 후, 그 사람 전체를 나쁘게 평가하는 경우가 그렇다.

이처럼 한 가지 장점은 마치 머리 뒤에서 빛나는 후광처럼 다른 것까지 아름답게 보이게 하는 효과가 있다. 이와 같은 현상을 사회심리학에서는 '후광 효과' 혹은 '달무리 효과' 라고 한다.

후광 효과에 관한 또 다른 실험이 있다. 심리학자들은 실험 대상자들에게 외모가 뛰어난 사람과 못생긴 사람의 사진을 나누어 준 후, 사진 속 주인공들의 진짜 특성과는 관계없는 예시들을 나열해 주었다. 조직과 잘 조화된다, 성실한 남편 혹은 아내이다, 삶을 긍정적으로 바라본다 등등. 실험 결과 외모가 뛰어난 사람은 높은 점수를 받은 반면, 못 생긴 사람은 최악의 점수를 받았다.

Tips 심리학을 위한 교양 & 상식

샤흐터(Stanley Schachter, 1922~1997)는 미국의 사회심리학자로, 주로 중독과 정서에 대해 연구했다. 그의 인지적 정서 이론에 의하면 정서는 생리적 반응뿐만 아니라 개인이 처해 있는 상황과 그 상황에 대한 개인적인 해석과 평가에 의해 결정된다고 한다. 즉, 인지가 정서를 결정하는 중요한 요인이 된다는 것이다. 1969년 미국 심리학회의 우수 과학 공로상을 수상했다.

빈익빈
부익부

마태효과란 개인, 집단, 혹은 지역이 어떤 한 분야에서(재산, 명예, 지위 등) 일단 성공을 거두면 그것이 동력이 되어 이후 더 많은 성공을 이룰 수 있다는 이론이다.

《신약성경》의 마태복음 제 25장에는 다음과 같은 구절이 있다.

"무릇 있는 자는 받아 더 풍족하게 되고 없는 자는 그 있는 것까지 다 빼앗기리라."

즉, 흔히 말하는 '부익부 빈익빈' 은 마태효과를 나타내주는 대표적인 사례로 마태효과라는 말은 마태복음에서 유래했다. 그 안에는 이런 이야기가 있다.

임금이 하인 세 명에게 각각 백 냥의 금화를 나누어주며 말했다.

"나는 한동안 다른 지방에 가 있을 것이다. 너희는 그동안 이 돈으로 장사를 하고 있다가 내가 돌아오면 다시 성으로 돌아오라."

한참이 지난 후, 임금이 다시 성으로 돌아왔다. 세 명의 하인도 성으로 찾아와 임금을 알현했다. 첫 번째 하인이 말했다.

"폐하, 저는 폐하께서 하사하신 백 냥으로 장사를 해서 천 냥을 벌었습니다."

임금은 크게 기뻐하며 하인에게 열 개의 성을 상으로 하사했다. 두 번째 하인이 말했다.

"저는 폐하께서 하사하신 백 냥으로 오백 냥을 벌었습니다."

왕은 미소를 지으며 말했다.

"잘했다. 너에게는 다섯 개의 성을 하사하노라!"

세 번째 하인이 왕의 앞으로 나아가 말했다.

"폐하, 저는 폐하께서 주신 돈을 잃어버릴까 염려되어 지금까지 고이 간직하고 있었나이다. 여기 백 냥을 다시 돌려드리겠사옵니다."

세 번째 하인은 다른 두 하인처럼 상을 받을 것이라고 기대했다. 하지만 뜻밖에도 임금은 크게 화를 내며 세 번째 하인이 내민 백 냥을 첫 번째 하인에게 던져주며 말했다.

"이것도 네가 가져라. 어차피 적을 바에야 아무 것도 남기지 말고 다 빼앗아 와야 한다. 많은 자가 더 많이 가질 수 있도록 하라."

미국에서는 아래와 같은 이야기가 유행한 적이 있다.

미국의 작은 시골 마을에 한 노인이 아들과 함께 살고 있었다. 그런데 하루는 오래된 친구 헨리가 지나는 길에 노인의 집을 들렀다. 헨리는 노인의 아들이 장성한 것을 보고 도움을 주고 싶다는 생각이 들었다.

"친구, 내가 자네 아들을 도시로 데리고 나가 일을 주면 어떨까?"

그런데 뜻밖에도 노인은 고개를 설레설레 흔들며 말했다.

"뜻은 고맙지만 사양하겠네. 비록 우리가 친구이기는 하지만 그렇게는 못하겠네."

헨리가 웃으며 말했다.

"내가 자네 아들에게 여자 친구를 소개시켜 준다고 해도 말인가?"

노인은 꽤 완강했다.

"난 지금까지 단 한 번도 아들의 일에 간섭한 적이 없네."

헨리가 말했다.

"그 아가씨가 유명한 은행가인 피아제 씨의 딸인데도 말인가?"

그제야 노인은 못이기는 척 말을 얼버무렸다.

"음, 그렇다면…"

헨리는 집으로 돌아온 뒤 곧바로 피아제 씨의 집을 방문했다.

"피아제 씨, 제가 아주 훌륭한 사윗감을 알아 왔어요."

피아제 씨는 헨리의 제의를 정중히 거절했다.

"성의는 감사합니다. 하지만 제 딸은 아직 어려요."

"그 젊은이가 세계은행의 부행장인데도 말입니까?"

"음… 만약 그렇다면…"

며칠 후 헨리는 세계은행의 총재를 찾아갔다.

"총재님, 지금 당장 부행장을 한 명 임명해야 할 것 같은데요."

총재는 황당하다는 표정을 지었다.

"안됩니다. 지금도 이렇게 부행장이 많은데 또 임명하라니요? 그것도 당장 하라고요?"

헨리는 미소를 지으며 말했다.

"지금 제가 소개시켜드리려는 분이 은행가 피아제 씨의 사위인데도 말입니까?"

그 말을 듣자 총재는 갑자기 입장을 바꾸며 말했다.

"그렇습니까? 만약 그렇다면…"

헨리가 농부의 아들을 유명한 금융가의 사위이자 세계은행 부행장으로 만들 수 있었던 이유는 마태효과를 잘 누렸기 때문이다. 미국의 사회학자 머튼은 다음과 같은 말을 했다.

"이미 명성을 얻은 과학자가 발견해 낸 과학적 성과는 더 많은 영예를 가져오지만, 이름이 알려지지 않은 과학자의 성과는 인정되지 않는 경우가 대부분이다."

머튼은 이와 같은 사회심리현상을 '마태효과'라고 이름 지었다. 마태효과로 인해 무명의 과학자는 유명한 과학자와 똑같은 성과를 거두었음에도 불구하고 사람들의 인정을 받지 못하는 경우가 있으며 심지어 비난을 받기도 한다. 하지만 마태효과가 이처럼 부정적인 효과만 있는 것은 아니다.

1. 증명되지 않은 이론에 대해 신중한 태도를 가지게 되며, 정확해 보이는 이론도 다시 한 번 검증하게 만드는 효과가 있다.
2. 한번 마태효과를 누린 사람은 계속해서 영예와 번영을 누린다. 이와 같은 현상은 젊은이들에게 강한 동기를 부여한다.
3. 마태효과를 누리기 위해서는 기존의 것을 뛰어넘는 성과를 거두어야 하기 때문에 젊은이들은 기록을 깨기 위한 피나는 노력을 하게 된다.

부당한 대우

사람들은 자신과 타인의 행위가 합리적으로 보이기를 바라며, 이 때문에 항상 행위의 정당성에 대한 이유를 찾으려고 한다. 일단 충분하다고 생각되는 이유를 찾으면 찾기를 중단하게 되는데, 대부분의 경우 외부에서부터 찾기 시작한다. 이 때문에 외부에서 이유를 찾았을 경우, 사람들은 내부에서 원인을 찾는 것을 포기한다.

한 늙은 학자가 요양을 하기 위해 작은 시골마을로 이사를 왔다. 노인은 주위가 고요한 이 마을이 썩 마음에 들었다. 하지만 언젠가부터 마을 아이들이 집 주위에서 큰 소리로 떠들며 놀기 시작했다. 노인은 아이들 소리 때문에 낮잠조차 편안히 잘 수가 없었다. 몇 번이나 나가서 조용히 하라고 타일러 보았지만 소용이 없었다.

그러던 어느 날 노인이 동네 아이들을 모두 집에 초대했다. 노인은 용돈을 가지고 나와 아이들을 둘러보며 말했다.

"오늘부터 내 앞에서 고함을 질러주지 않겠니? 소리가 큰 아이에게는 더 많은 용돈을 주마."

아이들은 신이 나서 있는 힘껏 소리를 질러댔다. 노인은 약속한대로 소리의 크기에 따라 아이들에게 용돈을 나누어주었다. 그렇게 3주가 지나가

는 동안 아이들은 고함을 지르고 용돈을 받는 것이 습관이 되었다. 그런데 3주가 지난 후부터 용돈이 줄어들기 시작했다. 몇몇 아이들이 항의를 해 보았지만 소용이 없었다. 실망스럽기는 했지만 아이들은 여전히 노인을 위해 고함을 질러주었다. 적은 돈이라도 없는 것보다는 낫다고 생각했기 때문이다. 하지만 일주일이 더 지나자 노인이 더 이상 용돈을 주지 못하겠다고 선포했다. 아이들은 힘껏 고함을 질러보였지만 단 한 푼의 용돈도 받을 수 없었다. 아이들은 자신들이 불공정한 대우를 받았다며 화를 냈다.

"다시는 저 영감에게 고함을 질러주나 봐라! 우리가 얼마나 고마운 존재인지 톡톡히 알게 될 거야."

그날 이후, 아이들은 노인 집 근처에서 다시는 놀지 않았으며, 집 근처를 지나갈 때면 말소리를 줄였다. 아이들 나름대로의 복수였다.

사실 노인은 사회심리학의 '과잉정당화 효과' 심리를 이용한 것이었다.

1971년 심리학자들은 학생들을 대상으로 다음과 같은 실험을 했다.

1단계 : 한 그룹의 실험대상자들에게 머리를 써야 풀 수 있는 복잡한 문제를 나누어준 뒤 각자 풀어보도록 했다. 하지만 보상은 주지 않았다.

2단계 : 다른 그룹의 실험대상자들에게 똑같은 문제를 나누어준 뒤 문제를 풀도록 했다. 문제를 푼 사람에게는 1달러의 보상을 주었다.

3단계 : 휴식시간을 주어 실험대상자들이 자유롭게 활동하도록 했다. 쉬는 시간까지 문제에 흥미를 느끼는지 살펴보기 위함이었다.

실험 결과 보상을 받지 못한 그룹의 실험대상자 중에는 쉬는 시간에도 문제를 푸는 사람이 많았던 반면 보상을 받았던 그룹은 쉬는 시간이 되자 문제풀이에 대한 흥미를 잃어버렸다.

과잉정당화효과는 일상생활에서도 쉽게 볼 수 있다. 사람들은 자신의 행동이 합리적으로 보이기를 바란다. 그래서 항상 행동에 맞는 이유를 찾고자 노력한다. 그런데 이 과정에서 그럴싸한 이유를 먼저 발견하게 되면 더 이상 이유를 찾으려하지 않는다.

07

가짜 환자와
진짜 의사

고정관념이란 특정 사물이나 사람에 대해 막연하게 가지는 고정적인 생각이다. 일상생활에서도 자주 접할 수 있는 아주 보편적인 현상이기도 하다.

하루는 깔끔하게 차려입은 중년 남자가 미국 동해안의 한 정신병원을 찾았다. 남자는 의사에게 자신이 자주 환청을 듣는다고 말했다.

"저는 환청의 종류도 구분할 수 있어요. 어떤 것은 진짜고, 어떤 것은 가짜고, 어떤 소리는 그냥 '동동동' 소리만 날 뿐이죠."

의사는 남자가 정신분열증이라는 1차 진단을 내린 후 입원을 허락했다. 하지만 중년남자는 입원 후 다시는 환청에 대해 언급하지 않았다. 모든 행동이 정상인과 전혀 다를 바가 없었다. 하지만 의사는 여전히 그가 정신병 환자라고 말했으며 간호사는 매일 진료일지에 이렇게 적었다.

"글 쓰는 행위를 반복적으로 함."

오히려 중년 남자와 같은 병실을 쓰고 있는 환자들은 남자를 이상한 눈으로 쳐다보기 시작했다.

"당신은 전혀 정신병자 같지가 않군요. 혹시 기자나 대학교수 아니시오? 병원생활을 체험하려고 일부러 들어온 거죠?"

그랬다. 중년남자는 사실 모 대학의 심리학 교수였다. 교수는 현재 정신병 환자와 의사의 관계에 대해 연구하고 있었다. 교수 외에도 7명의 젊은 정신과 조교들이 실험에 참여하고 있었다. 그들도 교수처럼 의사에게 환청이 들린다고 말해 병원에 입원하여 실험을 진행하고 있었다. 모두 12개의 병원을 대상으로 실험이 진행되었다.

이들도 교수와 마찬가지로 입원 후에는 더 이상 정신이상적인 행동을 하지 않았다. 모든 행동이 정상인과 똑같았다. 하지만 의사들의 눈에는 그들 모두 여전히 전형적인 '환자'였다. 심지어 가장 위험한 환자로 취급하는 병원도 있었다. 왜냐하면 그들은 전혀 떠들지도, 소란을 피우지도 않는 대신 매일 무엇인가를 쓰는 데만 열중했기 때문이다. 그들이 정상인이라는 사실을 알아챈 사람은 오직 병원에 있는 다른 환자들뿐이었다.

덕분에 교수와 조교들은 정신병원의 의사가 환자들을 어떻게 대하는지 여실히 관찰할 수 있었다. 관찰 결과는 놀라웠다. 정신병원 의사와 간호사들은 일단 환자가 정신분열증이라고 판단하면 그 후부터는 환자의 모든 행동을 정신병적인 것으로 간주했다. 잠을 많이 자거나 화를 내는 행위, 심지어 다른 환자와 대화를 하거나 글을 쓰는 행위조차 모두 비정상적인 행동이었다. 게다가 환자가 퇴원을 요구할 경우 '망상증'으로 간주되었다. 결과 환자들은 보통 20일 정도를 소요한 후에야 병원에서 나올 수 있었다.

위의 사례처럼 정신과 의사들조차 고정관념에서 자유롭기란 쉽지 않다. 고정관념이란 특정한 사물이나 사람에 대해 가지는 모호하고 고정적인 생각을 말한다. 미국의 극단적인 종교단체들이 흑인은 무조건 게으르고 사악하다고 믿는 것도 고정관념의 예 중 하나이다. 이밖에 이탈리아인은 낭만적이다, 여자는 쉽게 변심한다, 시골 사람은 순박하다 등도 모두 고정관념에 해당한다.

고정관념이 형성되는 가장 큰 이유는 충분한 시간을 가지고 한 집단의 구성원을 일일이 경험하는 것이 힘들기 때문이다. 이 때문에 집단 중 일부 사람들을 교제한 후 그들의 특성을 일반화시키게 된다.

끼리끼리 논다는 말도 있듯이 같은 지역, 같은 업계, 같은 종교를 가진 사람들은 비슷한 성향을 보이는 경우가 많다. 그 때문에 고정관념이 완전히 틀렸다고 말하기는 어렵다. 하지만 고정관념은 모호하고 대략적인 생각일 뿐 특정인, 특정 사물을 완전히 설명해 줄 수는 없다. 이 때문에 고정관념으로 인해 '일반화의 오류'를 범할 확률이 높아진다. 만약 이 점을 인식하지 못한다면 인간관계에서 많은 문제에 봉착하게 될 것이다.

Tips 심리학을 위한 교양 & 상식

레온 페스팅거(Leon Festinger, 1919~1989)는 미국의 심리학자로, 주로 기대, 포부, 결정 등에 관하여 연구했다. 또한 실험을 통해 편견, 사회적 영향 등 사회심리 문제를 밝히고자 했다. 1959년 미국 심리학회의 우수 과학 공로상을 수상했다.

08
버려진 아이들

1937년, K. 로렌츠는 〈조류집단에 있어서의 동류〉라는 논문에서 '각인'이라는 단어를 처음 사용했다. 각인 현상은 선천적인 학습과정으로 아주 짧은 특정 시기에만 나타나며 한번 형성되면 영원히 바뀌지 않는 특징이 있다.

영국 도싯 주의 본머스라는 지역에서 오나시스라는 여자아이가 아들을 낳은 뒤 다락방에 7년 동안 감금한 사건이 있었다. 당시 고등학교 2학년에 재학 중이던 그녀에게는 남자친구가 있었는데 그만 실수로 임신을 하게 된 것이다. 오나시스는 시골의 한적한 마을을 찾아가 몰래 아들을 낳았다.

아들의 이름은 로지였다. 로지에게는 생존에 필요한 음식물만 주어졌을 뿐 외부와의 접촉은 일체 금지되었다. 사람들이 로지를 발견했을 때, 그의 나이는 이미 일곱 살이었다. 발견 당시, 로지는 말도 할 줄 모르고 걸을 줄도 몰랐다. 물론 식사예절 등 기본예절을 전혀 익히지 못한 것은 말할 나위도 없었다. 로지는 감정이 메말라 웃거나 우는 일이 없었다. 멍한 눈으로 허공만 응시할 뿐 주위 사물에도 전혀 관심을 가지지 않았다.

로지의 사례에서 알 수 있는 사실은, 생물학적인 능력이 완전한 사회적

인간을 만드는 기능을 발휘하지 못한다는 점이다. 로지가 하루빨리 사회에 적응하도록 하기 위해 심리학자들은 많은 공을 들여 훈련을 실시했다. 하지만 상당한 노력을 기울였음에도 불구하고 성과는 아주 미미했다. 5년 후, 로지는 세상을 떠났다. 5년 동안 로지가 습득한 것이라고는 몇 마디 단어뿐 죽을 때까지 완전한 문장을 말하지 못했다. 이밖에 로지는 손 씻는 법, 이 닦는 법, 옷 입는 법 등을 배웠으며 공놀이를 무척 좋아했다. 걷는 법도 배우기는 했지만 폼이 엉성했다. 열두 살의 나이로 세상을 떠날 당시 로지의 지능수준은 두세 살 정도 수준이었다.

오래 전 이른바 '돼지 소녀' 사건이 중국 언론을 뜨겁게 달군 적이 있었다. 중국 랴오닝 성의 타이안 현에서 정신지체를 앓고 있는 중증장애인 어머니와 벙어리인 아버지 사이에 왕셴펑이라는 딸이 태어났는데 어머니는 아이를 돌볼 능력이 안 되고 아버지는 매일 일을 하러 나가야했기 때문에 갓난아기인 왕셴펑은 오랫동안 그냥 방치되었다.

아버지가 우유를 챙겨놓고 간 날은 그나마 다행이었지만 그렇지 못할 경우에는 배고픔에 울다 지치곤 했다. 몇 달이 지나 조금씩 기어 다닐 수 있게 된 왕셴펑은 이리저리 기어다니다가 그만 돼지우리의 새끼돼지들 사이로 떨어지고 말았다. 왕셴펑은 본능적으로 다른 새끼돼지들과 함께 어미 돼지의 젖을 빨았다. 다행인지 불행인지 어미 돼지도 왕셴펑을 내몰지 않고 순순히 받아주었다. 왕셴펑은 배가 부르자 다른 돼지새끼들과 놀기도 하고 어미 돼지 품에서 낮잠도 잤다.

저녁이 되어 집에 돌아온 아버지는 돼지우리에서 잠들어 있는 왕셴펑을 보고 놀라지 않을 수 없었다. 아버지는 즉시 왕셴펑을 안아 원래의 자리로 데려다 놓았다. 그런데 누구도 생각지 못했던 일이 발생했다. 다음 날이 되자 왕셴펑이 다시 돼지우리를 찾아갔던 것이다. 이렇게 해서 돼지들과 함께 생활하게 된 왕셴펑은 돼지의 소리를 배우고 돼지의 행동을 그대로 따라했다.

사람들이 왕셴펑을 발견했을 때, 그녀는 이미 열한 살의 소녀였다. 신체 발육 상황도 다른 소녀들과 다를 바가 없이 모두 정상이었다. 하지만 왕 셴펑은 네 발로 기어 다니고 돼지들과 함께 놀았다. 때로 돼지의 등을 긁어주고 배가 부르면 돼지들 곁에서 코를 골면서 잠들었다. 테스트 결과 당시 그녀는 세 살의 지능을 가지고 있는 것으로 나타났다.

오스트리아 동물학자 K. 로렌츠는 재두루미 새끼가 알에서 부화한 뒤 어미두루미이건, 사람이건, 혹은 자동차건 상관없이 무조건 처음 눈에 띄는 움직이는 대상을 쫓아가는 추종반응을 보인다는 사실을 발견했다. 하지만 부화한 후 하루에서 이틀이 지나도 대상을 발견하지 못하면 추종반응도 자연스럽게 사라졌다.

그래서 K. 로렌츠는 '관건이 되는 시기' 즉, 적기를 강조했다. 아동은 발달과정에서 몇 번의 민감한 반응기를 보인다. 바로 이 시기가 적기이며 학습의 관건이 되는 시기이다. 언어능력 등의 특수한 능력은 이 시기에 배우는 것이 가장 효과적이다. 하지만 이 시기를 지나게 되면 학습효율이 현저히 떨어진다. 유치원에 다니는 아동보다 성인이 언어를 배울 때 더 애를 먹는 이유도 이 때문이다. 만약 로지도 네 살 이후에 버려졌다면 상황은 크게 달라졌을 것이다.

발달심리학 연구결과 연령에 따라 IQ와 언어능력의 발달정도가 다른 것으로 나타났다. 즉, 모든 일에는 적기가 존재한다. 그 시기를 잘 이해하고 적기에 교육을 진행한다면 커다란 효과를 거둘 수 있다. 하지만 일단 시기를 놓치면 훗날 보충하는 데 상당한 대가를 치러야 하며, 때로는 영원히 기회를 잃을 수도 있다. IQ는 유전과 환경요소의 상호작용에 의해 발달한다. 유아기에 발달이 가장 빠르며, 특히 0세에서 4세까지가 가장 중요한 시기이다.

최근 연구에 따르면 지적능력 발달은 이미 태아 때부터 이루어진다고 한다. 이렇게 태아 때부터 시작된 학습행위는 태어난 후에도 몇 년 간 지속된다. 결론적으로 말하면, 지적능력은 아동기에 빠른 발전을 보이나 성인이 될수록 점점 속도가 느려지며, 중년, 노령기에 접어들면 하락하는 양상을 보인다. 일반적으로 지적능력은 4세 이전에 반 이상이 이루어지며, 16~21세 사이에 완성되고, 20~25세에 최고의 능력을 발휘한다고 알려져 있다.

Tips 심리학을 위한 교양 & 상식

K. 로렌츠(Konrad Lorenz, 1903~1989)는 오스트리아의 심리학자이자 동물학자이며 비교행동학(ethology)의 창시자이기도 하다. 1973년 노벨 생물학상을 수상했다.

사이비 교주의 예언

사람은 자신의 태도와 행동이 일관되기를 바란다. 하지만 현실에서는 종종 둘 사이에 모순이 발생하기 마련이다. 이때 사람들은 괴로움을 느끼게 되며, 자신의 심리를 조정함으로써 태도와 행동을 일치시키려고 노력한다.

1954년 9월, 어느 평범한 가정주부가 신문에 다음과 같은 광고를 냈다.

'나는 과거 몇 년 동안 우주와 끊임없이 통신을 주고받았다. 그런데 12월 21일이 되면 북반구 전체가 홍수로 물에 잠기게 될 것이며, 신앙심이 투철한 몇 명만이 살아남을 수 있다는 정보를 입수했다.'

이 기사를 읽은 레온 페스팅거 교수는 쾌재를 불렀다. 그동안 연구해 오던 '인지부조화 이론'을 증명할 수 있는 절호의 기회였기 때문이다. 그는 《예언이 틀렸을 때》라는 책에서 다음과 같은 가설을 제시했다.

"만약 어떠한 일을 진심으로 굳게 믿으면, 그로 인해 회복 불가능한 행동을 하기도 한다. 그런데 이때 그가 믿는 것이 사실이 아니라는 확실한 증거가 나오면 어떻게 될까? 놀랍게도 그들은 원래의 생각을 절대 포기하지 않으며, 심지어 믿음이 더욱 굳어진다."

그녀의 예언은 페스팅거 교수의 이론을 입증할 수 있는 살아있는 사례가 아닐 수 없었다. 그는 우선 학생 두 명을 선발하여 연구진을 꾸렸다. 그리고 그녀에게 전화를 걸어 다음과 같이 말했다.

"안녕하세요? 저와 제 친구 둘이 부인의 예언을 보고 흥미를 느꼈습니다. 부인이 조직하신 그룹이 있다면 저희도 함께 참여하고 싶습니다."

그녀는 흔쾌히 교수의 제안을 받아들였다. 그녀는 이미 오래전부터 조직을 운영하며 스스로를 교주로 칭하고 있었고, 교주와 신도들은 외계에서 전해줄 다음 신호를 기다리며 미래를 준비하고 있었다.

단체의 존재를 확인한 페스팅거는 연구범위를 확대하기 위해 5명의 대학생을 더 모집해 함께 모임에 참여했다. 그들은 진짜 신도들처럼 교주의 연설을 경청하고 일주일에 60차례의 회의에 참여하는 등 적극적으로 활동했다.

무미건조하고 끊임없이 반복되는 모임에 참여자들은 극도의 피로를 느꼈다. 게다가 교주의 감언이설에 현혹되지 않도록 자신을 일깨우는 동시에 틈틈이 교주의 연설을 기록해야 하는 일은 여간 곤욕이 아니었다. 페스팅거 교수는 당시의 상황을 이렇게 회상했다.

"당시 우리 세 사람은 돌아가면서 화장실에 다녀왔습니다. 한 사람이 너무 자주 돌아다니면 이목을 끌 수도 있었기 때문이지요. 그나마 가장 안전하게 기록을 할 수 있는 공간은 화장실밖에 없었죠. 그런 생활을 계속 하다보니 정말 지치더군요."

드디어 12월 21일이 되었지만 홍수는 일어나지 않았다. 물론 우주에서 보내준다고 했던 방주도 나타나지 않았다. 그러자 교주는 이렇게 말했다.

"여러분의 정성이 하늘을 감동시켜 하느님께서 다시는 지구에 재앙을 내리지 않기로 결정했다고 합니다. 세계는 다시 평화로워졌으며 여러분도 이제 집으로 돌아갈 수 있게 되었습니다."

이 말을 들은 신도들의 반응은 두 가지로 나누었다. 처음부터 반신반의 하던 신도들은 분노하며 탈퇴를 선언했다. 하지만 믿음이 강했던 신도들은 페스팅거 교수가 예상했던 대로 더 깊게 단체에 몰입하기 시작했다. 그들은 직장을 그만두고 가산을 모두 단체에 기부하며 교주와 평생을 함께 하기로 맹세했다.

위의 실험은 '인지부조화 이론'을 증명하는 가장 대표적인 사례로 꼽히고 있다. 인지부조화란 태도와 행위가 불일치하는 것을 가리키며, 이로 인해 극도의 긴장감과 불안을 야기하게 된다. 불안을 해소하는 방법에는 두 가지가 있는데, 만약 신념이 너무 깊어 태도를 바꾸기 힘들 경우, 행동을 바꿈으로써 태도와 행위를 일치시키게 된다. 하지만 행위를 바꾸기 힘들 때는 신념이나 태도를 변화시킴으로써 두 개의 일치를 꾀한다.

위의 실험을 진행하면서 페스팅거 교수는 연구진을 두 개의 조로 나누었는데, 한 조에는 시간 당 20달러의 보수를 제공했고(1960년대 미국에서 20달러는 상당한 액수였음), 다른 한 조에는 시간 당 단 1달러만을 제공했다.

실험을 끝마친 후 20달러를 받은 조의 연구팀원들을 실험이 아무 의미가 없었다고 말한 반면, 1달러만 받은 팀원들은 상당히 의미 있는 실험이었다고 말했다. 이것은 태도와 자신의 행위를 일치시킴으로써 인지부조화를 피하기 위한 심리적 작용 때문이었다.

Tips 심리학을 위한 교양 & 상식

노암 촘스키(Avram Noam Chomsky, 1928~)는 미국의 언어학자이자 언어철학자로, 독창적 언어분석 체계인 변형생성문법을 창시자 가운데 한 사람이다. 이 이론은 언어학계의 호평을 받았을 뿐 아니라, 심리학, 철학, 논리학계의 지대한 관심을 모았다. 1972년 미국 국가과학원 원장으로 선출되었으며, 1984년 미국 심리학회의 우수 과학 공로상을 수상했다. 주요저서로는 변형 문법이론을 제시한 《통사구조》(1957), 《통사론의 여러 측면》(1965), 《데카르트파 언어학》(1966), 《언어와 정신》(1968), 《언어학 이론의 논리적 구조》(1975), 《언어에 관하여》(1975), 《언어와 책임》(1979) 등이 있다.

엽기적 살인사건

누군가가 도움을 필요로 하는 장면을 혼자 목격했을 때는 100%의 책임감을 느끼지만 여러 사람이 함께 목격했을 때는 그만큼 책임감이 줄어든다. 이와 같은 현상을 심리학에서는 '책임분산효과'라고 부른다.

1964년 3월 13일 새벽. 뉴욕의 교외에 있는 한 아파트 앞에서 미국 전역을 놀라게 한 끔찍한 살인사건이 일어났다.

술집 지배인인 실비아는 새벽 3시에 업무를 마치고 집으로 돌아가고 있었다. 그런데 그때 갑자기 어디선가 한 남자가 나타나더니 실비아를 잔혹하게 때리고 흉기로 찔렀다. 남자가 범행을 저지른 시간은 무려 30분에 달했으며 그동안 실비아는 계속 살려달라고 고함을 지르며 절규했다.

실비아의 비명소리가 한참이나 계속된 후에야 사람들은 방에 불을 켜고 창문을 열어 밖을 살폈다. 갑자기 여기저기에서 창문이 열리자 범인은 놀라 도망쳤다. 사람들은 여자 혼자 있을 뿐 범인이 보이지 않자 다시 창문을 닫고 잠을 청했다.

그런데 얼마 지나지 않아 범인이 다시 나타나 실비아를 때리기 시작했다. 실비아는 다시 고함을 쳤고, 사람들은 또 등을 켜고 창문을 열었다. 그러자 범인은 다시 도망쳤다.

거리는 더 없이 조용했다. 방 안에 있는 사람들도, 실비아도 이제 모든 것이 끝났다고 생각했다. 실비아는 피가 흐르는 팔을 부여잡고 자신의 아파트 앞까지 걸어왔다. 그녀는 계단을 오르기 위해 힘겹게 난간을 잡았다.

그런데 그때 또 다시 범인이 나타났다. 실비아의 고함소리에 주민 40여명이 창문을 열고 밖을 내다봤다. 하지만 그 중 누구도 도움의 손길을 내밀지 않았으며 심지어 경찰에 신고하는 사람도 없었다. 결국 실비아는 자기 집 계단 앞에서 처참하게 살해당했다.

　이 사건은 미국사회에 커다란 충격을 가져다줌과 동시에 사회심리학자들의 지대한 관심을 끌었다. 당시의 상황이 바로 '책임분산 효과'의 가장 극단적이고 전형적인 사례이다.

　이후 수차례의 실험을 통해 심리학자들은 도덕의식이 무뎌지는 것과 '책임분산효과'는 다르다는 사실을 발견했다. 상황에 따라 사람들의 행동이 달라질 수 있음을 발견했기 때문이다. 많은 사람이 같은 장소에 있을 경우 사람들은 임무를 나누어 가지는 심리가 있다. 즉, 책임이 분산되면서 개개인이 분담해야하는 무게는 그만큼 가벼워지는 것이다. 그래서 사람들은 '내가 아니더라도 다른 사람이 돕겠지'라고 생각하게 되며 이것이 '집단적 무관심' 형태로 나타난다.

Tips 심리학을 위한 교양 & 상식

켈리(George Kelly, 1905~1966)는 미국의 사회심리학자로, 심리학과 사회학 분야 모두에서 큰 영향력을 자랑했다. 특히 집단사회심리학, 인간관계학 등에 큰 공헌을 했다. 1971년 미국 심리학회의 우수 과학 공로상을 수상했다.

스타의
후광효과

유명인사는 여론의 중심에서 항상 대중의 두터운 신망을 받는 사람들이다. 이들을 상업적 목적으로 이용해 효과를 보는 것을 '스타 효과'라고 하며, 스타의 후광을 이용했다고 해서 '스타 후광효과'라고도 부른다.

책이 팔리지 않아 고민하는 출판업자가 있었다. 어느 날 출판업자의 머릿속에 좋은 아이디어가 떠올랐다.

"그래! 책을 대통령에게 보내드리자!"

출판업자는 책을 정성껏 포장해 대통령에게 선물한 뒤 매일같이 찾아가 책에 대해 평가를 해달라고 졸랐다. 대통령은 하루 24시간도 부족한 상황에 매일 찾아와 떼를 쓰는 출판업자가 귀찮기 그지없었다. 그래서 내뱉듯이 이렇게 말했다.

"아주 훌륭한 책이더군요."

대통령의 칭찬을 들은 출판업자는 곧바로 출판사로 달려와 다음과 같은 광고를 냈다.

'대통령도 칭찬을 아끼지 않은 책! 이제 당신 차례입니다.'

예상대로 책은 불티나게 팔려나갔다. 몇 달이 지나자 출판업자는 또 다른 책으로 골머리를 앓게 되었다. 출판업자가 다시 찾아오자 대통령은 지난번의 일을 떠올리며 시큰둥하게 말했다.

"책이 형편없더군요."

대통령의 말이 끝나기 무섭게 출판업자는 다시 광고를 냈다.

'대통령은 왜 그토록 이 책을 미워하는가!'

호기심을 느낀 사람들은 앞 다투어 책을 사갔다.

출판업자가 세 번째 찾아오자 대통령은 이번에는 아무 말도 하지 않고 침묵을 지켰다. 그러자 출판업자는 이렇게 광고를 냈다.

'대통령도 감히 판단하기 어려운 문제들, 당신은 어떻습니까?'

미국의 한 심리학 교수가 다음과 같은 실험을 했다.

교수는 수업시간에 초빙강사를 소개하며 그가 세계적으로 명망이 높은 화학자라고 소개했다. 화학자가 앞으로 나와 말했다.

"저는 최근 신기한 물체를 발견했습니다. 냄새는 아주 강한데 인체에는 전혀 해가 없지요. 자, 지금 뚜껑을 열어볼 테니 여러분도 한 번 냄새를 맡아 보세요."

화학자가 뚜껑을 열었다 닫은 후 냄새를 맡은 학생은 손을 들어보라고 하자 반 정도의 학생들이 손을 들었다. 하지만 사실 병 안에 들어있었던 것은 단지 평범한 증류수일 뿐이었다. 더 놀라운 건 화학자가 실제로는 고등학교 독일어 교사였다는 것이다.

한 젊은 금융가가 미국의 금융 중심 월스트리트에서 사업을 시작하기로 했다. 그는 사람들이 세계 최고의 부자 존 록펠러를 존경한다는 사실을 알고 사무실 벽 중앙에 록펠러의 사진을 걸어두었다. 사무실을 찾아온 사람들은 사진을 보고 젊은 금융가가 록펠러와 특별한 사이일 것이라고 짐작했다. 사람들은 앞을 다투어 젊은 금융가에게 거래를 하자고 제안했으며 덕분에 그는 짧은 시간 내에 많은 돈을 벌 수 있었다.

할리우드의 유명 배우 브래드 피트와 안젤리나 졸리 커플을 가리켜 보통 '브란젤리나'라고 불렀다. 그런데 몇 년 전, 안젤리나 졸리가 임신한 사진이 파파라치에게 찍히면서 그들이 장차 낳을 아기를 임시로 '브란젤리나'라고 불렀다. 두 사람 사이에서 장차 태어날 아기, 브란젤리나에 대한 세간의 관심은 아주 뜨거웠고 아직 태어나지도 않은 브란젤리나의 사진이 100만에서 150만 달러를 호가할 것이라는 예측이 떠돌았다. 사진 값으로는 역사상 가장 비싼 가격이다.

위의 사례들은 모두 스타효과를 잘 설명해주고 있다.
스타효과는 유명인사의 지명도 때문에 생겨난다. 이들은 자기 분야에서 남들보다 월등히 뛰어난 점을 갖고 있다. 사람들은 유명인을 숭배하며 부러워하고 모방한다. 이 때문에 유명인이 가져오는 효과는 종종 상상을 초월한다. 유명인이 등장했을 때 사람들의 주목을 끄는 것과, 유명인을 모방하고자 하는 심리 모두 스타효과의 일종이다. 특히 스타효과는 상업계와 교육에 커다란 영향을 미친다.

상업계에서 '스타효과'를 이용하는 방법은 주로 다음과 같다.
1. 서점에서 유명한 작가를 초대하는 사인회를 마련한다.
2. 상점에서도 유명 스타를 초빙해 사인회를 열 경우 매출이 크게 뛰어오르는 효과를 볼 수 있다.
3. 상품이나 포장에 유명인의 사진이나 사인을 넣는다.
4. 업계와 관련된 권위있는 인사가 상점을 돌아다니며 격려하는 행위도 충분히 사람들의 이목을 끌 수 있다.
5. TV나 라디오 광고에 스타를 출연시킨다.

특히 청소년의 경우 가수나 배우에 관심이 많다. 그런데 이들 스타의 행동은 아직 성장기에 있는 청소년들의 사고에 커다란 영향을 미칠 수 있으므로 지도교사의 특별한 관심이 필요하다.

Tips 심리학을 위한 교양 & 상식

찰스 오스굿(Charles Egerton Osgood, 1916~)은 미국의 심리학자로, 학습이론과 그와 관련된 실험연구에 주력했다. 의미미분법(Semantic differential method)을 창안하여 인격, 임상, 직업선택 등에 널리 활용될 수 있도록 했다. 1960년 미국 심리학회의 우수 과학 공로상을 수상했으며, 1963년 미국 심리학회의 의장으로 선출되었다.

자동차 도둑

'깨진 유리창의 법칙'이란 암시로 인해 발생하는 효과를 뜻한다. 인간의 행위와 환경은 모두 타인에게 강한 암시를 줄 수 있다. 유리창이 깨졌음에도 불구하고 만약 제때 수리하지 않는다면, 사람들은 유리를 더 많이 깨도 괜찮다는 암시를 받게 된다.

미국 스탠포드 대학의 심리학자인 필립 짐바르도는 '차 훔치기 실험'이라는 흥미로운 실험을 실시했다. 그는 먼저 브랜드, 모델, 보존상태가 완전히 똑같은 차량을 두 대 구해, 한 대는 가난하고 치안이 허술한 지역에, 다른 한 대는 중산층이 살고 있는 지역에 방치했다.

그런 다음, 교수는 사람을 시켜 차량의 번호판을 떼고 보닛을 열어둔 후 치안이 허술한 지역에 세워두고 멀리 숨어서 감시하도록 했다. 그 결과 차량은 하루 만에 도난당하고 말았다.

이에 비해, 똑같은 방법으로 중산층 지역에 방치해 두었던 차량에서는 아무런 일도 일어나지 않았다. 그래서 이번에는 차량의 한 쪽 유리를 망치로 깨도록 했다. 그러자 며칠 후 차량은 전자와 마찬가지로 도난당하고 말았다.

벽에 그려진 작은 낙서를 지우지 않고 방치하면 며칠이 지난 후 그 벽은 온갖 지저분한 낙서로 가득 차게 된다. 뿐만 아니라 담배꽁초 하나 없는 깨끗한 거리에는 함부로 쓰레기를 버리지 못하지만 누군가 한 번 버리게 되면 그때부터는 너도나도 망설임 없이 쓰레기를 버리게 된다.

'어차피 더러운 거리, 내가 쓰레기 하나 버려서 조금 더 더러워진들 어떠랴' 는 심리가 작용했기 때문이다. 이와 같은 심리가 적절하게 통제되지 못할 경우 사회는 큰 혼란에 빠질 수 있다.

1980년대, 뉴욕 시에서는 연간 60만 건 이상의 중범죄 사건이 일어날 정도로 치안이 극도로 불안했다. 이에, 미국의 라토가스 대학의 겔링 교수는 '깨진 유리창의 법칙'에 근거해 뉴욕 시의 지하철 흉악 범죄를 줄이기 위한 대책으로 낙서를 철저하게 지우는 것을 제안했다. 낙서가 방치되어 있는 상태는 창문이 깨져있는 자동차와 같은 상태라고 생각했기 때문이다. 당시 교통국 국장은 교수의 제안을 받아들여 6000대에 달하는 열차의 낙서를 지우는 대대적인 작업을 벌였다. 낙서가 어찌나 많았던지 프로젝트를 시작한 지 5년이나 지난 1989년에야 모든 낙서 지우기가 완료되었다.

그러자 놀라운 결과가 나타났다. 그때까지 계속해서 증가하던 지하철에서의 흉악 범죄 발생률이 낙서 지우기를 시행하고 나서부터 제자리에 머물렀으며 2년이 지나자 감소되기 시작한 것이다. 94년이 되자 범죄율은 절반 가까이 줄어들었고 결국 뉴욕의 중범죄 사건은 75%나 급감했다.

그 후, 1994년 뉴욕 시장에 취임한 루돌프 줄리아니는 지하철에서 성과를 올린 범죄 억제 대책을 뉴욕시 경찰에 도입했다. 낙서를 지우고, 보행자의 신호 무시나 빈 캔을 아무데나 버리는 등의 경범죄를 철저하게 단속한 것이다. 그 결과, 범죄 발생 건수가 급격히 감소했고, 뉴욕은 마침내 범죄도시라는 오명에서 벗어나는 데 성공했다.

깨진 유리창의 법칙은 치안에만 적용되는 것이 아니라 우리 일상생활에서도 쉽게 볼 수 있다. 깔끔하게 꾸며진 장소에서는 큰 소리로 떠들거나 함부로 침을 뱉는 사람을 찾아보기 힘들다. 하지만 번잡하고 더러운 곳에서는 쓰레기를 버리고, 침을 뱉고, 크게 떠들거나 심지어 멱살을 잡고 싸움을 하는 모습까지 볼 수 있다.

질서정연하게 줄을 서서 버스를 타는 곳에서는 끼어들기를 하는 사람이 거의 없다. 다른 사람들의 따가운 눈총과 질타를 아무렇지 않게 받아낼 만한 안하무인은 많지 않기 때문이다. 하지만 버스가 오자마자 서로 타려고 뒤엉키고 밀치는 곳에서는 나도 모르게 앞으로 가기 위해 다른 사람들을 밀어내며, 때로는 욕까지 하게 된다.

Tips 심리학을 위한 교양 & 상식

존 보울비(John Bowlby, 1907~1990)는 영국의 심리분석 임상학자이자 아동정신병 학자이다. 그는 심리분석, 인지심리학, 진화생물학 등의 학문을 토대로 프로이트 정신분석 이론이 아동기의 경험을 지나치게 강조하는 오류를 수정했다. 1989년 미국 심리학회의 우수 과학 공로상을 수상했다.

증삼의 살인

군중심리란 객체가 군중의 영향을 받아 자신의 관점이나 판단을 의심하거나 바꿈으로써 군중과 같아지려는 심리이다.

공자에게는 증삼(증자)이라는 제자가 있었다. 그런데 공교롭게도 다른 고장에도 그와 이름이 똑같은 증삼이라는 사람이 살고 있었다. 어느 날 다른 고장에 살고 있는 증삼이 살인을 했다. 증삼이 살인을 했다는 소문은 삽시간에 온 나라에 퍼졌다. 한 이웃이 증삼의 어머니에게 달려와 얘기했다.

"큰일 났소! 증삼이 사람을 죽였답니다!"

증삼의 어머니는 이웃의 호들갑에도 불구하고 전혀 안색에 변화가 없었다. 그녀는 여전히 베를 짜던 손을 멈추지 않으며 이웃에게 말했다.

"그럴 리가요. 절대 살인을 할 아이가 아니에요."

이웃은 무안한 얼굴로 돌아갔다. 그런데 얼마 지나지 않아 또 다른 이웃이 허겁지겁 달려왔다.

"삼이 어머니, 들으셨어요? 삼이가 살인을 했다는군요!"

증삼의 어머니는 역시 평온한 얼굴로 웃으며 말했다.

"그럴 아이가 아니에요. 뭔가 잘못 들으셨겠죠."

그런데 이번에는 세 번째 이웃이 달려왔다.

"지금 장터에서 사람들이 삼이가 살인을 했다며 얼마나 떠들썩한지 몰라요. 정말이에요."

이쯤 되자 증삼의 어머니도 조금씩 긴장이 되기 시작했다. 이렇게 많은 사람들이 알고 있는데 거짓일 리가 없지 않은가. 어머니의 볼에 어느새 눈물이 흘러내렸다.

"삼아! 어미는 너를 믿는다! 그런데 사람들은 왜 이리도 네가 살인을 했다고 떠들어대는 것이냐? 도대체 우리에게 무슨 원수를 졌다고 이러느냐? 삼아, 정말 네가 살인을 했느냐? 지금 혹시 옥에 갇혀 있는 것은 아니냐?"

그때 다른 이웃들이 몰려왔다.

"빨리 도망가세요. 삼이 어머니까지 붙잡히면 큰일이잖아요."

증삼의 어머니는 눈물을 닦으며 말했다.

"그건 안 됩니다. 제가 떠나면 남은 자식들은 어쩐단 말입니까."

그때, 증삼이 대문 안으로 들어왔다. 증삼의 어머니는 달려 나가 증삼의 어깨를 붙잡으며 말했다.

"삼아, 이게 어떻게 된 일이냐? 모두들 네가 살인을 했다고 하던데."

증삼이 말했다.

"제가 아니라 다른 마을에 사는 증삼이 그런 거예요."

그제야 증삼의 어머니는 가슴을 쓸어내리며 말했다.

"참 나를 보라지. 다른 사람들이 네가 살인을 했다고 해서 나까지 너를 의심할 뻔 했구나."

증삼의 어머니는 누구보다 증삼의 곧은 성품을 잘 알고 있었다. 그래서 처음에는 이웃의 말을 듣고도 동요하지 않은 것이다. 하지만 이웃들이 계속 찾아와 증삼이 살인을 했다고 알리자 그녀의 믿음도 흔들리기 시작했다. 이처럼 유언비어는 엄청난 위력을 발휘할 수 있다.

인간에게는 모두 군중심리가 있다. 일상생활에서 군중심리로 인해 나타나는 효과를 심리학에서는 '군중 효과'라고 부른다. 군중의 영향(유도 혹은 압력)을 받았을 때 객체는 자신의 관점이나 판단, 행위를 의심하거나 바꿔 군중과 일치시킨다. 사람들은 이를 가리켜 보통 '대세를 따른다'고 말한다.

이런 행동을 보이는 이유가 뭘까? 자신이 혼자가 아님을 증명하고 싶기 때문이다. 연구결과에 따르면 군중심리에 가장 큰 영향을 미치는 요소는 사람의 수이다. 많은 사람이 인정할수록 설득력이 있다는 증거이기 때문이다. 바로 이 때문에 모든 사람이 'Yes'라고 말할 때 'No'를 외치는 일이 힘든 것이다.

Tips 심리학을 위한 교양 & 상식

솔로몬 애쉬(Solomon Asch, 1907~1996)는 폴란드 출신의 미국 사회심리학자로, 테스트 편성 및 문화요소와 집단의 차이가 테스트 점수에 미치는 영향 등에 대해 연구했다. 1950년대, 사회적 압박이 개인으로 하여금 명백히 틀린 내용을 말하게 할 수 있다는 실험으로 명성을 얻었다. 1967년 미국 심리학회의 우수 과학 공로상을 수상했다.

대화의 힘

프로이트는 여러 차례의 실험과 연구 끝에 인간이 감성적 동물이라는 결론을 내렸다. 프로이트는 인간은 자신의 감정, 기분, 운명을 이해할 때 이성적 요소보다 감성적 요소가 훨씬 크게 작용한다고 보았다.

하버드 대학의 심리학 교수 엘튼 메이요와 그의 동료들은 1924년에서 1929년까지 호손 시에 있는 웨스턴 일렉트릭사의 근로자를 대상으로 작업 능률 향상에 대한 연구를 실시했다. 당시 회사는 잘 갖추어진 휴식 공간, 의료시설, 인센티브 등 각종 편의시설과 복지혜택을 제공했지만 생산량이 생각만큼 증가하지 않자 정부와 학계에 연구를 의뢰했다.

원인을 찾아내기 위해 1924년 11월부터 미국 국가연구위원회에서는 이 회사의 근로자들을 대상으로 설문조사를 실시했다. 초기 조사 내용에는 정부의 정책, 작업환경, 상사의 태도 등의 내용이 포함되어 있었다. 그런데 인터뷰를 실시하던 중 미처 생각하지 못했던 현상이 일어났다. 근로자들이 제도나 환경적 요인 등 사측이나 연구원들이 예상했던 것들 외의 불만들을 토로하기 시작한 것이다.

연구원들은 계획을 바꿔 인터뷰 시간을 30분에서 1시간, 1시간 30분까지 늘여 근로자들의 얘기를 진지하게 들어주기 시작했다. 그렇게 2년 동안 근로자들과 상담시간을 가진 결과 생산량은 크게 향상되었다.

근로자들은 수년 동안 공장에서 일하면서 크고 작은 각종 불만을 느꼈다. 하지만 마땅히 발산할 곳이 없었기에 오랫동안 끙끙 앓을 수밖에 없었다. 그러던 중 때마침 실시된 인터뷰는 그들에게 불만을 발산할 수 있는 기회를 제공한 것이다. 마음이 편해진 근로자들은 사기가 높아졌고, 덕분에 생산량도 크게 향상된 것이다.

연구팀은 이 밖에 또 다른 실험을 했다. 먼저 근로자 14명을 각자 독방에 배치하고 줄 감기, 용접, 품질검사를 하도록 했다. 그리고 이들에게 파격적인 인센티브를 제공히기로 했다. 연구팀은 근로자들이 수당을 많이 받기 위해 더욱 분발할 것이라고 기대했다.

하지만 생산량은 그저 보통 때의 수준을 유지했으며 한 사람 당 일일 평균생산량도 거의 비슷했다. 게다가 근로자들은 사실대로 생산량을 보고하지도 않았다. 원인을 분석한 결과, 그 이유는 근로자들이 자신들의 이익을 옹호하기 위해 암암리에 모종의 약속을 했기 때문이었다. 약속의 대략적인 내용은 다음과 같았다.

첫째, 동료들보다 월등히 많은 양을 생산해 혼자 눈에 띄는 일이 없도록 한다. 둘째, 너무 적은 양을 생산해 팀의 전체적인 생산량에 영향을 주어서는 안 된다. 셋째, 관리자에게 조직의 비밀을 누설하지 않는다. 만약 누설할 경우 동료들의 질타는 물론 구타를 당할 수도 있다.

이밖에 근로자들은 생산량이 향상될 경우 회사 측에서 인센티브 제도를 바꾸거나 생산효율이 떨어지는 동료가 처벌을 받거나 해고될지도 모른다는 두려움도 가지고 있었다.

아담 스미스를 시작으로 경제학에서는 인간을 이성적 동물이라고 간주했으며, 훗날 경영관리학도 경영의 최우선 전제를 인간의 이성으로 보았다. 테일러의 과학적 관리법에서 막스 베버의 관료제에 이르기까지 이성은 모든 관리이론의 기초사상이었다. 이는 모두 훌륭한 이론들이고 물론 인간의 행동은 상당부분 이성적 요인에 기인한다.

하지만 그렇다고 인간의 비이성적 특징을 모두 배제해버리면 인간의 본래 속성도 더 이상 존재하지 않게 된다. 호손실험은 산업에서 인간관계가 가지는 역할에 대해 최초로 규명한 실험이라는 점에서 의의가 크며, 이후 관리심리학의 형성에 큰 공헌을 했다.

메이요 교수는 호손실험을 통해 인간의 사상이나 행동이 논리적 요인보다 감성적 요인의 영향을 더 많이 받는다는 사실을 입증함으로써 고전 관리학이 지나치게 이성에 편중했다는 점을 바로잡았다. 오직 이성만을 강조하다보면 인간은 기계화되고, 인생의 가치와 의의는 사라진다. 메이요 교수는 인성화 관리를 강조했다. 여기에서 인성이란 이성적인 요소는 물론 비이성적 요소도 포함한다. 두 가지 요소를 함께 아우르는 것이 바로 인성화 관리이다.

조직적인 인간관계에서 중요한 역할을 하는 또 하나가 바로 비공식 조직이다. 비공식적인 소규모 집단은 회사뿐 아니라 군대, 학교 등에 광범위하게 존재한다. 이들은 공통의 관심사, 감정, 취향을 기초로 자발적으로 형성되었으며, 자신들만의 특수한 행동규범을 가지고 있다. 일반적으로 1명 혹은 2명의 핵심인물을 중심으로 구성된다. 이들 핵심인물은 강한 호소력을 갖춘 까닭에 비공식 조직 내에서 뿐만 아니라 공식적인 전체 조직에서까지 영향력을 발휘한다. 비공식 조직이 전체 집단에서 긍정적인 작용을 하기 위해서는 무엇보다 이들 핵심인물의 역할이 중요하다.

Tips 심리학을 위한 교양 & 상식

로저 스페리(Roger W. Sperry, 1913~1994)는 미국의 신경심리학자로, 주로 대뇌 질병을 가진 환자의 심리적 특징을 연구했다. 이를 통해 대뇌의 양쪽 반구의 기능에 명확한 차이가 있음을 발견하고, '2개의 뇌'라는 개념을 제시했다. 1971년, 미국 심리학회의 우수 과학 공로상을 수상했고, 1981년 노벨 생리학상을 받았다.

교도관과 죄수

현실생활에서 사람들은 각자 자신의 역할에 맞게 인간관계에 참여한다. 그런데 그 역할이 바뀌면 종종 심리상태도 크게 달라지는데 이런 현상을 심리학에서는 '역할효과'라고 한다.

1972년, 미국 스탠퍼드 대학교의 필립 짐바르도 교수는 환경이 개인에게 어떠한 영향을 미치는지 알아보기 위해 학교 심리학과 지하실에 모의 감옥을 만들고 남성 지원자들을 대상으로 '감옥 실험'을 했다.

먼저 지원자들을 두 조로 나눈 후, 교도관 역을 맡은 지원자들에게는 제복과 호루라기를, 죄수 역을 맡은 지원자들에게는 원피스형 죄수복을 주고 감옥의 규칙들을 교육시켰다. 처음에는 모든 것이 순조롭게 진행되는 듯 보였다. 하지만 지원자들이 역할에 몰입하면서 연구팀조차 예상하지 못했던 문제들이 불거지기 시작했다. 교도관들은 점점 폭력적으로 변해갔으며, 심지어 스스로 각종 혹형과 체벌 방법을 생각해내기도 했다. 죄수 중에는 묵묵히 교도관들의 폭력을 인내하는 사람이 있는가 하면, 일부는 강력하게 항의했다. 결국 감옥은 폭동과 폭력으로 얼룩졌으며, 사태가 심각해지자

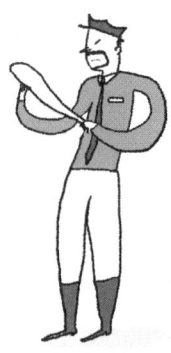

연구팀은 원래 20일로 예정되었던 실험을 단 6일 만에 중단하고 말았다.

연쇄 살인, 강간, 강도, 학대와 관련된 뉴스를 보다보면 불현듯 이런 생각이 든다. '원래 태어날 때부터 악마성을 가지고 있었을까, 아니면 환경 때문에 저렇게 변한 것일까?' 심리학자들은 이 문제를 과학적인 방법으로 풀고자 했다. 위의 실험결과에 대해 짐바르도 교수는 '역할효과'와 '환경적 압력' 이라는 두 가지 요인을 들어 다음과 같이 설명했다.

1. 모든 사람은 사회생활을 하며 자신의 사회적 역할에 따라 행동하려는 경향을 보인다. 우리 사회에는 경찰, 공무원, 주부, 교사 등 이미 명확하게 규정된 역할들이 존재한다. 어떤 역할을 하거나 완벽하게 소화해내지 못하면 충실하지 못했다는 비난을 듣는다. 미군들이 바다를 건너 먼 중동 땅, 이라크까지 간 후 변태적 학대를 일삼는 미치광이로 변한 이유도 승전국 병사와 패전국 포로라는 역할 때문이었다.
2. 사회 환경은 개인의 행위에 막대한 영향을 미친다. 천성이 착한 사람

이라도 폭력적인 업무를 해야 하거나, 스트레스에 시달리고 혼란스러움을 느낄 경우 왜곡된 성격을 드러낸다.

역할효과는 다음과 같은 세 가지 과정을 거쳐 형성된다.
1. 사회 혹은 타인의 기대
   최근 많은 부모들이 아이에게 학원이나 과외수업을 강요한다. 그 이유는 아이가 '좋은 학생'이 되기를 바라기 때문이다. 그런데 여기에서 좋은 학생이란 대부분 성적이 좋은 학생을 뜻한다.
2. 자신의 역할에 대한 인식
   때로 아이들은 부모와 자신의 역할을 혼동하는 경우가 있다. 예를 들어 부모가 대기업의 간부거나 의사, 변호사 등 사회적 지위가 높은 직종에 종사할 경우 자신이 마치 그 직종에 종사하는 것 같은 착각에 빠져 오만하고 이기적인 성격이 형성된다.
3. 위와 같은 기대와 인식에 기초해 스스로 자신의 역할에 대한 행동규범을 형성하고 실천하게 되는데, 이것을 '역할행위'라고 부른다.

Tips 심리학을 위한 교양 & 상식

톨먼(Edward Chace Tolman, 1886~1959)은 미국의 심리학자로, 신 행위주의의 대표적인 인물이다. 그의 인지학습이론은 인지심리학 및 정보가공이론의 생성과 발전에 커다란 영향을 미쳤다. 1937년 미국 심리학회의 의장으로 선출되었으며, 1957년 미국 심리학회의 특별 과학 공로상을 수상했다.

16
남편의 애인

사회심리학에서는 인간이 선천적으로 경쟁 심리를 타고난다고 본다. 남보다 우월하기를 바라고, 남이 나보다 앞서 나가는 것을 참을 수 없는 것이 인간의 본성이다. 그래서 때로는 상대방을 이기기 위해 자신이 손해를 보는 것까지 마다하지 않는다. 이러한 현상을 심리학에서는 '경쟁적 우위 효과'라고 부른다.

뉴욕타임즈에 눈길을 끄는 부동산 매각 광고가 실렸다.

'해변의 호화 별장 공개 매각, 바다를 바라보고 있는 베란다, 넓은 화원을 갖추고 있음, 가격 단돈 1달러.'

광고는 한 달 연속 게재되었지만 실제 연락을 하는 사람은 단 한 사람도 없었다. 하루는 한 청년이 공원에서 신문을 읽다 광고를 보게 되었다. 오늘로 이미 5번째 광고를 보는 셈이었다. 청년은 생각했다.

'어차피 여기에서 멀지도 않고, 딱히 할 일도 없으니 1달러 별장이 도대체 어떻게 생겼는지 구경이나 가볼까?'

청년은 광고의 약도 부분을 오려 들고 별장을 찾아 나섰다. 드디어 별장에 도착한 순간, 청년은 자신의 눈을 믿을 수가 없었다. 호화롭고 거대한 별장이 위풍당당하게 눈앞에 있었던 것이다. 벨을 누르자 머리가 하얗게 센

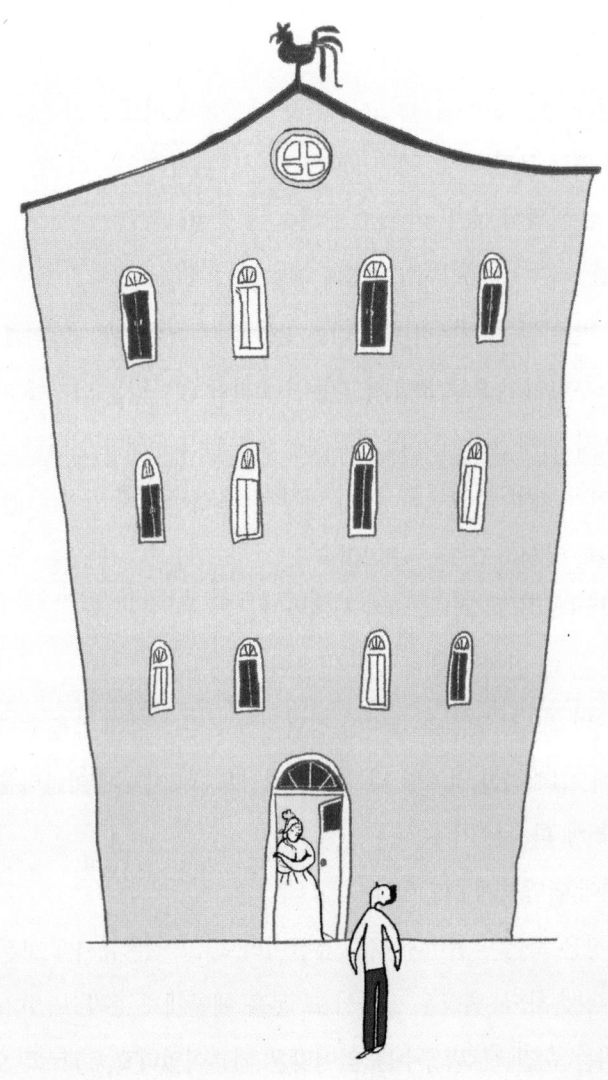

노부인이 현관문을 열었다. 청년은 모자를 벗으며 정중하게 말했다.

"광고를 보고 왔습니다."

"들어오세요."

영화에나 나옴직한 화려하고 우아한 거실을 둘러보며 청년은 개미처럼 작은 목소리로 물었다.

"정말 이 별장이 여기, 이 광고에 나온 별장 맞나요?"

"맞아요. 바로 이 별장이 1달러에 내놓은 그 별장이라오."

청년은 날아갈듯 기뻐하며 떨리는 손으로 주머니에서 1달러를 꺼냈다. 그러자 노부인이 손으로 조용히 맞은편 소파에 앉아있는 남자를 가리켰다. 남자는 탁자 위에 몸을 구부리고 무엇인가를 열심히 적고 있었다.

"젊은이가 한발 늦었구려. 이미 별장은 저 양반에게 팔기로 했지요. 지금 계약서를 작성하고 있는 중이라오."

청년이 머릿속에 강한 후회가 밀려왔다.

'아! 왜 좀 더 일찍 와보지 않았단 말인가!'

무거운 마음으로 발길을 돌리던 청년은 노부인을 향해 몸을 돌렸다.

"할머니, 실례인줄 알지만 너무 궁금해서요. 왜 이렇게 아름다운 별장을 고작 1달러에 파시는 거죠?"

노부인이 담담하게 대답했다.

"이 별장은 죽은 남편이 물려준 유산이라오. 그이는 유서에 모든 재산은 부인에게 상속하되, 별장은 팔아서 그 돈을 애인에게 주라고 썼더군요. 그 유서를 읽는 순간 난 뒤통수를 얻어맞은 기분이었다오. 그토록 오랫동안 믿고 사랑했던 남편에게 다른 여자가 있었다니요! 그래서 이 별장을 팔아 법대로 그 돈을 남편의 옛 애인에게 줄 생각입니다."

사회심리학에서는 인간은 선천적으로 경쟁 심리를 타고난다고 보고 있다. 남보다 우월하기를 바라고, 남이 나보다 앞서 나가는 것을 참을 수 없는 것이 인간의 본능이다. 그래서 때로는 상대방을 이기기 위해 자신이 손해를 보는 것까지 마다하지 않는다. 이러한 현상을 심리학에서는 '경쟁적 우위 효과'라고 부른다.

심리학에서는 경쟁을 부추기는 주요 원인을 대화 부족이라고 보고 있다. 만약 양측이 이익 분배에 대해 충분한 상의를 하고 합의에 이른다면 경쟁이 아닌 협력을 택할 수도 있을 것이다.

이와 관련된 재미있는 실험이 있다. 먼저 실험에 지원한 학생들을 2명씩 한 조로 나누고 파트너끼리 서로 대화를 할 수 없도록 격리시킨 후 각자 종이에 숫자를 적도록 했다. 만약 두 사람이 적은 숫자의 합이 100이거나 100보다 작을 경우 각자 종이에 적은 숫자만큼 돈을 얻을 수 있지만, 100보다 큰 수가 나올 경우 즉, 120 등의 숫자가 나오면 오히려 연구진에게 60달러를 주어야 한다는 것이 실험의 내용이었다.

결과는 어땠을까? 거의 모든 조가 연구진에게 60달러를 지불했다.

Tips 심리학을 위한 교양 & 상식

스탠리 밀그램(Stanley Milgram, 1933~1984)은 미국의 사회심리학자로, 하버드 대학교에서 '작은 세상 현상'을, 예일 대학교에서는 '복종 실험'으로도 불리는 밀그램 실험(Milgram experiment)을 수행해서 사회적으로 대단한 파문을 일으키는 등 사회심리학 분야에서 많은 업적을 쌓았다. 심리학계에 미친 공헌으로 수많은 상을 받았다.

도미노 효과의
파괴력

때로 초기 에너지는 내부적 시스템에 의해 연쇄 반응을 불러일으키는데, 이러한 반응을 '도미노 효과'라고 부른다.

초나라와 오나라가 국경을 접하고 있는 곳에 비량이라는 고을이 있었다. 이 고을 처녀들은 오나라의 국경마을 처녀들과 함께 들에서 뽕을 따기도 하고 여러 가지 놀이를 하며 친하게 지냈다. 하루는 오나라 처녀가 실수로 비량 고을의 처녀를 다치게 하는 일이 생겼다. 비량 고을 사람들은 오나라 마을로 가 항의를 했는데, 마침 오나라 사람 중 한 명이 무례하게 굴자 흥분한 초나라 사람들이 그를 죽이고 돌아왔다. 그러자 분개한 오나라 사람들은 초나라로 넘어가 살인을 한 사람은 물론, 그 가족까지 모두 살해했다.

이 소식을 들은 비량 태수는 분노하여 군대를 몰고가 오나라 국경 마을 전체를 쑥대밭으로 만들었다. 그러자 이번에는 분개한 오나라 왕이 군대를 이끌고 초나라로 쳐들어 가 비량을 완전히 도륙해 버렸다. 이렇게 해서 두 나라 사이에 대규모 전쟁이 벌어지게 되었다. 오나라의 공자 광유가 이끄는 군대는 초나라에 승리해 많은 장수를 포로로 잡고, 나아가 초나라 수도인 영을 공격하여 초 평왕의 부인까지 포로로 잡았다.

놀다가 실수로 친구를 다치게 한 일, 살인, 대규모의 전쟁, 수도의 함락 등의 과정이 마치 쇠사슬에 묶여있는 것처럼 연쇄적으로 일어났다. 마치 보이지 않는 힘이 사태를 되돌릴 수 없는 지경으로 몰아넣는 것 같았다. 이것이 바로 도미노 효과의 전형적인 사례이다.

《정자통》(正字通; 중국의 음운자서)에는 송 선종2년(서기 1120년) 민간놀이, '골패'에 관한 기록이 있다. 골패는 궁중으로 도입된 후 민간에 널리 성행하게 되었다. 당시 골패는 동물의 이빨로 만들었기 때문에 '아패'라고도 했으며 민간에서는 '패구'라고 부르기도 했다.

1849년 8월 16일, 이탈리아의 한 전도사는 이 골패를 밀라노로 가지고 돌아가 딸 도미노에게 선물로 주었다. 당시까지는 그녀도 이 작은 패들이 자신의 이름을 세계적으로 유명하게 만들 것이라고는 상상도 하지 못했다.

도미노는 골패를 가지고 놀다 새로운 놀이법을 발견했다. 일정한 간격을 두고 패를 배열하는 방법이었는데, 잘못하면 전에 세워두었던 패까지 모두 와르르 무너져 고도의 참을성과 인내가 필요했다.

도미노에게는 남자친구가 있었는데 성격이 급하고 참을성이 없었다. 그녀는 남자친구에게 28장의 패를 일정한 간격을 두고 세로로 세우게 했다. 만약 정해진 시간 내에 패를 모두 세우지 못하거나 세웠던 패가 무너지면 1주일 동안 무도회에 참석할 수 없었다. 오랜 시간을 연습한 끝에 남자친구는 인내심은 물론 집중력이 놀라울 정도로 향상되었다.

도미노는 고급스러운 골패 놀이를 모두가 즐길 수 있도록 하기 위해 나무를 이용해 골패를 대량 제작했다. 얼마 지나지 않아 목재 골패는 이탈리아 및 유럽 전역으로 보급되어, 유럽 귀족들의 놀이 중 하나로 자리 잡았다. 훗날 사람들은 유익한 운동을 보급한 도미노에게 감사의 뜻을 표하기 위해 이와 같은 목제 골패 놀이를 '도미노'라고 부르기로 했다. 그 후 도미노는 국제통용어가 되었다.

지금은 정치, 군사, 경제, 사회를 막론하고 작은 사건이 일련의 연쇄반응을 불러일으키는 것을 가리켜 도미노 효과라고 부른다. 이처럼 작은 힘, 혹은 느끼지 못할 정도로 느리게 진행되는 작은 변화들이 때로는 엄청난 결과를 가져올 수도 있다.

도미노 효과의 물리적 원리는 다음과 같다. 먼저, 패를 세로로 세우면 중심이 높은 곳에 위치하게 된다. 그러다 패가 쓰러지면 중심도 함께 아래로 내려오게 되는데, 이 과정에서 운동에너지가 발생한다. 이 운동 에너지는 패를 거칠수록 점점 커지게 되어 패가 쓰러지는 속도도 점점 빨라지게 되는 것이다.

도미노 효과는 인간의 내면에도 존재한다. 2004년 중국 윈난 대학에서 발생했던 마자줴 기숙사 살인사건이 바로 전형적인 예이다. 당시 마자줴는 룸메이트 네 명을 살해한 동기에 대해 이렇게 말했다.

"대학에 들어온 후 줄곧 심한 스트레스를 받았어요. 게다가 친구들도 저를 무시했죠. 뒤에서 제 욕을 하는 것도 몇 번이나 들었어요. 그런데 하루는 게임을 하고 있는데 룸메이트 한 놈이 제가 속임수를 썼다고 누명을 씌우는 거예요. 저도 모르게 그동안 참아왔던 화가 그만…"

마자쮀는 자신의 심리적 문제를 어떻게 적절히 해결해야 하는지 몰랐다. 결국 마자쮀는 작은 계기 하나로 통제력을 잃고 자신과 친구들을 죽음으로 몰아넣었다. 이처럼 사람은 좌절을 느끼거나 극도로 침울할 때 신체 각 부위의 폭력 에너지가 최고조에 달하게 된다.

이 밖에 도미노 효과는 인간관계에서도 나타난다. 예를 들면, 모 유명인이 자기보다 열 몇 살 이상 어린 아내를 맞이할 경우, 사람들은 개인의 사생활과 선택을 존중해야 한다고 말하면서도, 한편으로는 그와 같은 현상이 사회 전반으로 만연되지 않을까 걱정한다.

도미노 효과를 긍정적인 마인드에 도입하면 어떻게 될까? 기분이 밝아지고 자신감이 넘치며, 이로 인해 업무 효율은 배가 될 것이다. 이것은 마치 자전거를 타고 비탈길을 내려오는 것과 같다. 가속도가 붙은 자전거처럼 당신도 목표를 향해 돌진할 수 있는 거대한 힘을 경험하게 될 것이다.

Tips 심리학을 위한 교양 & 상식

존슨(Johnson)은 미국의 교육심리학자이다. 한때 아이젱크는 존슨에게 심리학을 배웠다. 이 때문에 존슨의 이론은 훗날 아이젱크의 인격연구에 커다란 영향을 미쳤다. 존슨은 주로 개인의 학습차이를 연구했으며, 특히 문화, 경제적 발전, 유전이 지능과 학습에 어떠한 영향을 미치는지 밝히는 데 주력했다.

늑대 소녀

사회화란 사회의 문화규범을 받아들여 자신만의 독특한 개성을 형성하는 과정이다. 또 사회의 입장에서 보면, 사회화란 자연계의 생물학적 인간을 교육을 통해 교양을 갖춘 문화인으로 교화, 육성하는 과정이다.

1920년 인도 서남부 지역의 작은 마을에서 한 목사가 늑대에게 길러진 여자아이 두 명을 발견했다. 그 중 큰 아이는 발견 당시 일곱 살이었는데, 이름을 카말라라고 지었으며 열일곱 살까지 살았다. 작은 아이는 발견 당시 두 살로, 이름은 아말라라고 붙였는데 1년도 안 되어 사망했다.

두 아이는 생리적 구조, 신체의 발육 상황과 외형이 일반인들과는 약간 달랐다. 팔이 무릎 밑까지 내려올 정도로 길었으며, 엄지발가락도 큰 편이었다. 손목 근육이 발달하고, 골반이 평평했으며, 등뼈는 부드러운 편이었으나 허리와 무릎의 관절은 수축되어 유연성이 전혀 없었다.

카말라는 옷 입는 것을 싫어해 옷을 입혀주면 모두 찢어놓기 일쑤였다. 낮에는 어두운 곳에서 잠을 자고 밤이 깊으면 방에서 나와 늑대처럼 울부짖으며 숲으로 도망가려고 했다. 후각이 발달해 냄새로 음식을 찾았으며 빛과 불, 물을 무서워하고 고기를 날것으로 먹었다. 고기는 반드시 바닥에 던져주어야 먹었고, 손을 사용하지 않고 입으로 뜯어 먹었으며 채소는 절대 먹지 않았다. 그 밖에 치아가 날카로웠으며 양 쪽 귀를 자기 마음대로 움직일 수 있었다.

카말라는 이미 일곱 살이었지만 지적발달 수준은 6개월된 영아 수준이었다. 훗날 연구팀에 의해 체계적인 훈련이 실시되었지만 4년 동안 고작 6개의 단어를 배우는 데 그쳤다. 발견 후 6년이 되었을 때는 직립을 하게 되었고 7년째 되던 해에는 45개의 단어를 구사할 수 있었다. 열일곱 살이 되자 카말라의 지적수준은 세 살에서 네 살 사이의 유아 수준이 되었다.

이와 비슷한 사례가 브라질에도 있다. 브라질에서도 세 살 된 한 남자아이가 돼지우리에서 발견되었는데, 발견 당시 얼굴이 창백하고 눈을 뜨지 못했으며 제대로 서지도 못했다. 또 말을 할 줄 몰랐으며 하루 종일 돼지처럼 꿀꿀거리거나 울어대기만 했다고 한다.

두 사례는 사회가 인간의 심리발달에 얼마나 중요한 역할을 하는지를 잘 보여준다. 늑대 소녀 이야기는 인류의 지식이 선천적인 것이 아니라, 오랜 세월 경험을 통해 쌓인 결과물임을 보여준다. 인간은 독립적인 존재가 아닌, 고도로 사회화된 존재이다. 만약 사회 혹은 집단에서 완전히 벗어난다면 개인의 고유한 특성도 형성되지 않는다. 인간의 인식은 물질세계 발달의 산물이다. 즉, 객관적인 외부 환경과 사회적 경험이 있어야만 인식이 발달할 수 있다. 만약 어렸을 때 이와 같은 조건들을 상실하게 되면 인류 고유의 습성이나 지성, 재능이 전혀 발달할 수 없다. 마치 늑대 소녀들이 처음 발견되었을 때처럼 입이 있되 말을 할 수 없고, 뇌는 있되 사고를 할 수 없

는 상태가 되는 것이다.

사회생활은 개인의 발달에 중요한 역할을 한다. 신체와 신경계통, 대뇌는 유전이 가능하지만 사유와 사회성은 유전이 불가능하다. 그렇기 때문에, 중요한 발달 단계에서 사회와 격리될 경우 늑대 소녀들처럼 영원히 인류의 세계로 들어올 수 없게 된다. 위의 사례들은 사회생활이 개인의 심리 발달에 결정적인 역할을 한다는 것을 보여준다. 즉, 사회만이 인류의 진정한 활동 무대인 것이다.

인간은 처음 태어날 때 모두 독립적이다. 하지만 부단한 사회화를 통해 조금씩 인류사회의 일원이 되어간다. 사회화는 영아 때 시작되어 중년, 노년에 이르기까지 평생에 걸쳐 이루어진다.

　사회화란 사회의 지식, 기술, 행위규범 등을 학습하여 사회생활에 적응하는 과정을 일컫는다. 이와 같은 과정을 통해 사회의 요구에 부응함으로써 사회 일원의 자격을 부여받게 된다. 모든 사회는 기본적인 도덕규범, 행위모델 및 행동규칙을 가지고 있다. 개인은 반드시 이것들을 지켜야만 사회로부터 받아들여질 수 있다.

Tips 심리학을 위한 교양 & 상식

크론바하(Lee J. Cronbach, 1916~2001)는 미국의 심리학자이자 교육학자이다. 그는 새로운 심리 및 교육 테스트를 개발하였는데, 자신의 이름을 따 '크론바하 알파(Cronbach alpha)'라고 명명했다. 그는 크론바하 알파를 기초로 테스트 오차에 관한 통계모델을 창조했다. 1973년 미국 심리학회의 우수 과학 공로상을 수상했다. 1974년 미국가 과학원 원장으로 취임했다.

19
루시의 비밀

'이성효과'는 상당히 보편적인 심리현상으로 사춘기에 가장 뚜렷하게 나타난다. 예를 들면 동성끼리 활동에 참여하는 것보다 이성과 함께하면 훨씬 기분이 좋고, 효율도 높아지는 것을 볼 수 있다.

홍보부에서 일하는 루시는 회사에서 최고 수준의 대우를 받는다. 이유는, 업계의 마당발로 불릴 만큼 넓은 인맥을 자랑하는 그녀가 한번 '출사표'를 던지면 꼭 희소식을 가지고 돌아오기 때문이다.

한번은 회사에서 필요한 자재 물량을 확보하지 못해 자재부서에서 몇 달 동안 백방으로 뛰어봤지만 아무런 효과도 거두지 못했다. 결국 자재부서는 루시에게 SOS를 요청했다. 그런데 놀랍게도 루시는 외부와 연락한 지 단 3일 만에 필요한 자재를 모두 확보했다.

한번은 경영상황이 좋지 못해 회사의 자금 흐름이 순조롭지 못했다. 대출을 받으려고 했지만 그때마다 조건에 맞지 않는다는 이유로 거절당하기 일쑤였다. 사장은 조급한 마음에 어찌할 바를 모르고 발만 동동 굴렀다. 그래서 이번에도 루시가 나섰다. 그녀는 은행 몇 군데를 돌아다니더니 결국 백만 달러가 넘는 대출을 받아왔다.

과연 루시의 성공비결은 무엇이었을까? 영리한 머리와 순발력, 유려한 말주변과 세련된 매너도 한 몫을 했다. 하지만 더 큰 역할을 한 것은 단정한 용모와 깔끔한 차림새였다.

루시가 성공을 거둘 수 있었던 이유는 아직 사회에서 중요한 직책을 차지하고 있는 사람의 대부분이 남자이기 때문이다. 루시가 외부에서 만나는 사람들도 당연히 대부분 남자였다. 그래서 다른 직원들이 나서는 것보다 여성인 루시가 해결하는 것이 더 순조로웠던 것이다.

이러한 현상을 심리학에서는 '이성효과' 라고 부른다. 이성은 서로를 끌어당기는 성질이 있다. 사람들은 이성, 특히 외모가 수려하고 언행이 단정한 이성에게 흥미를 느낀다. 이 점은 여성도 마찬가지이지만, 남성에게서 더 강하게 나타나는 경향이 있다.

이성효과는 청소년에게서 가장 뚜렷하게 나타난다. 예를 들면 어떤 활동에 참여할 때, 동성끼리 참여할 때에 비해 이성과 함께할 때 더 즐거워하고 적극적으로 변하는 모습을 볼 수 있다. 그 이유는 이성과 함께 활동함으로써 이성에 다가가고 싶은 욕구를 만족시킬 수 있기 때문이다. 그로 인해 기분이 좋아지고 적극성과 창의력이 향상된다.

Tips 심리학을 위한 교양 & 상식

바우어(Gordon H. Bower)는 미국의 인지심리학자로, 주로 인류의 기억에 관한 연구를 했다. 1979년 미국 심리학회의 우수 과학 공로상을 수상했다.

Part 3

성격의 비밀을 밝히는 인격 심리

인격심리학은 다른 말로 성격심리학이라고도 한다. 인격심리학은 인간의 심리활동을 전체적인 측면에서 접근하므로 심리학에서는 기초적인 학문이라고 할 수 있다. 주요 내용은 인격연구의 기본문제, 정신분석 인격이론, 인격 특질론, 행위주의 및 사회학습 인격이론, 인본주의 인격이론, 인지학파 인격이론, 인격의 발전과 평가 등이다.

본 장의 목적은 독자 여러분이 과학적인 인격 개념을 수립하고, 인격에 대해 정확하게 이해하고, 분석, 평가할 줄 아는 능력을 기르는 것이다.

인격이란
생명체가 표출해낸
행위모델의 총집합이다.

성격의 구조

아이젱크는 인격의 정의를 지나치게 추상화시키는 것에 반대했다. 그는 《성격의 차원들》이라는 저서에서 '인격이란 생명체가 표출해낸 행위 모델의 총집합'이라고 말했다. 그는 행위 모델이 인지, 성격, 감정, 신체의 4가지 주요한 요인으로 구성된다고 보았다.

아이젱크는 독일 베를린에서 영화 배우 부부의 외아들로 태어났다. 부모님은 그가 배우가 되기를 희망해 여덟 살 때 조연으로 영화에 출연시키기도 했다. 하지만 훗날 부모님이 이혼을 하면서 아이젱크는 할머니에게 맡겨졌다. 그는 1934년 독일의 파시즘에 반대하여 입대를 거부하고 영국으로 건너와 런던 대학에 입학했다. 졸업 후 영국 정신의학 연구소에서 일하다 1945년 런던 대학의 교수로 임명되었다.

그는 인격에 관해 차원성질이론을 제시했다. 여기에서 아이젱크는 인격을 다음과 같이 두 가지 경우로 나누었다.

1. 인격의 내향과 외향
2. 인격의 안정과 불안정

때로는 고신경질, 저신경질 경우와 정서적 경우로 나누기도 했다.

인격의 두 가지 경우에 근거하여, 아이젱크는 인간을 안정 내향형, 안정 외향형, 불안정 내향형, 불안정 외향형의 4가지 유형으로 나누었다.

안정 내향형은 온화하고, 침착하며, 자신을 극복하는 데 능하다. 점액질 기질에 속한다.

안정 외향형은 활발하고, 느긋하며, 반응이 풍부하다. 다혈질 기질에 속한다.

불안정 내향형은 엄숙하고, 자상하며, 얌전하다. 억울질 기질에 속한다.

불안정 외향형은 충동적이고, 호전적이며, 흥분을 잘 한다. 담즙질 기질에 속한다.

그림은 두 가지 경우를 근거로 분석한 인격 구조도이다.

그림에서 작은 원은 4가지 종류의 전통 기질을 표현했으며, 큰 원은 2가지 경우를 근거로 나눈 4가지 인격 유형이다. 그림을 통해 아이젱크의 이론이 기존의 기질이론을 기초로 하고 있음을 알 수 있다.

그림에서는 2개의 경우만을 나타내고 있지만 사실 인간의 인격은 이것보다 훨씬 복잡하다. 그래서 아이젱크는 훗날 연구를 통해 4, 5개의 경우를 더 추가했다. 그 후에도 아이젱크의 심리검사는 수차례에 걸쳐 보완된 후 오늘날 상당히 널리 이용되고 있다.

Tips 심리학을 위한 교양 & 상식

아이젱크(Hans Jürgen Eysenck, 1916~1997)는 인격심리학자로, 요인분석을 인격분석에 도입했으며 주로 인격, IQ, 행위 유전학 및 행위 이론 등을 연구했다. 그는 자연과학적인 방법으로 심리학에 접근해야 한다고 주장했다. 즉, 인간을 생물학적 요인과 사회적 요인의 유기체로 보아야 한다는 것이었다.

욕망의 계단

미국의 심리학자 매슬로우의 욕구 단계 이론은 인간의 심리활동과 행위가 공통적인 규율을 가지고 있음을 보여준다. 그는 욕구를 전제로 인간의 동기와 행위를 연구함으로써, 욕구가 하위 욕구에서부터 상위 욕구로 발전되는 일련의 규칙을 발견했다.

매슬로우는 미국 뉴욕 시에서 태어났다. 그는 사회심리학자이며 인격심리학, 비교심리학, 인본주의 심리학의 주창자이기도 하다. 그는 인간의 가치체계는 두 개의 욕구에 의해 이루어진다고 보았다. 그중 하나는 생물적인 본능과 충동에 의한 욕구이며, 이를 하위 욕구 혹은 생리적 욕구라고 불렀다. 다른 하나는 진화과정을 통해 발생하는 잠재력과 자아에 대한 욕구로 이를 상위 욕구라고 불렀다.

인간은 누구나 다섯 단계의 욕구를 가지고 있다. 하지만 때와 장소에 따라 각 욕구의 절박함이 달라지는데 가장 절박하게 느끼는 욕구가 바로 행동의 동기와 원인이 된다. 인간의 욕구는 외부에서 충족되는 차원에서 점차 내부적으로 충족을 이루는 단계로 변화한다.

하위 욕구는 일단 만족되면 더 이상 행동을 유발하는 동기로서의 에너지를 상실한다. 대신 그 자리를 상위 욕구가 채우게 된다.

상위 욕구는 하위 욕구에 비해 더 큰 가치가 있다. 열정은 상위 욕구로 인해 생겨난다. 최상위 욕구 즉, 자아실현의 욕구는 잠재력을 가장 효과적이고 완전한 모습으로 표출할 수 있도록 한다. 사람들이 흔히 말하는 '인생 최고의 경험'은 바로 이 최상위 욕구가 충족되었을 때를 의미한다.

다섯 단계의 욕구는 대부분 무의식중에 일어난다. 개인에게 무의식적인 동기는 의식적인 동기보다 더 중요한 역할을 한다. 경험이 풍부한 사람들은 자신만의 적절한 방법을 동원해 무의식의 욕구를 의식적 욕구로 전환하기도 한다.

매슬로우는 인간이 자아를 실현하는 창조적 과정에서 최고의 경험을 한다고 보았다. 이때 사람은 가장 황홀하고 벅찬 감동을 느끼게 된다. 아래는 매슬로우의 욕구 5단계를 그림으로 나타낸 것이다.

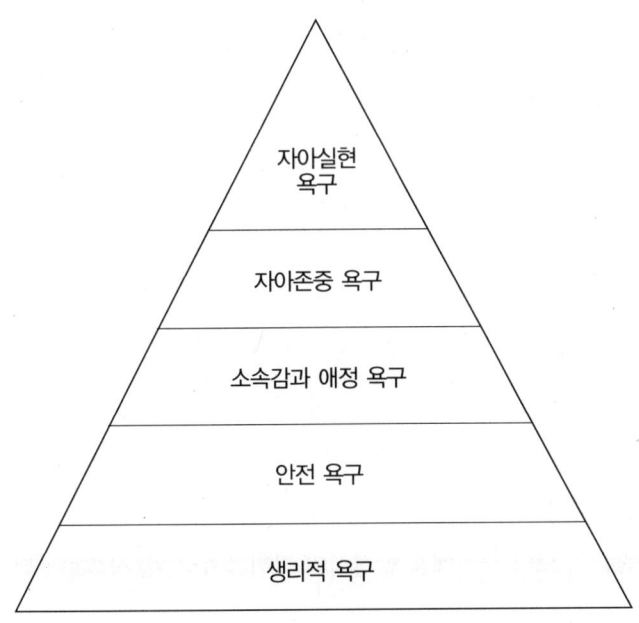

각 단계의 뜻은 다음과 같다.

1. 생리적 욕구

    배고픔, 목마름, 의복 및 주거, 성욕과 같은 생존을 위한 가장 기본적인 욕구이다. 만약 이러한 욕구가 만족되지 못한다면 인류의 생존에 큰 문제가 생긴다. 이런 의미에서 생리적 욕구는 행동을 유발하는 가장 강한 동력이다. 매슬로우는 이 욕구가 만족되어 생존에 문제가 없어야만 비로소 다음 단계로 넘어갈 수 있다고 보았다. 하지만 일단 만족이 되면 더 이상 행동 에너지로서의 힘은 상실하게 된다.

2. 안전 욕구

    신변의 위험, 실업으로 인한 경제적 불안, 재산 손실, 직업병 등의 불안과 공포로부터 해방되어 안정된 삶을 영위하고자 하는 욕구이다. 은행에 돈을 저축하고, 보험에 가입하며, 안정된 직장에 취직하는 것 등을 모두 안전을 위한 행동으로 볼 수 있다. 하지만 이 욕구 역시 일단 만족되고 난 후부터는 더 이상 행동의 동기가 되지 않는다.

3. 소속감과 애정 욕구

    소속감과 애정에 대한 욕구는 생리적인 욕구보다 좀 더 복잡하고 구체적이다. 이 욕구는 개인의 생리적 특성, 경험, 교육, 종교의 영향을 받는다.

4. 자아존중 욕구

    사람은 누구나 사회에서 안정적인 지위를 누리며, 사회로부터 자신의 업적이 인정받기를 원한다. 매슬로우는 이 욕구가 만족되면 자신감이 생기고 열정이 넘치며, 삶에 대해 긍정적인 태도를 가지게 된다고 보았다.

5. 자아실현 욕구
사람은 반드시 자신이 좋아하는 일을 해야만 최고의 행복을 맛볼 수 있다. 자아실현의 욕구는 자신의 잠재력을 발굴하며 노력하는 과정을 통해 '내가 원하는 나'를 만들어가는 과정이다.

매슬로우는 하위의 욕구가 만족되어야만 비로소 상위의 욕구를 추구하는 것이 일반적이지만 완전히 고정적인 것은 아니라고 말했다.

매슬로우는 다섯 단계의 욕구 중 생리적 욕구, 안전의 욕구, 소속감과 애정의 욕구를 하위 욕구로, 자아존중과 자아실현의 욕구를 상위 욕구로 구분했다. 이 중 하위 욕구는 모두 외부에서 만족을 추구해야 하지만 상위 욕구는 내부적인 요인에 의해 만족을 얻을 수 있다.

개인의 자아존중과 자아실현의 욕구는 끝이 없다. 한 시기에 여러 가지 욕구가 공존하기도 하지만, 그 중 한 가지 욕구가 지배적인 역할을 하며 행동을 좌우한다. 어떤 단계의 욕구도 상위 단계가 만족되었다고 해서 사라지지는 않는다. 각 단계의 욕구는 서로 깊은 관계를 맺고 있으며 때로 중복되기도 한다. 상위 욕구가 만족된 후에도 하위 욕구는 여전히 존재한다. 다만 행위에 대한 영향력이 크게 감소하는 것뿐이다.

Tips 심리학을 위한 교양 & 상식

매슬로우(Abraham H. Maslow, 1908~1970)는 미국 사회심리학자이며 인격심리학, 비교심리학, 인본주의 심리학의 주창자이기도 하다. 미국에서 가장 영향력 있는 심리학자로 인정받고 있으며, 심리학의 '제 3의 물결'을 주도했다고 평가받는다. 심리학의 '제 3의 물결'은 서양 심리학의 이론체계에 엄청난 충격과 파장을 일으켰다.

주요 저서로는 《이상심리학 원리》(1941),《인간의 동기와 성격》(1954),《존재의 심리학》(1968), 그리고 사후 출간된 《최상의 인간 본성》(1971) 등이 있다.

03
성격의
특질

미국의 심리학자 올포트는 특질을 성격의 기초이며, 심리를 이루는 가장 기본적인 단위라고 보았다. 그는 특질이란 생리적인 특징을 기초로 형성된 안정된 성격 특징이라고 생각했다.

올포트는 1897년 미국의 인디애나 몬테주마에서 4형제 중 막내로 태어났다. 1915년 하버드 대학에 입학하여 심리학과 사회윤리를 전공했다. 동 대학에서 심리학 박사과정까지 마친 그는 이때 이미 세미나에서 성격 특질론을 발표한 바 있으나, 당시에는 전혀 사람들의 주목을 받지 못했다. 하지만 그는 포기하지 않고 1937년 출간한 《성격 : 심리학적 해석》을 통해 다시 한 번 성격 특질론을 세상에 알렸다.

당시 다른 심리학자들이 무의식의 영역에 깊은 관심을 보였던 것에 반해, 올포트는 의식을 더욱 중요하게 생각했다. 그가 의식에 관한 연구에 집중하게 된 데는 프로이트의 영향이 컸다. 비록 젊은 시절 단 한 번의 만남이었지만, 올포트의 인생을 바꾸어놓기에 충분했다.

스물두 살이 되던 해, 올포트는 비엔나에 있는 프로이트에게 만나고 싶다는 편지를 보냈다. 프로이트는 젊은 심리학도의 청을 기꺼이 받아들였다. 올포트는 설레는 마음으로 비엔나로 갔다. 하지만 자신의 사무실로 안내한 프로이트는 한 마디도 하지 않은 채 올포트가 입을 열기만을 기다렸다. 당황한 올포트는 어색한 분위기를 깨기 위해 프로이트의 사무실로 오는 길에 전차 안에서 보았던 소년의 이야기를 불쑥 꺼냈다.

소년은 네 살 정도로 보였는데, 더러운 것을 몹시 싫어하는 모양이었다. 아이는 어머니에게 '자리에 앉기 싫어', '저 더러운 사람이 내 옆에 앉지 못하게 해 줘' 등등의 불평을 했다. 소년의 어머니는 머리며 옷차림이 유난히 깔끔해 보였다. 하지만 올포트는 소년이 더러운 것을 두려워하는 것과 어머니의 옷차림을 직접적으로 연계하기에는 아직 무리가 있다고 생각했다. 올포트가 이야기를 마치자 프로이트는 자비롭고 안타까운 눈빛으로 올포트를 바라보며 말했다.

"그 소년이 바로 당신이오?"

올포트는 프로이트의 반응이 황당해 할 말을 잃었다. 그는 급히 화제를 다른 곳으로 돌렸다. 훗날 올포트는 당시를 회상하며 이렇게 말했다.

"심리의 깊은 내면을 다루는 것은 물론 의미 있는 일이다. 하지만 그 전에 동기 등의 의식 영역을 분명히 설명하는 것이 급선무라고 생각한다."

올포트의 성격 특질은 공동특질과 개인 특질로 나눌 수 있다. 공동 특질은 모든 인간이 공통으로 가지고 있는 성격 특질을 의미한다. 예를 들면 외향적인 성격은 누구에게나 존재하며, 다만 정도의 차이가 있을 뿐이다.

개인 특질은 개인이 가지고 있는 특수한 성격이나 행동성향을 의미한다. 올포트는 성격 특질을 일종의 조직구조와 같다고 보았다. 여러 특질이 모두 한 개인의 성격을 형성하지만, 각각의 특질마다 강약에 차이가 있으며 서로 긴밀한 연관을 맺고 있다고 보았다.

그는 개인 특질을 다음과 같이 세 가지로 나누었다.

1. 주된 특질 : 개인의 특성을 대표하는 가장 지배적인 특질이다.
2. 일차적 특질 : 개인의 행동을 기술하는 가장 두드러지는 특질 몇 가지를 의미한다. 주된 특질에 비해 덜 일반적이고 지배적이다.
3. 2차적 특질 : 개인적인 행동성향을 의미한다. 예를 들면, 특정한 색상의 옷을 좋아한다거나, 쉬는 날 방청소를 즐기는 것 등이 이차적 특질에 해당한다. 이차적 특질은 일반적으로 소소한 성격들이기 때문에 절진한 사람들만 알아챌 수 있다.

올포트는 개인의 특질을 세 가지 계층으로 나누었다. 최상위에는 개인의 핵심 특질인 주된 특질이 자리 잡고, 그 밑에는 일상생활에서 쉽게 나타나는 특징 즉, 중심 특질이 자리 잡고 있으며, 가장 아랫부분에는 수많은 이차 특질이 작용하고 있다.

Tips 심리학을 위한 교양 & 상식

올포트(Gordon Willard Allport, 1897~1967)는 미국의 성격심리학과 인본주의 심리학의 대표적인 인물이다. 1939년 미국 심리학회 의장으로 선출되었으며, 1964년 미국 심리학회의 특별 과학 공로상을 수상했다. 주요 저서로는 《성격, 심리학적 해석》(1937), 《생성》(1955), 《편견의 본질》(1954), 《성격의 유형과 성장》(1961) 등이 있다.

남을 기꺼이
추천하는 사람들

영국에 벨이라는 이름의 재능 있는 학자가 있었다. 그는 항상 자신이 졸업 후 생물학 분야에서 일을 하게 된다면 분명 노벨상을 거머쥘 수 있을 것이라고 호언장담했다. 하지만 그는 그 길을 포기하고 오히려 교육계에서 인재양성에 힘을 쏟아 많은 학자들을 배출해냈다. 심리학에서는 그와 같이 자신의 입신양명을 포기하고 기꺼이 다른 사람의 성공을 돕는 현상을 가리켜 '벨 효과'라고 부른다.

송나라에 왕단이라는 태위(太衛, 규정을 담당하는 고위직)가 있었다. 그는 구준이라는 자를 재상으로 추천하기 위해 황제에게 구준의 장점을 얘기하며 그를 중용할 것을 간청했다. 하지만 구준은 오히려 기회가 있을 때마다 황제 앞에서 왕단의 허물을 들추며 험담을 늘어놓았다. 하루는 왕단이 여느 때처럼 구준을 천거하자 황제가 말했다.

"그대는 항상 구준을 칭찬하는데, 그는 오히려 매번 그대를 험담한다오. 혹시 이 사실을 알고 있소?"

왕단이 평온한 미소를 지으며 대답했다.

"폐하, 그 이유는 이렇사옵니다. 소신은 오랫동안 재상의 자리에 있었으니 저도 모르게 저지른 과오가 한두 가지가 아닐 것이옵니다. 하지만 구준은 제 지위가 높음을 두려워하지 않고 소신 있게 그 허물들을 황제께 알리니 그의 충성과 강직함을 짐작케 하옵니다. 바로 그 점 때문에 제가 구준을 중용하시옵기를 바라는 것이옵니다."

하루는 왕단이 관리하는 중서성에서 구준이 담당하는 추밀원으로 문서가 전달되었다. 그런데 문서 내용 중 규정에 어긋나는 점이 발견되자 구준은 곧바로 황제에게 이 사실을 알리며 왕단을 비난했다. 그런데 얼마 후, 추밀원에서 중서성으로 보낸 문서에서도 오류가 발견되었다. 하지만 왕단은 이것을 황제에게 보고하지 않았을 뿐 아니라, 오류가 있는 부분을 꼼꼼히 지적하여 다시 추밀원에 돌려보내 수정하도록 했다.

이 일이 있은 후, 구준은 자신의 옹졸함에 부끄러움을 느끼며 다시는 왕단을 헐뜯지 않았다. 몇 년 후, 재상으로 임명된 구준이 황제에게 감사를 표하자 황제는 이렇게 대답했다.

"나는 사실 그대의 재능을 알아보지 못했노라. 이 모든 것이 왕단의 천거가 있었기 때문이다."

그제야 구준은 왕단의 넓은 도량에 다시 한 번 감탄했다.

왕단은 18년 동안 대신으로 지냈으며, 그 중 12년 동안 재상의 자리에 있었다. 그동안 그는 구준을 비롯하여 많은 사람들을 천거했다. 이처럼 다른 사람들을 기꺼이 천거하는 심리를 가리켜 '벨 효과'라고 부른다.

독일의 유명한 철학자 니체는 《차라투스트라는 이렇게 말했다》라는 책에서 기꺼이 타인의 발판이 되고자 하는 사람들에 대해 이렇게 말했다.

1. 인류가 생존하는 가장 궁극적인 목적은 진화이다. 누군가를 위해 발판이 되어주려는 자들 때문에 인류는 끊임없이 발전할 수 있다.
2. 비록 겉으로 보기에는 적극성이 조금 결여되어 보일 수도 있으나, 인

류라는 큰 관점에서 보면 오히려 더 큰 의의를 가질 수도 있다. 이런 류의 사람은 태어나면서부터 누군가를 위한 발판이 될 운명을 타고난다. 추월을 긍정적으로 바라보지 못한다면, 종국에는 개인의 가치 또한 부정해야하는 결과를 낳는다.

벨 효과는 누구보다 조직의 리더에게 필요한 덕목이다. 리더는 인재를 알아보는 혜안을 가져야 하며, 그들을 위해 아낌없는 격려와 지원을 해야 한다.

Tips 심리학을 위한 교양 & 상식

맥클레런드(David C. McClellend, 1917~1998)는 미국의 심리학자로, 주로 인격, 업무 능력, 기업가 정신 등에 관심을 가졌다. 특히 그는 '성취욕'에 관한 연구로 명성을 얻어 1987년 미국 심리학회의 우수 과학 공로상을 수상했다.

05

마크 트웨인이
돈을 훔친 이유

미국의 작가 마크 트웨인은 설교는 20분을 넘기면 안 된다고 말했다. 이것은 자극이 지나치게 많이 혹은 강하게 주어지거나, 지속 시간이 너무 길면 오히려 지루함이나 반감을 불러일으킬 수 있음을 의미한다. 이와 같은 현상을 심리학에서는 '한도초과 현상'이라고 부른다.

미국인은 일요일이면 교회에서 목사의 설교를 들으며 한 주간 쌓였던 긴장을 풀고 영혼을 정화하는 시간을 가진다. 이를 통해 잡다한 고민들을 털어내고 새로운 한 주를 맞이할 수 있도록 재충전하는 것이다. 목사들이 말하는 내용은 대부분 비슷하지만 목사의 언변에 따라 감동은 전혀 달라진다.

하루는 미국의 유명한 작가 마크 트웨인이 한 목사의 설교를 들으면서 깊은 감동을 받았다. 그래서 그는 목사에 대한 존경과 지지의 표현으로 다른 사람보다 두 배 이상 헌금하겠다고 마음먹었다. 그런데 목사의 설교는 40분이 넘도록 끝날 기미를 보이지 않았다. 마크 트웨인은 조금씩 마음이 상하기 시작했다. 다시 30분이 흘렀다. 그는 얼굴을 찡그리며 생각했다.

'사람들의 소중한 시간을 이렇게 빼앗아도 된단 말인가!'

그는 아주 적은 돈만 헌금하기로 마음을 고쳐먹었다. 다시 10분이 흘렀다. 화가 머리끝까지 치민 마크 트웨인은 속으로 다짐했다.

'단 1센트도 내지 않겠어!'

목사는 그 후로도 한참이 지난 후에야 겨우 설교를 끝마쳤다. 드디어 목사가 헌금함을 들고 다가오자 마크 트웨인은 헌금함에서 2달러를 훔쳤다.

자극이 지나치게 많거나 강렬할 경우, 혹은 너무 오랜 시간 지속될 경우 오히려 반감을 불러일으킬 수 있다. 이와 같은 현상을 '한도초과 현상'이라고 부른다. 일상생활 속에서도 이와 같은 현상을 자주 볼 수 있다. 선생님이 똑같은 훈계를 여러 번 한다든지, 부인이 매일 잔소리를 하는 경우 오히려 반감을 일으킬 수 있다.

가정교육을 할 때도 마찬가지이다. 부모가 똑같은 잔소리를 반복하거나, 심지어 전혀 상관없는 일을 연관시켜 비난을 퍼부으면 오히려 '좋아! 하지 말라고 하면 더 하겠어.'라는 반항 심리가 아이를 그릇된 길로 빠지게 할 수도 있다. 따라서 아이를 교육할 때는 잘못에 관한 내용만 거론하며, 비판은 단 한 번으로 끝낸다. 설령 꼭 여러 번 반복을 해야 한다고 해도 간단하게 끝내야 한다. 반복적이고 경솔한 칭찬 또한 역효과를 낼 수 있으니 주의해야 한다.

Tips 심리학을 위한 교양 & 상식

미셸(Walter Mischel, 1930~)은 미국의 인격심리학자로, 인격의 형성과 발전, 자아통제, 인격의 차이 등의 분야에서 많은 업적을 남겼다. 1982년 미국 심리학회의 우수 과학 공로상을 수상했다.

로미오와 줄리엣 효과

얻기 힘든 것일수록 더욱 가치 있어 보이고 간절함이 커진다. 이에 반해 사람들은 쉽게 얻을 수 있거나 이미 얻은 것에 대해서는 등한시하는 경향이 있다.

로미오와 줄리엣은 서로 사랑하는 사이지만 그들의 집안은 오랜 앙숙관계였다. 양가 모두 두 사람을 갈라놓으려고 갖은 수단을 동원했다. 하지만 반대가 심하면 심할수록 사랑은 더욱 강하게 불타올랐고 결국 그들은 사랑을 위해 죽음을 택했다.

두 남녀의 비극적인 사랑을 그린 셰익스피어의 희곡 《로미오와 줄리엣》의 줄거리다. 훗날 어떤 이는 강한 반대가 오히려 두 연인의 사랑을 굳건히 만들었다고 주장했다. 만약 결혼에 성공하여 가문의 인정을 받았다면, 그리고 모든 과정이 순탄했다면 과연 이들이 끝까지 사랑하며 백년해로 했을까? 결과는 아무도 장담할 수 없다.

모 중학교 3학년에 다니는 은영과 재서는 3년 동안 같은 반이었다. 성격이 비슷한 둘은 오랫동안 함께 지내면서 사랑의 감정을 키워나갔다. 하지만 중학교 3학년이라는 중요한 시기에 연애를 하는 것을 반길 부모는 없었다. 선생님과 부모가 번갈아가며 두 사람을 불러 상담을 하거나 편지를 써가며 갖은 방법으로 설득하려고 애썼다.

하지만 어른들의 이러한 노력은 오히려 역효과를 가져왔다. 두 사람에게 함께 싸울 공동의 적과 목표가 생긴 것이다. 이를 계기로 두 아이는 더욱 가까워졌다.

상황을 지켜보던 교장은 전략을 바꾸기로 했다. 그는 아이들의 담임과 부모를 불러 그들의 순수한 사랑을 너무 오해하지 말고 제약을 풀어주라고 설득했다.

그런데 이 일이 있은 후 얼마 지나지 않아 아이들 스스로 이별을 선택했다. 공통의 화제가 사라지자 서로 자연스럽게 소원해지더니 결국 상대방이 자신이 찾던 이상형이 아니라는 사실을 깨달은 것이다.

우리는 현실에서 위와 같은 상황을 쉽게 접할 수 있다. 부모의 반대는 연인을 멀어지게 하기는커녕 더욱 애절하게 만든다. 이와 같은 현상을 심리학에서는 '로미오와 줄리엣 효과'라고 부른다.

왜 이런 현상이 생기는 것일까? 사람은 누구나 통제받지 않는 독립적인 자아를 가지고 싶어 한다. 그런데 만약 누군가 자기 대신 선택을 하고 강요할 경우 자아는 위협을 느끼게 된다. 이때 심리적 저항이 생긴다. 즉, 강요된 것을 배척하고 강제적으로 빼앗긴 것에 대해 더욱 강한 애착을 느끼게 되는 것이다. 바로 이와 같은 심리적 현상 때문에 로미오와 줄리엣의 이야기가 시대를 이어 계속 발생하고 있다.

심리학자들은 이처럼 사람들이 얻기 힘든 것에 대해 더욱 강한 간절함을 느끼는 반면 쉽게 얻을 수 있거나 이미 얻은 것에 대해서는 등한시하는 경향이 있다는 사실도 발견했다.

Tips 심리학을 위한 교양 & 상식

쾰러(Wolfgang Köchler, 1887~1967)는 독일의 심리학자로 게슈탈트 심리학(Gestalt psychology; 형태심리학)의 대표적인 인물이다. 주로 인지 규율에 관해 연구했으며 인지 게슈탈트 원칙을 제시한바 있다. 또한 침팬지를 연구해 동물의 학습에 관한 통찰이론을 제시했다. 그의 연구결과는 학습이론에서 개혁을 일으킨 고전적 저서 《침팬지의 정신》(1917)에 잘 나타나 있다. 다른 주요저서로는 《휴식과 정지 상태에서의 신체형태》(1920), 《형태심리학》(1929)이 있다. 1956년 미국 심리학회의 우수 과학 공로상을 수상했고 1959년에는 미국 심리학회 의장으로 선출되었다.

발부터
들여놓기

일단 작은 요구를 받아들이기 시작하면, 자신이 변덕스럽지 않다는 것을 보여주기 위해 다음에는 더 큰 요구까지 받아들이게 된다. 이러한 현상을 심리학에서는 '발부터 들여놓기 효과'라고 부른다.

1984년, 일본 도쿄에서 진행된 국제 마라톤 대회에서 무명의 마라토너 야마다 혼이치가 우승컵을 차지해 사람들을 놀라게 했다. 승리 비결이 뭐냐는 취재진의 물음에 그는 이렇게 대답했다.

"머리를 써서 이길 수 있었습니다."

사람들은 우연히 우승을 거머쥔 이 단신의 선수가 수작을 부리는 것이라고 생각했다. 마라톤은 체력과 인내력을 요하는 싸움이 아닌가. 체력과 의지, 끈기만 갖추면 누구나 우승할 수 있는 경기가 바로 마라톤이다. 단거리 달리기처럼 폭발적인 속도가 필요하지도 않고, 야구나 축구처럼 두뇌를 쓸 필요도 없었다. 따라서 머리를 써서 이겼다는 야마다 선수의 말은 억지스럽게만 들렸다.

그런데 2년 후인 1986년, 밀라노 국제 마라톤 대회에서 야마다 선수는 또다시 금메달을 획득했다. 기자들이 비결을 묻자 그는 2년 전과 똑같은 대답을 했다. 그의 모호한 답변은 여전히 사람들의 호기심을 풀어주지 못했다. 비밀은 10년 후 출간한 그의 자서전에서 밝혀졌다.

'나는 매번 시합을 앞두고 차를 타고 마라톤 코스를 둘러보았다. 이때 나는 코스마다 눈길을 끄는 목표물을 정해 두었다. 예를 들면, 첫 번째 목표는 은행 건물, 두 번째는 큰 나무, 세 번째는 붉은 집, 이렇게 나만의 표식을 만들어 목표지점을 정했다. 그리고 경기가 시작되면 100미터 달리는 속도로 첫 번째 목표 지점을 향해 달렸다. 첫 번째 목표 지점에 이른 다음에는 같은 속도로 두 번째 목표 지점을 향해 달렸다. 이런 식으로 40킬로미터가 넘는 코스를 작은 코스로 나누어 훨씬 수월하게 달릴 수가 있었다. 처음 멋모르고 40킬로미터나 떨어진 결승선 테이프를 목표로 삼고 달렸을 때는 겨우 몇 십 킬로미터 달리고 지쳐 더는 뛸 수가 없었다. 결승선까지 아직도 멀었다는 생각에 초반부터 겁을 먹었기 때문이다."

야마다 선수의 전략은 일종의 목표 분산법으로 일상생활에서도 이와 같은 현상을 자주 발견할 수 있다. 다른 사람에게 도움을 요청할 때, 만약 처음부터 큰 요구를 하면 거절당할 확률이 높아진다. 하지만 처음에는 작은 요구를 하여 승낙을 받은 후, 다시 큰 요구를 하면 쉽게 목표를 이룰 수 있다. 이것은 작은 요구를 들어주는 과정에서 자신도 모르게 점차 적응이 되기 때문이다. 이와 같은 현상을 심리학에서는 '발부터 들여놓기 효과'라고 부른다.

한 심리학자는 다음과 같은 예를 들었다. 캐나다 토론토에는 암 학회를 위해 기부할 의사를 가지고 있는 사람이 전체 인구의 46% 정도이다. 그런데 기부를 요청할 때, 처음 방문했을 때는 홍보 책자만 돌리고, 다음번에 갔을 때 기부를 요청하는 식으로 두 번에 나누어 모금을 하면 기부 비율이 2배로 증가한다고 한다.

그 원인은, 사람들은 자신의 이미지를 비교적 일관되게 유지하고자 하는 경향이 있기 때문이다. 즉, 다른 사람에게 변덕스러운 모습으로 보이기 싫은 것이다. 따라서 한 번 누군가를 도와주기 시작하면, 다음번에는 거절하기가 어려워진다. 요구가 자신에게 큰 피해만 입히지 않는다면 대부분의 사람들은 이렇게 생각하게 된다.

'어차피 도와줬는데, 조금 더 도와준다고 뭐가 달라지겠어?'

이것이 바로 '발부터 들여놓기 효과'의 진행 과정이다.

Tips 심리학을 위한 교양 & 상식

웩슬러(David Wechsler, 1896~1981)는 미국의 심리학자로, 편차지능지수(deviation IQ)라는 개념을 창시했다. 편차지능지수란 평균과 표준편차를 이용해 표준점수로 산출된 지능지수로서, 같은 연령 집단 내에서 개인의 상대적인 위치를 규정하는 지능지수이다.

08

속옷을 훔치는
남자아이

페티시즘(fetishism)은 물건 또는 성적 부위가 아닌 인체 부위에 성적 감정을 느끼는 일종의 성도착증으로 주로 머리카락, 속옷, 부츠, 스타킹 등에 과도한 애착을 보인다.

올해 고등학생인 스캇이 부모님의 손에 이끌려 심리치료실을 찾아왔다. 그는 부모님과 눈이 마주치면 곧바로 긴장하고 위축되는 모습을 보였다. 부모는 아이가 평소에도 친구들과 어울리기보다 혼자 노는 것을 좋아한다고 말했다. 의사는 인내심을 가지고 대화한 끝에 그가 이곳에 오게 된 경위를 들을 수 있었다.

스캇은 초등학교 3학년 여름방학 때 외삼촌댁으로 놀러 간 적이 있었다. 마침 사촌누나는 목욕을 하고 있어 벽을 사이에 두고 스캇과 인사를 나누었다. 그때 스캇은 욕실 근처의 의자에 아무렇게나 던져져 있는 누나의 속옷들을 발견하게 되었다. 그 순간, 스캇은 야릇한 감정을 느꼈다.

샤워를 마치는 소리가 들리자 스캇은 재빠르게 거실로 들어가 태연하게 TV를 보는 척했다. 사촌누나는 스캇보다 6살 많았다. 그녀의 눈에 스캇은 아직 아무 것도 모르는 어린 아이에 불과했다. 어릴 때부터 스스럼없이 지내온 사이였던 터라 사촌누나는 자연스럽게 스캇 옆에 자리를 잡고 앉았다. 원래 예뻤지만, 방금 샤워를 마치고 나온 누나의 모습은 더욱 아름다웠다. 촉촉하게 젖은 금발 머리에서 향기로운 샴푸냄새가 풍겨오고 T셔츠 위로는 속옷의 윤곽이 어렴풋이 드러났다. 스캇은 갑자기 심장박동이 빨라지고 머리가 어지러워졌다. 욕실 입구 의자에는 아직도 사촌누나가 벗어놓은 분홍색의 브래지어가 널브러져 있었다. 스캇은 누나 몰래 브래지어를 살짝 호주머니에 숨겼다. 집으로 돌아온 후, 스캇은 브래지어를 서랍에 보관하고 시간이 있을 때마다 꺼내어 보며 흥분과 만족감을 느꼈다.

그날 이후, 스캇은 자신도 모르게 여자 속옷을 훔치는 버릇이 생겼다. 여자 속옷만 보면 긴장이 되고, 심장박동이 빨라졌으며, 기분이 몽롱해졌다. 팬티, 브래지어, 코르셋 등의 속옷을 손에 넣으면 쾌감과 만족감을 느꼈지만, 가지지 못했을 때는 극도의 초조함과 불안감이 엄습했다. 스캇은 때로 상점에서 직접 속옷을 사기도 하고, 때로는 여자 탈의실이나 샤워실에 몰래 들어가 훔치기도 했다. 양심의 가책을 느껴 몇 번이나 다짐을 해 보았지만, 다시 욕구가 솟아오르면 도저히 통제가 불가능했다. 그리고 다시 후회와 자책감에 빠지는 악순환이 반복되었다.

하루는 여자 기숙사 앞에서 땅바닥에 브래지어가 떨어져 있는 것을 발견했다. 베란다에 걸어두었던 빨래가 떨어진 것이 틀림없었다. 이날 예상치 못했던 수확을 얻은 후, 스캇은 틈만 나면 여자 기숙사 앞을 어슬렁거렸다. 스캇의 수상쩍은 행동은 사감의 주의를 끌게 되었고, 마침내 땅에 떨어진 팬티를 품에 집어넣다가 사감에게 덜미를 잡히고 말았다. 많은 학생들이 스캇의 주위로 몰려들어 '변태'라며 야유를 퍼부었다. 스캇은 부끄러워 고

개조차 들 수가 없었다. 그는 무릎을 꿇고 앉아 고개를 떨어뜨린 채 아무 말도 하지 않았다.

이 소식은 곧바로 스캇 부모의 귀에 들어갔고, 스캇의 방을 뒤진 결과 그동안 모아온 여자 속옷을 무더기로 발견할 수 있었다. 스캇은 쥐구멍에라도 들어가고 싶은 심정이었다. 감히 얼굴을 들고 다시 학교에 갈 수도 없고, 부모님의 얼굴을 보는 것조차 두려웠다.

스캇의 이와 같은 행위를 심리학에서는 '페티시즘'이라고 부르며, 대부분 남자에게서 나타나기 때문에 '여성 물건애'라고 하기도 한다. 페티시즘을 유발하는 가장 큰 심리적 요인은 도피적인 성격과 자신감 결여, 그리고 타인과의 소통 부족이다. 페티시즘 경향을 보이는 환자의 대부분은 이성과 친해지고 싶은 욕구가 강하지만 거절이나 비웃음을 당할 것이 두려워 제대로 다가가지 못하는 경우가 많다. 결국 이들은 이성의 신체에 닿았던 물건들을 훔침으로써 억눌렀던 성적 욕구를 만족시키는 것이다.

페티시즘은 두 가지 방법으로 치료가 가능하다. 첫 번째 방법은 호르몬 요법으로, 성욕을 감퇴시키는 약물을 투여하는 방법이다. 이 방법을 쓰기 위해서는 반드시 전문의의 진단을 거쳐야 한다. 두 번째 방법은 심리치료 요법으로 통찰요법, 암시요법, 혐오요법 등이 있다. 예를 들면, 혐오요법의 경우 여성의 속옷을 훔치다 발각되었을 때의 난처함과 부끄러움을 자꾸 상기시킴으로써 변태적인 행동을 억제하도록 유도하는 방법이다.

페티시즘을 예방하기 위해서는 유치원 때부터 연령에 맞는 적절한 성교육을 실행해야 한다. 이성의 생리적 특성과 심리적 차이를 배움으로써 이성에 대해 과도한 신비감을 가지는 것을 막을 수 있다. 또한 단체활동에 적극적으로 참여하도록 하고, 특히 자제력, 결단력, 도덕성을 기르는 것이 중요하다.

여장을 좋아하는 카우보이

'연극성 인격 장애'를 가진 환자는 지나치게 과장된 언행을 일삼아 주위의 관심을 끌려고 한다. 감정의 기복이 심하고 타인을 과도하게 의식하며 자신을 내세우려고 한다. 사람이 많이 참여하는 활동에 적극적이고, 충동적으로 일을 처리하며, 자신의 기호에 따라 사물의 옳고 그름을 판단한다. 몽상을 즐기며, 말과 행동의 격차가 매우 심하다.

데이비스는 지나치게 과장되고 충동적인 성향을 보여 심리장애가 있는 것으로 진단되었으며, 현재 정신병원에 입원 중이다.

10년 전, 카우보이로 일하던 데이비스는 갑자기 연극배우들의 동작을 모방하기 시작했다. 특히 여장에 관심이 많아 머리에 꽃을 꽂거나, 립스틱을 바르고 여자처럼 간드러지게 말했다. 집에서는 자주 부인의 옷을 입고 있었으며 직접 상점에 들러 여자 옷을 고르기도 했다. 데이비드는 자신이 원하는 것을 얻지 못하면 극도의 불안과 초조함을 보였으며, TV와 세탁기 등을 자기 방으로 옮겨놓고 다른 사람은 사용하지 못하게 할 정도로 비정상적인 이기심을 드러냈다.

칭찬받는 것을 좋아했으며, 만약 화제가 다른 곳으로 흘러가면 온갖 수단을 써 다시 자신에게 관심이 쏠리도록 만들었다. 그는 항상 자신보다 못한 사람과 어울렸으며, 자신보다 뛰어난 사람에게는 이유 없는 적대감을 드러냈다. 그는 사물을 항상 감정적으로 판단했으며, 아무리 호의적이고 완곡한 비판이라고 해도 절대 받아들이지 않았다.

때로는 지나칠 정도로 친절해, 자주 기차역이나 버스 정류장 입구에 서서 표 끊는 것을 도와주었다. 하지만 일단 자신의 말을 거역하면 말다툼이나 폭력을 행사하는 바람에 주위에는 단 한 명의 친구도 남지 않았다. 이웃들과 싸우는 횟수가 날이 갈수록 잦아지자 가족들은 큰 스트레스에 시달려야 했다.

연극성 인격 장애는 다른 말로 히스테리성 인격 장애, 주의 끌기형 인격 장애, 심리 유치형 인격 장애라고도 표현한다. 이러한 이름에서도 알 수 있듯이 연극성 인격 장애는 지나치게 감정적이고, 과장된 언행으로 다른 사람들의 주의를 끌려고 하며, 성숙하지 못한 인격 장애를 말한다.

과거에는 연극성 인격 장애와 히스테리성 인격 장애를 동일한 것으로 보았으나, 최근 임상실험 결과에 따르면 히스테리 환자 중 연극성 장애를 가지고 있는 사람은 고작 20%에 불과했으며, 연극성 장애 환자 중 평생 히스테리 반응을 보이지 않는 경우도 있었다. 이 때문에 최근에는 히스테리성 인격 장애라는 단어보다 연극성 인격 장애라는 단어를 더 많이 사용한다. 히스테리성 인격과 히스테리를 분명히 구분 지을 필요가 있기 때문이다.

연극성 인격 장애에 대한 치료는 주로 비정상적인 인격을 교정하는 심리 치료를 위주로 진행된다.

도벽을 가진 소녀

도벽 환자는 일반적인 도둑과 뚜렷한 차이를 보인다. 도벽의 특징은 통제할 수 없을 정도로 강한 절도 충동을 느끼며, 물건의 경제적 가치나 실제 필요성은 따지지 않는다. 그래서 훔친 물건들을 대부분 버리거나, 깊은 곳에 감추거나, 몰래 주인에게 되돌려준다. 절도 행각은 단독적으로 이루어지며, 그 과정에서 극도의 자극과 긴장감, 쾌감을 느낀다.

모니카는 다섯 살 때 아버지의 트렁크에서 500달러를 훔친 후, 열다섯 살이 될 때까지 10년 동안 다른 사람의 물건을 병적으로 훔쳐왔다. 모니카의 부모님은 모니카의 도벽을 고치려고 온갖 노력을 했지만 전혀 소용이 없었다. 모니카의 아버지는 한숨을 내쉬며 의사에게 말했다.

"모니카가 다섯 살 때 트렁크에 넣어두었던 500달러가 사라진 것을 발견했지요. 오랜 시간이 지난 후에야 겨우 다섯 살 된 제 딸아이가 범인이라는 사실을 알게 되었습니다. 하지만 그때는 심하게 야단치지 않았어요."

부모는 시간이 지나면 딸아이의 나쁜 버릇이 자연스럽게 사라질 것이라고 생각했다. 하지만 모니카의 버릇은 달라지지 않았다. 모니카는 초등학교 2학년 때 선생님이 사용하는 교과서를 훔친 적이 있다. 그녀는 교과서를 자기 책상 위에 3일 동안 놓아두었는데, 별로 재미가 없자 다시 몰래 선생님 책상에 갖다놓았다.

　한번은 학교에서 학생들이 키운 화분을 전시한 적이 있었는데, 모니카는 작은 화분 하나를 아무도 못 보는 벽 한 구석에 옮겨놓은 후, 교장에게 달려가 화를 내며 이렇게 말했다.

　"누가 화분 하나를 훔쳐갔어요!"

　모니카의 부모는 그녀가 초등학교 6학년이 되어서야 사태의 심각성을 깨닫고 수십 차례 훈계를 하고 눈물을 흘리며 달랬다. 그때마다 모니카는 버릇을 고치겠다고 맹세했지만 오래 가지 못했다.

　중학교에 입학한 후에도 모니카는 여전히 부모님의 돈을 훔쳤다. 그녀는 수 년 동안 쌓인 숙련된 기술로 서랍의 나사를 풀고 견고한 자물쇠를 부숴버렸다. 한번은 옷장에 넣어둔 1000달러를 훔치면서 렌치를 사용해 옷장의 거울을 깨버렸다. 마치 집에 도둑이 든 것처럼 꾸미기 위해서였다. 부모는 몇 달이 지난 후에야 이 사실을 알고 깊은 절망감에 빠졌다. 모니카의 특이한 장물처리 방법도 부모를 곤혹스럽게 만들었다. 모니카는 친구들에게 선물을 주지 않고 직접 현금을 주었다. 그때마다 부모는 창피함을 무릅쓰고 그 친구의 집으로 찾아가 이렇게 말해야 했다.

　"우리 모니카가 준 돈 아직 남아 있니?"

　결국 부모는 모니카를 데리고 병원을 찾았다. 모니카는 의사에게 이렇게 말했다.

　"저도 이러고 싶지 않아요. 하지만 좋은 것을 보면 훔치고 싶어서 참을 수가 없어요. 몇 번이나 고치려고 했지만 소용이 없었어요. 차라리 감옥에 들어가고 싶어요. 그러면 더 이상 훔칠 일도 없을 테니까요."

도벽 환자는 일반적인 도둑과 뚜렷한 차이를 보인다. 도벽의 특징은 통제할 수 없을 정도로 강한 절도 충동을 느끼며, 물건의 경제적 가치나 실제 필요성은 따지지 않는다. 그래서 훔친 물건들을 대부분 버리거나, 깊은 곳에 감추거나, 몰래 주인에게 되돌려준다. 절도 행각은 단독적으로 이루어지며, 그 과정에서 극도의 자극과 긴장감, 쾌감을 느낀다.

도벽은 남성보다 여성에게서 더 많이 발생한다. 대부분 5, 6세의 아동기 때부터 시작되는데, 초기에는 대수롭지 않게 생각하다, 취학한 후 교사에게 절도 소식을 듣고서야 사태의 심각성을 깨닫는다.

다른 심리질병과 마찬가지로, 도벽을 치료할 때도 약물요법과 심리치료가 병행되어야 한다. 도벽환자 특히, 아동기부터 도벽증상을 보인 환자들은 대뇌발육에 문제가 있는 경우가 있다. 또한 도벽은 심리적인 긴장과 강박증과도 깊은 관계가 있다. 도벽 환자들은 대부분 도덕관념이 강하다. 자신의 절도 행위가 잘못되었다는 것과 처벌을 받을 수 있다는 사실을 명확하게 인지하고 있는 것이다. 하지만 그럼에도 불구하고 자신을 통제하는 것이 힘들다. 그들에게 나쁜 일을 했는데 처벌을 받지 않는 것은 마치 착한 일을 하고 칭찬을 받지 못하는 것처럼 허무하다. 따라서 처벌을 받아야만 오히려 마음이 편해지고 긴장이 풀린다.

그들에게 절도는 마음을 표출하는 방법이다. 절도행위가 발각되지 않았다는 것은 아무도 그들의 소리를 듣지 못했다는 뜻이다. 따라서 그들은 누군가 자신의 소리를 들을 때까지 즉, 발각될 때까지 더욱 분발하게 된다. 하지만 문제는 과연 주위 사람들이 그들의 소리를 이해할 수 있는가이다.

비용절감의 비결

'자기 참조 효과'란 자기와 관련된 정보나 상황을 보면 가볍게 지나치거나 잊어버리기 힘든 현상을 말한다.

༄

미국에 한 첨단과학 회사가 있었다. 그런데 어찌된 일인지, 최근 일상비용 지출이 급증하여 회사이윤에 막대한 지장을 주고 있었다. 사장은 이 문제를 해결하기 위해 여러 번 회의를 열고, 새로운 제도를 수립했지만 큰 효과를 보지 못했다. 사장은 최후의 방법으로 경험이 풍부하고 실력 있는 회계사를 초빙하기로 결정했다. 회계사의 방은 유리벽으로 이루어진 단독 사무실로, 바깥 사무실에서 일하는 직원들을 모두 살펴볼 수 있는 위치였다. 사장은 직원들에게 이렇게 소개했다.

"이분은 이번에 회사에서 특별히 초빙한 회계사입니다. 업계에서 가장 유능한 분이니, 여러분도 적극적으로 협조해주기 바랍니다."

그날부터 모든 직원은 매일 아침 장부를 회계사의 사무실 책상 위에 올려두었다. 그리고 저녁이 되면 회계사가 이 장부들을 다시 회계부서에 넘겼다. 사실, 회계사는 단 한 번도 장부를 열어본 적이 없었다. 하지만 이 사실을 아는 직원은 단 한 명도 없었다.

그렇게 한 달이 지나자 놀라운 변화가 일어났다. 비용지출이 80%나 절감된 것이다. 회계사가 단 한 번도 장부를 본 적이 없었음에도 불구하고 왜 이처럼 기적 같은 결과가 나올 수 있었을까?

이유는 바로 직원들에게서 자기 참조 효과가 나타났기 때문이다. 회계사를 초빙했다는 객관적인 사실에서 직원들은 자신이 감사의 대상이 될지도 모른다는 사실을 감지했던 것이다. 그 때문에 더 이상 공금을 함부로 사용하지 못하게 되었고, 지출이 크게 감소하는 효과를 거둘 수 있었다.

앤드루 잭슨은 미국의 제7대 대통령으로 미국 역사상 가장 뛰어난 정치가 중 한 사람으로 꼽히는 인물이다. 그런데 부인이 세상을 떠난 후로 그에게는 한 가지 나쁜 버릇이 생겼다. 바로 자신의 건강을 지나치게 걱정하는 것이었다. 게다가 이미 가족 중에 중풍으로 사망한 사람들이 있어, 자신 또한 언젠가는 중풍으로 죽게 될 것이라고 입버릇처럼 말했다.

하루는 친구의 집에서 젊은 아가씨 한 명과 체스를 두고 있는데 갑자기 한쪽 손이 자신도 모르게 탁자 위로 힘없이 떨어졌다. 잭슨은 갑자기 얼굴이 하얗게 질리고 호흡이 가빠졌다. 옆에서 이 모습을 보던 사람들이 놀라 잭슨에게 달려왔다.

"괜찮으십니까? 안색이 좋지 않으니 당장 병원에 가야겠습니다."

잭슨은 체념한 듯 고개를 저으며 말했다.

"됐네. 나는 오늘 같은 날이 언젠가 올 줄 알고 있었네."

잭슨은 잠시 숨을 고르더니 힘겹게 말을 이어나갔다.

"아무래도 중풍에 걸린 것 같네. 오른쪽 몸 전체가 마비된 것 같아."

사람들이 놀라 물었다.

"예? 그것을 어떻게 아셨습니까?"

잭슨이 대답했다.

"아까부터 오른쪽 다리를 몇 번이나 꼬집어 봤는데 아무 느낌이 없었거든. 이미 마비가 진행되었다는 증거가 아니고 무엇이겠나."

그러자 함께 체스를 두던 젊은 여자가 말했다.

"각하, 방금 각하가 꼬집은 것은 제 다리였습니다."

사람은 누구나 자기 참조 효과의 영향을 받는다. 자기 참조 효과란 자기와 관련된 정보나 상황을 보면 가볍게 지나치거나 잊어버리기 힘든 현상을 말한다. 자기 참조 효과의 폐단 중 하나는 어떠한 병의 증상에 대해 들었을 때, 자신에게도 비슷한 징조가 없는지 과도하게 신경을 쓴다는 데 있다. 이때, 혹시 한두 가지라도 비슷한 점이 발견되면 당장이라도 죽을 것 같은 심한 공포에 휩싸이게 된다.

Tips 심리학을 위한 교양 & 상식

포스너(G. J. Posner)는 미국의 심리학자로, 주로 선택성 주의와 관련된 신경계통 구조와 기능의 발전에 관해 연구했으며, 새로운 기능을 습득할 때 대뇌에서 발생하는 변화에 대해서도 연구했다. 1980년, 미국 심리학회의 우수 과학 공로상을 수상했다.

12

주지사가 된
흑인소년

그리스 신화에 나오는 피그말리온은 키프로스 섬의 국왕이다. 조각 솜씨가 뛰어났던 피그말리온 왕은 어느 날 상아로 아름다운 여인을 조각했다. 그런데 조각이 어찌나 아름다웠던지 왕은 그만 자신이 만든 조각상을 사랑하게 되었다. 그 후부터 왕은 마치 조각이 살아있는 것처럼 온갖 정성을 쏟으며 애지중지했다. 결국 왕의 정성에 감동을 받은 사랑의 여신 아프로디테는 조각상에 생명을 불어넣어 사람으로 만들어 주었다. 단지 꿈에 불과했던 일이 현실이 된 것이다. 이처럼 강한 염원과 기대가 실제적인 효과를 불러오는 것을 '피그말리온 효과'라고 부른다.

로저 롤스는 뉴욕의 흑인 빈민가에서 태어났다. 이곳은 폭력, 마약, 알코올 중독, 밀입국 등이 판치는 무법지대로, 이곳에서 태어난 아이들은 부모의 삶을 그대로 물려받아 성인이 된 후에도 번듯한 직장을 구하지 못하고 사회의 천대를 받았다. 로저 롤스는 학창시절 무단결석과 폭력을 일삼는 소문난 문제아였다. 그러던 어느 날 로저 롤스가 다니는 노비타 초등학교에 피어 폴이라는 교장선생님이 새로 부임했다. 하루는 교장 선생님이 로저 롤스의 손을 보더니 이렇게 말했다.

"가늘고 긴 손가락을 보니 너는 틀림없이 뉴욕 주지사가 되겠구나."

이 말을 들은 로저 롤스는 벼락을 맞은 것 같은 충격을 받았다. 그날 이후 로저 롤스는 오직 주지사가 되겠다는 일념으로 공부에 전념했다. 다시

는 누군가와 싸우지도 않았으며 비속어나 욕을 입에 올리는 일도 없었다. 그리고 시간을 쪼개 적극적으로 봉사활동에도 참여했다. 40년이라는 세월 동안 로저 롤스는 단 하루도 주지사로서 부끄럽지 않은 삶을 살기 위해 노력했다. 그리고 쉰다섯 살이 되던 해, 드디어 뉴욕이 초대 흑인 주지사가 되는 영광을 안았다.

이 이야기는 교사의 칭찬과 기대가 학생의 학습, 나아가 성장에 얼마나 지대한 영향을 미치는가를 보여주는 피그말리온 효과의 대표적인 예이다.

미국의 심리학자 윌리엄 제임스는 '인간이 가장 갈망하는 것은 칭찬'이라고 말했다. 사실 사람의 마음은 다 똑같다. 이 세상에 칭찬과 기대를 받고 싶지 않은 사람은 아무도 없다. 따라서 누군가 더 크게 발전하기를 원한다면, 그에게 긍정적인 기대를 가져야 한다. 긍정적인 기대는 상대방에게 동기와 희망을 부여하지만, 부정적인 기대는 상대방을 나쁜 방향으로 몰고 갈 수도 있다. 기대는 설령 직접적으로 표현하지 않는다고 해도 눈빛이나 말투를 통해 상대방에게 그대로 전달된다. 따라서 자녀, 직원, 배우자가 발전하기를 바란다면 긍정적인 기대를 표현해주어야 한다.

청소년 범죄에 관한 한 연구보고에 따르면, 청소년들이 범죄를 저지르는 가장 큰 원인 중 하나는 부정적인 기대 때문이라고 한다. 일단 우연한 실수로 잘못을 한 번 저지르면 불량 청소년이라는 낙인이 찍혀 주위의 부정적인 시선을 받게 된다. 그러면 당사자조차 자신이 불량 청소년이라고 믿게 되어 쉽게 범죄의 나락으로 빠져드는 것이다.

대부분의 부모들은 아이의 성적이 오르지 않으면 함께 원인을 찾기보다는 머리가 나쁘다며 타박을 준다. 이것이 바로 아이를 진짜 바보로 만드는 중요한 원인이 된다. 따라서 부모는 아이 앞에서 자존심에 상처를 줄 수 있는 말은 피해야 한다. 아이의 성적이 오르지 않으면 객관적으로 원인을 분석하고, 잘못된 공부 방법을 바꾸는 것이 좋다. 긍정적인 기대는 아이의 IQ를 높이는 가장 좋은 방법임을 명심하자.

Tips 심리학을 위한 교양 & 상식

뉴컴(Theodore Mead Newcomb, 1903~)은 미국의 심리학자로, 개인의 사회화, 대학이 학생에게 미치는 영향, 문제 청소년의 교화에 관한 연구에 큰 공헌을 했다. 1956년 미국 심리학회의 의장으로 선출되었으며, 1976년 미국 심리학회의 우수 과학 공로상을 수상했다.

베토벤의 운명

자기 격려는 어떠한 어려움 앞에서도 굴하지 않을 뿐 아니라, 오히려 실패와 좌절을 성공의 밑거름으로 삼는 것을 말한다. '자기 격려형 인간'은 행운이나 타인의 동정심을 바라지도 않으며, 실패했을 때 외부 환경이나 운명을 탓하지도 않는다.

베토벤은 불우한 어린 시절을 보냈다. 그의 아버지는 아들의 천재적 소질을 자랑하기 위해 아들이 네 살 때부터 지독한 연습을 시켰는데, 때로는 연습을 위해 심한 폭력을 일삼기도 했다. 게다가 열일곱 살이 되던 해, 베토벤은 어머니까지 잃어 정신적으로 의지할 대상마저 잃어버렸다.

베토벤은 서른 살이 되던 해 백작의 딸인 줄리엣트를 사랑하게 되었다. 하지만 그녀의 아버지는 베토벤의 신분이 낮다는 이유로 결혼을 반대했다. 베토벤은 줄리엣트를 위해 《월광소나타》를 헌정했지만 그녀는 결국 다른 백작에게 시집을 가고 말았다.

시련의 아픔도 컸지만 그에게 더 큰 고통은 점점 귀가 들리지 않는다는 사실이었다. 당시 그는 친구에게 다음과 같은 내용의 편지를 보냈다.

"만약 내가 다른 업종에 종사하고 있었다면 상황이 조금은 나았겠지. 하지만 내 직업이 이렇다보니 정말 무섭네."

베토벤은 귀를 치료하기 위해 백방으로 뛰어다녀도 소용이 없자 빈의 시골마을로 이사해 2년 동안 요양을 했지만 맞은편에 있는 교회의 종소리도 들리지 않을 만큼 병세가 악화되었다.

베토벤은 너무 절망한 나머지 몇 번이나 자살을 생각했다. 하지만 그는 삶을 포기할 수가 없었다. 당시 베토벤은 친구에게 다음과 같은 편지를 보냈다.

"나는 운명의 목구멍을 틀어막을 것일세. 절대 나를 무너뜨리지 못하도록 말이야."

베토벤은 남은 삶을 작곡에 전념하기로 결심했다. 빈은 훌륭한 피아니스트를 잃은 대신 위대한 작곡가를 얻게 된 것이다.

서른두 살부터 작곡을 시작한 베토벤은 2년 동안의 방황을 끝내고 드디어 자신의 특색을 담은 작품을 완성했다. 그 곡이 바로 《제3 교향곡(영웅교향곡)》이다. 이 곡은 원래 나폴레옹에게 헌상하기 위해 작곡했으나, 훗날 나폴레옹이 스스로를 황제로 칭했다는 소식을 듣고 분개하여 헌사를 다음과 같이 고쳤다고 한다.

'위대한 한 인물을 기념하기 위해 작곡함'

프랑스 군이 빈을 점령한 후 귀족들은 프랑스 군에게 잘 보이기 위해 앞을 다투어 귀중품을 헌상하고 파티를 열었다. 그 무렵 공작 한 명이 베토벤에게 프랑스 군을 위해 피아노를 연주할 것을 강요하자 베토벤은 그에게 의자를 던지고 기거하던 백작의 집을 나와 버렸다. 그는 떠나기 전 다음과 같은 쪽지를 남겼다.

"공작, 당신이 공작이 된 것은 우연히 부모를 잘 만났기 때문이오. 하지만 내가 오늘날의 베토벤이 될 수 있었던 것은 순전히 스스로 노력했기 때문이라오. 공작은 여러 명이지만, 베토벤은 오직 나 한 사람뿐이오."

한번은 베토벤이 괴테와 함께 산책을 하고 있는데 맞은편에서 황후와 태자 등 여러 귀족이 걸어오고 있었다. 괴테는 바로 옆으로 길을 비켰다. 그러자 베토벤이 태연하게 말했다.

"길을 비켜야 할 사람들은 우리가 아니라 저들일세."

하지만 괴테는 이미 모자를 벗고 허리를 구부려 황후와 태자를 맞이할 준비를 하고 있었다. 베토벤은 뒷짐을 지고 허리를 꼿꼿이 편 채 앞으로 성큼성큼 걸어갔다. 그러자 맞은편에서 걸어오던 태자가 베토벤을 알아보고 모자를 벗어 경의를 표했다. 따르던 귀족들과 하인들도 일제히 옆으로 길을 비키며 고개를 숙였다. 그들은 베토벤과 괴테의 모습이 사라질 때까지 허리를 구부린 채 배웅했다. 이 순간 베토벤은 자신의 존엄성을 뼛속 깊이 느끼고 있었다.

쉰네 살이 되던 해 베토벤은 《제9 교향곡》을 작곡했으며, 그 후 6년에 걸쳐 보완과 수정을 거듭했다. 1824년 5월 7일, 빈에서 처음으로 《제9 교향곡》을 지휘할 때 베토벤은 아무 소리도 들을 수 없었을 뿐 아니라 악보조차 보지 않았다. 그는 오직 기억에만 의존해 연주를 지휘했다. 연주가 끝나자 관중석에서 함성과 박수갈채가 쏟아졌다. 이날 박수는 무려 다섯 번이나 반복되었다. 황족이 출석했을 때 박수가 세 번인 것을 고려하면 그야말로 엄청난 호응이었다.

베토벤이 이처럼 어려운 상황에서도 끊임없이 불후의 명작을 작곡할 수 있었던 것은 바로 그가 가진 자기 격려의 기질 때문이었다. 자기 격려형 인간의 특징은 생활 속의 스트레스를 오히려 자기 발전을 위한 동력으로 전환하는 데 뛰어나다는 점이다. 그들은 정신적인 만족을 얻고자 부단히 노력하며, 특히 고통을 예술이나 업무능력으로 승화하는 능력을 가지고 있다. 실패와 좌절을 오히려 성공의 기회로 삼고 자신을 끊임없이 단련하는 강한 의지를 소유하고 있다.

베토벤은 실패와 좌절을 겪을 때마다 음악을 통해 마음의 평정을 되찾고자 했으며, 자신의 신분이 미천함에도 불구하고 절대 귀족들 앞에서 비굴함을 보이지 않았다. 그의 음악에도 이와 같은 강직하고 고귀한 성격이 그대로 녹아있다.

Tips 심리학을 위한 교양 & 상식

롭터스(Elizabeth Fishman Loftus, 1944~)는 미국의 인지심리학자로, 초기에는 학습과 문제 해결에 관해 연구했으며, 후기에는 인류의 기억에 관해 연구했다. 특히, 과거 사건의 정보가 어떻게 기억으로 전환되는지에 대한 연구로 유명하다.

나폴레옹의 자아도취

나르시시즘(narcissism, 자기애)의 특징은 자기 자신을 좋아하고, 항상 타인의 관심과 칭찬을 받고자 한다. 하지만 다른 사람과 평등하게 공존하는 능력이나 소통능력이 떨어진다.

나폴레옹은 어렸을 때부터 호전적인 성향을 드러냈다. 나폴레옹의 아버지는 열 살 때 그를 군관학교에 입학시켰다. 처음 학교에 입학했을 때, 나폴레옹은 선배와 동기들의 무시와 따돌림을 받았다. 하지만, 비록 몸집은 작고 힘이 약했지만 그는 단 한 번도 싸움에서 굴복한 적이 없었다. 그런 나폴레옹의 모습을 보고 친구들은 점점 그를 존경하고 두려워하기 시작했다.

프랑스 혁명이 발발하자 나폴레옹도 혁명에 가담했다. 1793년, 나폴레옹은 툴롱전투에서 포병을 이용해 전쟁을 승리로 이끌면서 군사적 재능을 인정받기 시작했다. 그 후 나폴레옹은 이탈리아, 이집트와의 전투에 출정해 전승을 거둠으로써 혁혁한 공을 세웠다. 계속되는 연승으로 그는 단 5년 만에 일개 포병 상위에서 십만 대군을 이끄는 장교가 되었다. 누구의 도움도 받지 않고 오직 스스로의 힘으로 이루어낸 쾌거였다.

1799년 11월 9일, 나폴레옹은 쿠데타를 일으켜 통령정부를 조직했다. 그는 국내적으로는 중앙권력을 강화하고, 법률을 개정했으며, 여론을 통제하고, 군비를 확충했다. 또한, 왕족을 숙청하고 해외정벌을 통해 영토를 확장했다. 나폴레옹의 부상은 다른 유럽국가에 커다란 위협으로 다가왔다. 이에 1800년 영국, 러시아, 오스트리아 등이 반 프랑스 동맹을 구축했다. 하지만 오스트리아 군대가 프랑스와 이탈리아의 접경지대에서 나폴레옹 군대의 기습을 받아 패배하고, 나폴레옹의 설득으로 러시아 국왕이 스스로 군대를 물리자 영국은 고립무원의 처지가 되었다.

1802년 3월 25일, 결국 영국은 프랑스와 아미앵 조약을 체결해 나폴레옹이 유럽에서 점령한 영토를 인정할 수밖에 없었다. 계속되는 승리로 나폴레옹은 국민들의 뜨거운 지지를 얻어, 1802년 종신 통령이 되었다. 하지만 그는 여기에 그치지 않고 1804년 3월에는 나폴레옹 법전을 공포, 5월에는 황제로 즉위했다. 황제가 된 나폴레옹은 유럽 땅을 자기 마음대로 분할하여 가족과 친척들에게 봉지(封地)로 하사했다. 그리고 1810년에는 이탈리아, 스페인, 네덜란드와 기타 복속국의 황제를 자처했다.

1812년 나폴레옹은 60만 대군을 이끌고 러시아를 침공했다. 러시아 군대는 정면대결을 피하고 계속 후퇴했다. 러시아군은 철수할 때마다 가지고 갈 수 있는 것만 빼고는 모조리 불태워버림으로써 나폴레옹 군대가 그 지역에 도착했을 때는 오직 황량한 폐허만 남아 있게 했다. 때마침 찾아온 겨울 추위 때문에 나폴레옹 군대는 기아와 추위에 허덕여야 했다. 설상가상으로 러시아 정규군과 유격부대는 번갈아 기습공격을 퍼부었다. 결국 나폴레옹 부대는 2만 7천 명의 병사만 살아남아 간신히 파리로 돌아올 수 있었다.

러시아 원정 실패는 몰락의 서막에 불과했다. 1813년 봄, 러시아, 영국, 오스트리아, 스웨덴 등으로 구성된 제6차 반 프랑스 동맹군이 침공했고, 1814년 4월 6일, 마침내 나폴레옹은 대내외의 인심을 모두 잃고 퐁텐블로 조약을 체결한 뒤 엘바 섬으로 추방되었다.

나폴레옹의 몰락은 지나친 자신감이 오히려 화를 불러올 수 있음을 보여준다. 과도한 자신감은 과도한 자기애를 불러오고, 과도한 자기애는 이상과 현실의 차이를 인식하지 못하도록 만든다. 나폴레옹은 모든 것이 자기중심적이었고, 스스로를 과대평가했으며 탐욕스러웠다. 이와 같은 사람들은 비판이나 실패, 좌절에 부딪히면 심하게 분노하거나 열등감, 혹은 우울증에 빠진다.

나폴레옹은 성공후에는 더 큰 책임이 뒤따르며, 만약 그 책임을 다하지 못했을 경우 모든 사람으로부터 신망을 잃을 수도 있다는 사실을 알지 못했다. 그래서 그는 거듭되는 성공에 전혀 위기의식을 느끼지 못했다. 결국 그는 타인에게는 계속 승리를 거두었지만, 그럴수록 스스로에게는 점차 패배하고 있었던 것이다.

물론, 사람은 자신을 사랑해야 한다. 하지만 그것이 지나칠 때는 오히려 화를 불러올 수 있다. 자기애를 가진 사람들이 삶에 피곤함을 느끼는 이유는 항상 다른 사람의 주의를 끌고자 하기 때문이다.

소탈하고 명랑하고, 담백한 성격만이 과도한 자기애를 극복하는 방법이다. 사람들의 관심에 대한 집착을 버리고 나보다 남을 먼저 생각할 때 번뇌와 고통이 사라지고 새로운 활력을 찾게 될 것이다.

Tips 심리학을 위한 교양 & 상식

나르시시즘(narcissism, 자기애)은 처음 문학적 개념에서 시작하여 훗날 임상적인 용어로 확대되었다. 1898년과 1899년 일부 심리학자들의 논문에 자신을 과도하게 사랑하는 병적인 현상을 가리켜 '자기애'라고 지칭하면서 점차 임상용어로 굳어지기 시작했다.

손목시계를
잃어버린 엠마

'강박적 인격 장애'란 완벽을 추구하고, 자신과 타인에게 지나치게 엄격한 것을 특징으로 하는 인격 장애를 일컫는다. 흔히 '강박증'이라고 하며, 이러한 강박증 환자들은 매사 조심하고, 고리타분하며 보수적이고 우유부단한 성격을 가지고 있다.

엠마는 의사에게 말했다.

"저희 집은 시골 오지 마을에 있어요. 어렸을 때부터 집안형편이 어려웠죠. 부모님은 농사를 지으시고 저는 맏딸이에요. 밑으로 남동생 3명과 여동생 2명이 있죠. 어려운 집의 장녀다보니 일찍 철이 든 편이었죠."

그녀는 자연스럽게 어린 시절의 이야기들을 풀어나갔다.

"저는 그래서 누구보다 열심히 살려고 노력했어요. 부모님 일도 열심히 도와드리고 공부도 열심히 했죠. 일분일초도 낭비할 수가 없었어요. 덕분에 단 한 번도 반에서 1등을 놓쳐본 적이 없어요. 아버지는 그런 저를 자랑스러워하셨어요. 그래서 당신이 안 먹고 안 입어 모은 돈으로 저에게 손목시계를 하나 사 주셨어요. 저는 너무 기뻤어요. 잃어버릴까봐 항상 시계를 차고 다녔죠. 잠 잘 때조차 절대 풀어놓지 않는데 체육시간에 그만 시계가 없어진 거예요."

엠마는 당시의 아픔을 떠올리는 듯 잠깐 얼굴을 찌푸렸다.

"운동장을 이 잡듯 뒤졌지만 결국 못 찾았어요. 저는 부모님께 그 사실을 도저히 말씀드릴 수가 없었어요. 그날 이후 성적도 점점 떨어지기 시작했죠."

엠마는 그날 이후의 이야기로 넘어갔다.

"얼마 후, 부모님은 새 소파를 사셨어요. 저와 동생들은 너무 좋아서 하루 종일 소파에서 뒹굴며 책을 읽거나 장난을 쳤죠. 그런데 하루는 어머니께서 소파가 망가지지 않게 소파 위에서는 장난을 치지 말라고 말씀하셨죠. 그 말을 들은 이후로 저는 감히 소파에 앉을 수가 없었어요. 그리고 그 증세가 점점 심각해지더니, 나중에는 보통 의자에조차 앉을 수 없게 되었죠. 졸업을 했지만 직장을 구할 수가 없었어요. 병을 고치기 위해 백방으로 뛰어다녔지만 전혀 소용이 없었죠. 부모님이 모아 놓으신 얼마 안 되는 저금이 저 때문에 바닥이 나고 말았죠."

엠마는 병세가 심각해졌던 과정에 대해 말했다.

"게다가 어느 순간부터 소변을 참는 것이 어려워졌어요. 참아야겠다고 생각할수록 더 화장실에 가고 싶어졌죠. 심지어 밥을 먹다가 화장실에 가고 싶은 생각이 들어서 참았더니 그만 구토를 하고 말았어요. 이 증세가 3년 동안 지속되었죠. 정말 너무 괴로웠어요. 다행히 3년이 지난 후 병세가 조금 호전되어 도시에 와서 여행가이드 일을 시작했어요. 이제 모든 것이 좋아졌다고 생각했죠. 하지만 최근 또 다시 여러 가지 생각들이 저를 괴롭히기 시작했어요. 지금 내가 배가 고픈가? 지금 내가 목이 마른가? 이 의자에는 앉아도 될까? 세숫대에 있는 빨래는 지금 해야 하나, 나중에 해야 하나? 등의 생각이 자꾸 머릿속을 맴돌아요. 집을 나선 후에도 가스불이나 문을 잠갔는지 확인하기 위해 다시 돌아간 적도 한두 번이 아니에요."

엠마는 걱정스러운 눈빛으로 의사에게 물었다.

"선생님, 저는 어쩌면 좋죠? 제 병을 치료할 수 있을까요?"

그녀의 심리는 긴장과 조급함을 해소하고자 하는 일종의 방어 메커니즘으로 정신적인 요인으로 인한 공포증과는 차이를 보였다. 의사는 그녀가 강박적 인격 장애 즉, 강박증을 앓고 있다는 결론을 내렸다.

강박증은 오랜 시간에 걸쳐 형성되며 일반적으로 유년기 시절부터 시작된다. 특히 부모가 엄격한 경우 자녀가 강박증에 걸릴 확률이 높아진다. 또한 가족 구성원들이 지나치게 위생을 강조할 경우 아이에게도 영향을 미치게 되며, 심할 경우 결벽증을 불러올 수도 있다. 이밖에, 유년 시절 큰 좌절이나 정신적인 충격을 받은 경우에도 강박증에 걸릴 수 있다.

강박증은 유전적인 요인도 작용한다. 연구결과에 따르면, 강박증 환자의 가족이나 친척이 강박증에 걸릴 확률은 보통 사람에 비해 높다고 한다.

Tips 심리학을 위한 교양 & 상식

스턴버그(Robert J. Sternberg, 1949~)는 미국의 심리학자로, 삼위일체론을 주장한 것으로 유명하다. 이 외에도 인류의 창조성과 사유방식, 학습방식의 연구에서 많은 업적을 남겼다.

여자의 직감

여자의 직감이 뛰어나다는 것은 이미 모두가 인정하고 있는 사실이다. 남자들은 때로 여자의 직감에 혀를 내두르며 감탄한다. 여자들은 어째서 이토록 직감이 발달한 것일까?

도라스 씨는 애인과 데이트를 한 후, 식당 영수증, 호텔 성냥 등 증거물이 될 수 있는 물건을 모두 버린 후에야 안심하고 집으로 들어간다. 그는 현관을 들어서자마자 일부러 피곤한 척하며 이렇게 말한다.

"고객들이 얼마나 성화인지, 더러워서 못 해먹겠어!"

하지만 부인은 미친 듯이 소리를 지르며 다그친다.

"거짓말 말아요. 지금까지 뭐 하다가 온 거에요? 똑바로 말하지 못해요!"

도라스 씨는 그럴 때마다 일종의 두려움마저 든다. 부인은 마치 천리 밖에서 벌어지고 있는 부적절한 관계까지도 모두 꿰뚫어 보고 있는 것만 같다. 여자들은 어째서 이토록 직감이 발달한 것일까? 흔히 말하듯 남성은 이성적이고 여성은 감성적이기 때문인지는 몰라도 어쨌든, 남자와 여자의 심리와 행위에는 커다란 차이가 있는 것만은 사실이다.

아래는 성별 차이에 관한 재미있는 연구결과이다.

1. 25%의 남성은 처음 데이트 때 여성에게 반한다. 하지만 여성은 4번을 만난 후에도 남성을 좋아하게 되는 확률이 15%에 지나지 않는다.
2. 여성은 결정을 내리는 속도가 남성보다 빠르다.
3. 취학 전의 남자아이는 여자아이에 비해 다른 사람을 지배하려는 경향을 보인다. 성인이 된 후, 결혼생활이 길어질수록 남편은 부인을 지배하고자 한다.
4. 결혼파탄의 대부분의 원인은 사랑이 없기 때문이 아니라 사랑을 표현하는 방법을 모르기 때문이다.
5. 성인을 대상으로 한 조사 결과, 뒤에서 다른 사람의 소문을 내거나 이간질을 시키는 행위는 남성과 여성이 비슷했다.

6. 폭음을 하는 사람 중 70-80%가 남성이었으며, 폭음을 하는 아내와 계속 살겠다고 대답한 남편은 10%인 것에 반해, 폭음을 하는 남편과 계속 살겠다고 대답한 여성은 90%였다.
7. 범죄를 저지른 싱글남성의 수는 기혼남성보다 많았으나, 범죄를 저지른 싱글여성은 기혼여성의 수보다 적었다.
8. 자신이 행복하다고 응답한 기혼남성의 수는 자신이 행복하다고 느끼는 싱글남성에 비해 2배나 많았지만, 기혼여성은 대부분 싱글여성에 비해 행복하지 못하다고 밝혔다. 이 결과는 아이가 있는 경우와 없는 경우 모두 똑같았다.
9. 남성들은 낯선 곳에서 낯선 남자와 마주하는 꿈을 자주 꾸며, 대부분은 폭력적인 내용인 것으로 나타났다. 설령 여성이 등장한다고 해도 대부분 섹스와 관련된 것이었다. 이에 비해 여성들은 익숙한 환경과 가족 혹은 친구가 등장하며 즐겁고 화목한 꿈을 자주 꾼다. 하지만 월경이 시작되기 직전에는 악몽이나 불쾌한 꿈을 꾸는 것으로 나타났다.
10. 독일의 한 신문사에서는 상점 앞에 전신거울을 두고 지나가는 남녀를 관찰하는 실험을 했다. 8시간 동안 1620명의 여성이 지나갔는데, 그 중 1/3 정도의 여성만이 잠시 거울 앞에서 자신을 살펴보고 지나갔다. 이에 비해 그 앞을 지나간 600명의 남자는 거의 100% 거울 앞에 멈추어 서서 오랫동안 자세히 거울 속의 자신을 살펴보았다. 그러면서 수시로 주위에 사람이 있는지 살펴보았다고 한다.

Part 4

마음을 치유하는
의학 심리

의학심리학이란 심리학의 이론과 기술을 의학에 접목시킨 분야로 자연과학의 특징과 함께 사회과학의 성질도 가지고 있다. 의학심리학의 연구대상은 주로 의학 분야에서 발생하는 심리학적 문제 즉, 질병의 원인과 진단, 치료 및 예방에 심리적인 요인이 미치는 영향을 연구한다.

질병은 환자의 신체적 요인으로 기인할 때도 있지만, 때로 심리적 요인 혹은 사회적 요인으로 인해 발생하기도 한다. 이미 임상실험을 통해 유해물질이 육체적인 질병 뿐 아니라 정신적 질병을 유발할 수도 있으며, 심리적인 요인 또한 육체적 질병을 유발할 수 있음이 밝혀졌다. 또, 이와 반대로 약물을 이용해 정신질환을 치료하거나, 심리치료를 통해 육체적인 질병을 완화시킬 수도 있다.

본 장의 목적은 독자들에게 의학심리학을 설명함으로써 심신의 건강을 지키고, 문제가 생겼을 때 효과적으로 대처할 수 있도록 하는 데 있다.

인간의 정신세계는
거울로 이루어진 방과 같다.
우리가 보는 것은 세상이 아닌 자신이다.

프로이트의 자유연상법

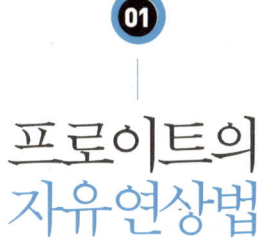

자유연상법은 프로이트가 정신분석을 할 때 즐겨 사용한 방법 중 하나로, 환자를 조용한 방의 소파에 눕힌 후 편안하게 연상하도록 하는 방법이다. 잠재의식 속에 억제되어 있던 심리를 의식의 영역으로 끄집어냄으로써 환자 스스로 병의 원인을 찾도록 도와준다.

올해 마흔 살인 에이미는 부유한 가정에서 태어났다. 스물세 살 때 자신보다 나이가 훨씬 많은 사업가와 결혼했는데, 몇 년 안 되어 남편은 중풍으로 세상을 떠나고 말았다. 그 후 14년 동안 에이미는 우울증과 불면증, 두통 등 각종 질병에 시달리며 여러 병원에서 온갖 치료를 다 받아봤지만 소용이 없었다. 한 친구가 프로이트를 찾아가 진료를 받아보라고 권했다. 당시의 상황에 대해 프로이트는 이렇게 말했다.

"나는 그녀를 소파에 눕게 한 후, 손가락 하나를 잡아 주었습니다. 그리고 깊은 잠에 빠지라고 명령을 했지요. 에이미는 곧 깊은 수면 상태에 빠졌습니다. 저는 잠만 잘 자면 모든 증상이 좋아질 것이라고 암시를 했습니다. 그녀는 수면 중에도 제 말을 열심히 듣더군요. 그리고 얼마 안 있어 얼굴의 긴장이 풀리고 안색이 평온해졌습니다."

프로이트는 최면상태의 환자와 대화를 시도했다. 가장 중요한 목적은 그녀의 어린 시절 이야기를 듣기 위해서였다. 저녁 무렵. 최면상태의 에이미에게 프로이트가 물었다.

"부인은 왜 쉽게 놀라는 것입니까?"

에이미가 대답했다.

"어렸을 때 기억 때문이에요."

"몇 살 때죠?"

"다섯 살이요. 저에게는 동생들이 많았는데 죽은 동물을 저한테 던졌어요. 그때 처음으로 기절과 발작을 경험했지요. 고모는 발작을 한 것이 부끄러운 일이라고 했어요. 그래서 다시는 발작을 하지 않았죠. 그런데 일곱 살이 되던 해 여동생 한 명이 싸늘한 시체로 관에 누워있는 것을 목격했어요. 그 후 동생들은 귀신 분장을 하고 저를 놀렸지요. 아홉 살 때는 고모가 관에 누워있는 것을 봤습니다. 그런데 그때, 고모의 손이 갑자기 아래로 떨어졌어요. 저는 너무 놀라서 심장이 멎는 것만 같았어요."

다음 치료 때도 프로이트는 똑같은 방법으로 에이미와 대화를 했다. 그때마다 에이미는 어릴 때의 경험에 대해 털어놓으며 감정이 복받치는 모습을 보였다. 프로이트는 에이미의 치료과정에 대해 이렇게 말했다.

"제 치료의 가장 큰 목적은 그녀가 가지고 있는 나쁜 기억을 의식 위로 끄집어내서 지워버리는 것입니다."

전통 최면 요법에서 환자는 단지 치료사의 암시만을 피동적으로 받아들였다. 하지만 프로이트는 최면상태에서 환자와 대화를 함으로써 나쁜 기억을 발산하도록 도왔다. 프로이트는 자신의 치료법에 대해 이렇게 말했다.

"무엇인가 발산한다는 것은 억압되어 있음을 뜻하지요. 나쁜 장면들은

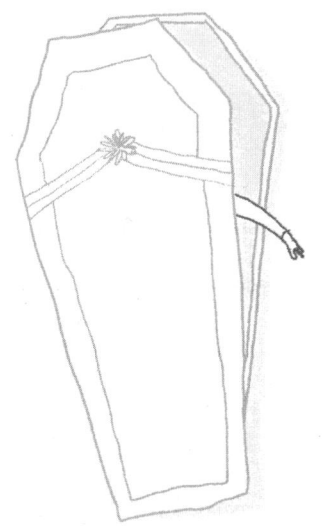

무의식 속에 단단하게 억압되어 있기 때문에 환자가 정상적인 심리상태일 때는 기억이 나지 않습니다. 오직 최면상태에서 대화를 통해서만 나쁜 기억의 장면들을 의식의 세계로 끌어낼 수 있는 것이죠."

치료가 진행되면서 에이미는 프로이트의 치료방법에 점차 적응해 갔으며, 심지어 의식이 분명한 상태에서도 자연스럽게 예전의 경험들을 말할 수 있게 되었다. 이것이 바로 자유연상법의 시초이다.

프로이트는 기존의 심리 치료사들과 똑같은 최면요법을 사용했지만 대화라는 새로운 기법을 도입해 더 큰 발산효과를 얻어냈다. 그의 치료실에는 기이한 모양의 가면과 문양, 조각 등이 가득했는데, 이것들 모두 일종의 암시효과를 위한 것이었다.

Tips 심리학을 위한 교양 & 상식

프로이트(Sigmund Freud, 1856~1939)는 오스트리아의 심리학자이자 정신과 의사이며, 정신분석학파의 창시자이기도 하다. 그의 가장 큰 업적은 무의식의 역할에 대한 중요성을 제시했다는 데 있다. 이밖에 인격구조이론, 인류의 성본능 이론 및 심리방어기제 이론 등을 제시했다. 대표적인 저서로는 《꿈의 해석》, 《히스테리 연구》, 《성의 이론에 관한 3가지 논문》 등이 있다.

최면술의 창시자
메스메르

메스메르는 자기장을 이용해 사람의 병을 고칠 수 있다고 주장했다. 그는 자기장이 환자의 몸을 일종의 임계 상태(한 종류의 상태에서 또 다른 종류의 상태로 변하는 것)로 만들어 각종 반응이 일어나도록 하며, 이러한 반응과 흥분이 지나간 후에는 자연스럽게 병이 완쾌된다고 주장했다. 그의 이러한 치료 방법을 '동물 자력'이라 부른다.

18세기 파리의 한 진료실, 벽은 값비싼 그림과 크리스탈로 장식되어 있고, 바닥에는 두터운 페르시아 융단이 깔려있다. 방 한가운데에는 커다랗고 둥근 통이 놓여 있고, 거기에 쇠막대가 몇 개 나와 있는데 10명 정도 되는 환자들이 그것을 잡는다. 그러자 구석에 있던 연주단이 단조로운 음악을 연주한다. 잠시 후, 음악소리가 서서히 멈추자 한쪽 벽에 있던 큰 문이 열리고, 자주색 망토를 걸친 남자가 쇠막대기를 들고 들어온다.

남자를 본 환자들의 얼굴에 일제히 긴장과 공포가 감돈다. 남자는 엄숙한 표정으로 환자들을 하나하나 살펴본다. 그리고 곧 한 남자 환자를 뚫어져라 응시하더니 이렇게 명령한다.

"잠들어라!"

그러자 남자 환자가 눈을 감더니 힘없이 고개를 떨어뜨린다. 다른 환자들이 안도의 숨을 쉴 겨를도 없이, 남자는 한 여자 환자에게 서서히 다가오더니 쇠막대기를 여자의 팔에 갖다 댄다. 그러자 여자의 몸이 자극으로 심하게 경련을 일으킨다. 남자가 환자들 사이를 서성일수록 환자들은 점점 흥분하며 큰 소리로 고함을 지른다. 그리고 이내 모두 기절해 깊은 잠에 빠져든다. 이 신비한 남자의 이름은 프란츠 안톤 메스메르라는 의사로 지금 이른바 '메스메르 치료법'을 시행하고 있는 중이다.

1770년대, 사람의 성질과 능력은 태어나면서부터 갖추어져 있다는 독일의 선천론자와 영국의 연상주의자들이 침묵과 사색을 통해 심리학을 이해하고자 할 때, 의사 출신인 메스메르는 이미 자석을 이용한 새로운 치료법을 사용하고 있었다. 그는 인간의 자기장이 교정되면 육체적, 심리적 질병이 모두 치료될 수 있다고 주장했다. 진료비가 비쌌음에도 불구하고 진료소 앞은 매일 문전성시를 이루었다. 비록 그의 이론은 황당하기 그지없으나, 이상하게도 병을 치료하는 데 탁월한 효과를 발휘했다. 메스메르의 명성은 순식간에 파리와 빈 전역에 퍼졌다.

'메스메르 치료법'이 발명된 경위는 다음과 같다. 1773년, 한 젊은 여성이 원인 모를 병에 걸렸는데 전국의 병원을 다 돌아다녀도 소용이 없었다. 여자가 메스메르의 병원을 찾았을 때, 메스메르도 뾰족한 수가 없기는 마찬가지였다. 그러던 중 갑자기 예전에 어떤 목사에게서 자석이 인체에 영향을 줄 수 있다는 말을 들은 기억이 떠올랐다.

여자 환자가 두 번째 병원을 찾은 날, 메스메르는 밑져야 본전이라는 심정으로 환자의 몸에 조심스럽게 자석을 올려놓았다. 그러자 환자가 몸을 조금씩 떨기 시작하더니, 시간이 지나자 심하게 경련을 일으키며 기절해 버렸다. 메스메르는 이것이 호전반응이 아닐까 기대했다. 환자가 깨어났을 때 증상이 상당히 호전되었으며, 그 후 일련의 치료를 더 거치자 병이 완전히 치유되었다. 사실 여자는 일종의 히스테리성 정신병을 앓고 있었으며, 건강을 회복한 것은 암시효과 덕분이었다.

훗날 국왕은 특별 위원회를 구성해 메스메르 치료법의 진상을 조사하도록 했다. 조사결과, 자석효과는 처음부터 없었다는 결론을 내렸다. 하지만 왕에게는 '자석효과는 단지 상상에 불과했다.'라고 잘못 보고되었다. 그 후, 메스메르의 명성은 급격히 쇠락하여 남은 30년의 생애를 스위스의 작은 마을에서 은거하며 살았다.

사실 메스메르의 방법이 완전히 틀린 것은 아니었다. 그의 치료에는 일종의 최면기법이 포함되어 있었다. 오늘날 최면요법도 메스메르의 최면기법을 바탕으로 발전된 것이다. 최면에 빠지면 의식 활동이 멈추지 않은 상황에서 정신이나 이성이 희미해지고 자제력을 잃는다. 구체적으로는 다음과 같은 특징을 보인다.

1. 감각이 마비된다. 일부 실험 대상자들은 최면상태에서 수술을 받고도 통증을 느끼지 못했다.
2. 감각이 왜곡되고 환각현상을 보인다. 최면상태에서는 환청이나 환시현상이 나타난다. 즉, 아무 자극도 주어지지 않은 상황에서 소리를 듣거나, 형상을 보거나, 냄새를 맡게 된다.
3. 평소에는 사회적 통념이나 도덕의식 때문에 할 수 없었던 일을 할 수 있다. 예를 들면, 최면술사의 명령에 따라 많은 사람들 앞에서 옷을 벗거나, 타인에게 폭력을 행사할 수 있게 된다.

4. 최면 당시를 완전히 잊어버릴 수 있다. 최면술사는 최면 당시에만 환자의 심리활동을 지배할 수 있는 것이 아니라, 최면이 끝난 다음의 심리활동에도 영향을 미칠 수 있다. 예를 들면, 최면에 빠졌을 때의 기억을 모두 지워버리라고 명령하면 환자는 최면에서 깨어난 후 아무 것도 기억하지 못하게 된다.

연구결과에 따르면 최면에 빠지는 데는 개인차가 상당히 큰 것으로 밝혀졌다. 10명 중 1명 정도는 최면에 아무런 반응을 보이지 않으며, 극단적으로 쉽게 최면에 빠지는 사람도 10명 중 1명꼴에 지나지 않았다. 이러한 차이를 보이는 이유는 최면을 믿는 정도, 최면에 임하는 적극성에 차이가 있기 때문이다. 이밖에, 심리치료사를 믿고 의지할수록 치료효과가 큰 것으로 나타났다.

Tips 심리학을 위한 교양 & 상식

프란츠 안톤 메스메르(Franz Anton Mesmer, 1734~1815)는 1770년대, 독일의 선천론자와 영국의 연상주의자들이 침묵과 사색을 통해 심리학을 이해하고자 할 때, 자석을 이용한 새로운 치료법을 개발했다. 인간의 자기장이 교정되면 육체적, 심리적 질병이 모두 치료될 수 있다는 것이 그의 이론적 근거였다.

03
브로이어의
카타르시스 치료

프로이트는 사람들이 자신의 과거의 경험과 감정을 주위 사람에게 적용시키는 경향이 있다고 주장했다. 이것을 '감정이입'이라고 한다.

1882년, 프로이트는 브로이어라는 정신과 의사와 그의 환자인 안나의 치료 사례에 관해 듣게 되었다. 안나는 건강한 여성으로 성장과정에서 단 한 번도 정신병을 앓았던 적이 없었다. 총명하고 지적이었으며 상상력도 풍부했다. 하지만 그녀는 내면을 너무 억압하고 있었다. 때로는 의지가 너무 지나쳐 고집스럽게 보였고, 감정을 과장되게 표현하는 경향도 있었다. 감정의 기복이 심해 아주 기쁘다가 갑자기 우울해지기도 했으며, 성적인 발육이 제대로 이루어지지 않은 편이었다.

안나가 스물한 살이 되던 해, 안나의 아버지는 늑막에 농양을 앓았다. 안나는 지극정성으로 아버지를 간호했다. 그런데 한 달이 조금 지날 무렵부터 안나에게도 빈혈, 불면증, 식욕감퇴, 내사시와 같은 증상들이 나타나기 시작했다. 병은 날이 갈수록 심해지더니 결국 사지가 마비되고 흥분과 우울증이 교차적으로 나타나는 정신병적 증상이 나타나기 시작했다.

12월 11일 병석에 누운 안나는 이듬해 4월 1일이 되어서야 겨우 회복의 기미를 보였다. 하지만 4월 5일 아버지가 세상을 떠나자 그녀는 다시 충격으로 이틀 동안 의식을 잃었다. 얼마 후, 그녀는 조금 진정이 되는 듯 보였으나 여전히 환각과 불면증, 거식증에 시달렸으며 언어구사가 자유롭지 못하고 때로 자살충동을 강하게 느꼈다.

치료가 진행되면서 이러한 증상들이 다소 완화되기는 했으나 완전히 최면에 의한 것이라고는 볼 수 없었다. 당시의 상황에 대해 브로이어는 이렇게 말했다.

"안나는 결코 암시를 받아들이지 않았습니다. 그녀는 누군가의 단언보다는 논쟁과 이성적인 사고를 좋아했지요. 안나의 증상이 호전된 것은 자아암시와 발산으로 인한 것이었어요."

프로이트가 주목한 것은 안나가 자신이 환각에 대해 말하면서 증상이 호전되었다는 사실이었다. 물론 안나가 말한 환각에는 증상을 유발한 요인들이 포함되어 있었다.

안나는 어린 시절 싫어하는 여자 가정교사의 집을 방문한 적이 있었다. 그곳에서 그녀는 개가 컵의 물을 핥아 마시는 광경을 목격하고 심한 메스꺼움을 느꼈다. 하지만 선생님에 대한 예의를 지켜야 했기 때문에 아무 말도 할 수가 없었다. 그 후 안나는 아무리 목이 말라도 물을 마실 수 없는 괴이한 증상을 앓기 시작했다. 결국 그녀는 최면을 통해 그날의 혐오와 분노를 발산한 후에야 다시 자유롭게 물을 마실 수 있었다.

당시 안나의 치료 과정에 대해 브로이어는 이렇게 말했다.

"안나와 같은 증상은 대화를 통해 치료가 가능합니다. 하지만 치료는 반드시 최면상태에서 이루어져야하며, 효과를 높이기 위해서는 증상의 원인이 된 사건들을 큰 소리로 말하는 것이 좋습니다."

다시 말해, 안나는 치료 과정에서 예전에 겪었던 일과 당시의 느낌을 다시 경험함으로써 증상이 호전될 수 있었던 것이다. 이와 같은 치료법을 스스로 '대화요법' 혹은 '굴뚝 청소하기'라고 이름 붙였다. 이것이 바로 4년 후, 프로이트가 사용하기 시작한 최면요법 중 하나인 '최면 발산법'의 모태가 되었다.

위의 사례에서 가장 흥미로운 사실은 브로이어와 프로이드가 안나의 증상과 치료과정에 관해 서로 다른 관점을 보였다는 점이다. 표면적으로는 단순한 학술적 견해 차이처럼 보였지만, 더욱 근본적인 원인은 정신분석의 가장 기본적인 문제 즉, 감정이입과 역감정이입으로 인한 것이었다.

브로이어의 치료 기록을 보면 안나가 성적으로 성숙하지 못했다는 내용을 볼 수 있다. 프로이트는 안나가 병든 아버지를 돌보며 보였던 감정적인 변화들을 고려해 보면 그녀의 진짜 병인을 짐작할 수 있다고 보았다.

정신분석학의 이론에 따르자면, 브로이어가 안나의 치료사례를 기록하면서 성적발달 미숙을 강조한 이유는 치료과정에서 발생할 수 있는 환자와의 난처한 관계를 피하고, 자신의 결백을 증명하기 위해서였다. 훗날 브로이어는 정신분석 학설을 상당부분 부정했는데, 프로이트는 이것이 바로 역감정이입의 증거라고 보았다. 역감정이입은 정신분석학에서 사용하는 용어로, 다음과 같은 두 가지 상황을 예로 들 수 있다.

1. 의사가 치료과정에서 무의식중에 발생한 감정을 환자에게 대입시키는 것을 말한다. 즉, 과거 자신이 겪었던 인물과 환자를 동일시하는 것이다.

이때의 역감정이입은 방향만 다를 뿐 일반적인 감정이입과 같다. 일반적인 감정이입이 환자가 의사를 과거의 인물과 동일시하는 현상이라면, 역감정이입은 의사가 환자를 과거 인물과 동일시하는 현상이다. 예를 들면, 의사가 환자를 통해 아버지를 떠올리게 되면서 적극적인 치료가 어렵게 되는 경우를 들 수 있다.

2. 의사가 환자의 감정이입에 감정적인 반응을 보이는 것을 의미한다. 예를 들면, 환자가 분노의 감정을 의사에게 이입시켰을 때, 의사가 분노의 원인을 이성적으로 밝혀내는 것에 실패하면서 자신 또한 환자를 분노로 대하는 경우이다.

따라서 의사는 역감정이입에 빠지지 않도록 항상 자신을 일깨우고 주의할 필요가 있다. 역감정이입은 의학적인 기술이나 태도의 문제가 아니라, 현실감각을 잃지 않기 위한 노력과 주의에 달려 있다. 의사는 끊임없는 자기성찰과 자아분석을 통해 정확하고 효과적인 치료가 이루어질 수 있도록 해야 한다.

Tips 심리학을 위한 교양 & 상식

스펜스(Kenneth Wartenbe Spence, 1907~1967)는 미국의 신행위주의 심리학자로, 조건작용과 학습이론으로 명성을 얻었다. 1955년 미국 국가과학원의 원장으로 선출되었고, 1956년 미국 심리학회의 우수 과학 공로상을 수상했다.

히틀러의 원초적 자아

프로이트는 인간의 심리를 원초적 자아(id), 자아(ego), 초자아(superego)로 구분했다. 여기에서 원초적 자아는 리비도를 포함하고 있다. 리비도란 성욕을 일컫는 말로 인간 정신 활동의 가장 기본이 되는 에너지이다. 원초적 자아는 항상 쾌락을 만족시키고자 하는 욕망으로 가득 차 있는데, 대부분 사회적 윤리와 위배되는 경우가 많다. 이에 비해 초자아는 도덕적 원칙을 준수하고자 한다. 이로 인해 사회의 도덕규범과 위배되는 원초적 자아의 욕구는 무의식 속에 억압당하게 된다. 간단히 말하면, 원초적 자아는 방종한 욕망, 자아는 이성과 신중함, 초자아는 도덕과 양심이다.

제2차 세계 대전 당시, 전세가 점차 연합국에게 유리하게 돌아가자 미국, 영국, 소련은 유럽대륙에 상륙하여 전투를 전개하는 방안에 대해 상의했다. 루스벨트 대통령은 상륙시기를 정하기 위해 정보국에 되도록 빠른 시일 내에 히틀러의 성격에 관한 보고서를 제출하라고 명령했다. 한 달 후, 정보국은 〈히틀러의 성격 특징 및 분석에 관한 보고서〉를 제출했다

보고서에 따르면 히틀러는 집권한 직후부터 여러 번 코 성형 수술을 받았다. 코뼈가 가지런하고 높아야 남자의 기개가 느껴진다는 것이 이유였다. 하지만 수술은 비밀리에 진행되었다. 국민들에게 여자처럼 미용에 신경 쓴다는 인상을 남기고 싶지 않았기 때문이다. 게다가 당시 유럽에서는

하나님이 주신 신체에 마음대로 손을 대는 것은 옳지 않다는 이유로 성형 수술을 명예롭지 못한 일로 보았다.

히틀러는 의사에게 사람들이 알아채지 못하도록 조금씩 여러 번에 나누어 코를 높여달라고 주문했다. 심지어 소련과의 전쟁에서 계속 패전 소식이 날아오는 상황에서도 수술은 여전히 계획에 맞춰 진행되었다. 히틀러는 쉰 살이 되면서부터 이미 노안으로 안경을 끼기 시작했다. 하지만 자신이 안경을 끼고 있는 모습을 사진 찍는 것을 엄격히 금지했다.

히틀러는 놀랍게도 혈액공포증(피를 눈으로 보는 것을 병적으로 무서워하는 심리적 질병)을 앓고 있었다. 한번은 애인이 실수로 칼에 손을 베자 놀라서 고함을 지르기도 했다. 히틀러는 동물을 무척 사랑했다. 그는 자신이 기르던 공작새가 죽자 가슴아파하며 눈물을 흘렸다. 하지만 며칠 후, 히틀러는 눈 하나 깜짝하지 않고 수십만 명의 유태인을 학살했다.

히틀러는 운전을 할 줄 몰랐다. 하지만 깊은 밤 자동차를 타고 도로를 질주하는 것을 즐겼다. 때로는 기사에게 100km/h의 속도로 달리라고 명령하기도 했다. 당시 100km/h는 거의 죽음의 질주에 가까운 속도였다. 기사는 그때 받은 스트레스로 훗날 정신 이상을 겪기도 했다. 하지만 히틀러는 공적인 자리에서는 항상 시속 37km를 유지하라고 당부했다.

히틀러는 유독 긴 탁자를 좋아했다. 그 때문에 독일의 유명한 목수들은 종종 긴 탁자를 만들라는 주문을 받았으며, 가장 길었던 탁자는 길이가 무려 15.25m나 되었다.

미국의 심리분석가들은 위의 자료를 근거로 히틀러가 심각한 정신적 문제를 가지고 있음을 알아냈다.

1. 긴 탁자를 좋아한다.

   위원장 자리에 앉음으로써 일종의 위엄을 보여줄 수 있으며, 타인과 먼 거리를 유지할 수 있다. 즉, 긴 탁자를 좋아하는 것은 위신을 높이기 위한 것이기도 하지만, 부하들을 믿지 못하고 있다는 증거이기도 하다. 심지어 모든 사람에게 공포심을 느끼고 있다는 의미도 된다. 따라서 이것은 히틀러의 심약한 정신 상태를 보여준다.

2. 심한 압박감

   사람들은 심리적 압박에서 벗어나기 위해 때로 차를 몰고 도로를 질주하곤 한다. 특히 히틀러처럼 생명을 담보로 할 정도로 위험한 질주를 즐긴다는 것은 그만큼 압박이 심하다는 것을 의미한다.

이 외에도 각종 정서적 결함이나 모순, 왜곡된 성격 등으로 미루어 볼 때 히틀러는 심각한 심리장애를 겪고 있었던 것이 분명하다.

프로이트의 말을 빌리면, 히틀러의 괴이한 행동들은 원초적 자아와 초자아가 충돌하는데 따른 심리적 고통을 줄이기 위한 것이었다. 아무리 가식적으로 자신을 꾸미려고 노력해도 원초적 자아의 충동을 피하기는 어렵다. 이때, 원초적 자아와 초자아의 차이가 클수록 인격의 왜곡현상도 심해진다. 히틀러가 보인 일련의 기이한 행동들도 바로 이와 같은 고통을 줄이기 위한 것이었다.

연합군은 위의 분석을 토대로 히틀러가 지나가는 곳마다 폭격을 가함으로써 심리적 압박을 가중시켰다. 이로 인해 히틀러는 정신분열이 심해지면서 오판이 잦아지게 되었고, 결국 연합군에 패하고 말았다.

Tips 심리학을 위한 교양 & 상식

도이치(Morton Deutsch, 1920~)는 미국의 사회심리학자로, 집단의 관계, 협력, 경쟁에 관한 연구에 주력했다. 1987년 미국 심리학회의 우수 과학 공로상을 수상했다.

뛰어내리고
싶은 충동

강박증의 특징은 의식적인 자아 강박과 자아 반강박이 함께 존재하는 것으로, 강박과 반강박의 충돌로 인해 극도의 긴장감과 불안을 느끼게 된다. 환자 자신도 강박 증세가 비정상적이라는 사실을 알고 있지만 스스로 통제가 불가능하다.

심리치료실에 한 젊은 남자가 들어왔다. 그는 의사 앞에 자리를 잡고 앉더니 괴로운 표정으로 말을 꺼냈다.

"제 이름은 존이에요. 올해 스물세 살이죠. 요즘 머릿속에서 괴상한 생각이 떠나질 않아요. 자꾸만 높은 곳에서 뛰어내리고 싶은 충동이 들어요."

존은 병의 진행과정을 설명했다.

"처음에는 별로 신경 쓰지 않았어요. 그런데 갈수록 점점 더 심각해지더군요. 심지어 차를 타고 가면서, 다리를 건너면서, 건물 위에 있을 때마다 항상 뛰어내리고 싶은 충동이 느껴졌어요. 때로는 길을 지나다 높은 건물을 올려다보며 '저 위에서 뛰어내리면 어떨까' 하고 생각해 보기도 했죠. 그대로 죽는다고 생각하니 정말 오싹하더군요. 전 아직 젊은데다 죽고 싶은 마음은 눈곱만큼도 없어요. 그래서 죽음에 대한 생각을 되도록 안 하려고 노력했죠. 그런데 그럴수록 죽는 장면이 자꾸 떠올랐어요. 한번은 버스를 타고 변화한 거리를 지나다 갑자기 나도 나도 모르게 버스에서 뛰어내렸어요. 그 순간 무슨 생각을 했는지, 떨어질 때 느낌이 어땠는지는 전혀 기억이 나지 않아요. 그리고 며칠이 지난 후 머리를 식히기 위해 교외로 갔어요. 되도록 인적이 많은 곳으로 갔죠. 사람들과 섞여있으면 충동을 덜 느낄 수 있을 것이라고 생각했기 때문이에요. 오후쯤 작은 개천을 지나면서 다리 아래를 내려다보니 물이 깊고 맑아 보였어요. 그러자 또 다시 뛰어내리고 싶다는 충동이 들었어요. 이성으로 통제해볼 겨를도 없이 몸은 벌써 아래로 떨어지고 있었죠. 다행히 물은 제 키를 넘지 않았어요. 하지만 저는 그럼에도 불구하고 한참 동안 살고 싶다는 생각에 심하게 발버둥을 쳤죠. 몇몇 사람들의 부축을 받아 개천가로 걸어 나오자 갑자기 부끄러움으로 온몸이 달아올랐어요. 그래서 일부러 술에 취한 척했죠. 놀랍게도 사람들은 쉽게 속아주더군요. 한 사람이 제 호주머니 속에서 명함을 꺼내더니 회사에 전화를 해줬어요. 몇 분 후에 회사에서 차를 보내 저를 데리고 갔지요. 다음날 보니 회사에 제 소문이 쫙 퍼졌더군요. 사람들은 제가 실연을 당해서 자살을 기도했다고 생각하는 눈치였어요. 진실을 알고 있는 사람은 오직 저뿐이었죠."

존은 계속해서 관련된 경험들을 털어놨다.

"작년에는 연말 휴가를 보내기 위해 고향에 가려고 버스를 탔죠. 휴게소에 들렀을 때, 바람을 쐬려고 여기저기를 보고 있는데 멀지 않은 곳에 절벽이 있는 것이 보였어요. 절벽 가까이 다가가 아래를 내려다보는 순간 뛰어내리고 싶다는 강한 충동에 휩싸였어요. 아래에는 강물이 소용돌이치고 있었어요. 떨어지면 바로 죽겠다 싶었죠. 머리가 멍한 상태에서 뛰어내릴까 말까 고민하고 있는데 기사가 버스가 곧 떠날 것이라며 저를 불렀어요. 덕분에 충동에서 깨어나 무사할 수 있었죠. 이런 일들이 반복되자 여자 친구는 저를 떠나버렸어요. 업무에 집중을 할 수도 없었죠. 결국 지금은 회사에서 해고된 상태에요."

그는 처음 충동을 느꼈을 때의 이야기를 들려주었다.

"어렸을 때 높은 곳에서 떨어진 적이 있었어요. 친구들과 숨바꼭질을 하다가 실수로 베란다에서 떨어졌죠. 다행히 저희 집은 2층이었고, 떨어질 때 1층에 있던 빨랫줄에 걸렸다가 떨어졌어요. 그래서 크게 다치지는 않았지만 뼈가 약간 골절되고 찰과상을 입어 피가 조금 흘렀어요. 소식을 듣고 달려온 어머니는 놀라서 크게 우셨고, 아버지는 안쓰러운 눈으로 저를 쳐다보셨어요. 병원에서 나오면서 부모님은 저에게 맛있는 것들을 많이 사주셨어요. 어머니는 휴가를 내고 옆에서 저를 간호해 주셨지요. 비록 어머니는 사랑한다는 말은 안 해 주셨지만 여러 가지 이야기들을 들려주셨어요. 그때는 얼마나 행복했는지 몰라요. 그때만큼 어머니의 사랑을 듬뿍 받아본 적이 없었어요. 하지만 상처가 완치되자 어머니는 다시 출근을 하셨고, 그때의 자상한 눈빛도 자주 볼 수가 없게 되었죠. 나이가 들수록 부모님의 사랑과 보살핌을 기대하는 것이 더욱 어려워졌어요. 마음이 텅 빈 것 같고, 마치 무엇인가 잃어버린 것 같은 느낌이었죠. 다시 한 번 다쳐서 부모님의 사랑을 받고 싶다는 생각을 종종 했어요."

존은 강박신경증을 앓고 있었다. 강박신경증은 우리가 흔히 말하는 강박증과 같은 말이다. 강박증의 임상학적 특징은 여러 가지가 있는데, 크게 강박적 생각과 강박적 행위 두 가지로 나눌 수 있다.

강박적 생각은 한 가지 생각이나 이미지가 반복적이고 지속적으로 떠오르는 것을 말한다. 강박적 생각의 특징은 잊으려고 할수록 더욱 자주, 강하게 생각난다는 점이다. 예를 들면, 가스 불을 껐는지 의심이 된다거나, 이미 우편함에 넣은 편지봉투의 주소가 올바른지 자꾸 생각하는 것 등을 들 수 있다. 이밖에 이미 한 말의 어감이 적절했는지 다시 생각하거나, 심지어 길을 건널 때 달려오는 차로 뛰어들고 싶은 충동을 느끼기도 한다.

강박적 행위의 가장 대표적인 예는 반복적으로 손을 자주 씻는다거나, 몇 번이나 현관문을 잠갔는지 확인하거나, 반복적으로 봉투 안에 든 편지의 내용을 확인하는 등의 행동을 들 수 있다. 또는 전봇대, 계단, 자동차, 표지판 등의 물건을 보면 반드시 숫자를 세야 마음이 놓이는 경우도 있다.

강박증의 형성 메커니즘은 비교적 복잡하다. 강박증을 일으키는 주요한 원인은 다음과 같이 몇 가지로 요약할 수 있다.

1. 유전적 요인

조사 결과에 따르면 강박증 환자의 부모가 강박증을 앓고 있는 비율이 5%~7%에 이른다. 이것은 일반적인 비율에 비해 상당히 높은 수치이다.

2. 사회 환경적 요인

업무나 학업으로 인한 긴장감, 가정불화, 부부불화 등으로 인해 오랫동안 과도한 스트레스 상태에 놓이면 강박증을 유발할 수 있다.

3. 생화학적 요인

환자의 5-HT(hydroxytrptamine, 세로토닌이라고도 하는 화학물질로 뇌의 특정

부위에서 분비되며, 이 물질의 농도 변화는 우울증 같은 정신상태와 관련이 있는 것으로 밝혀짐)가 신경계통의 쇠약을 불러와 강박증을 유발할 수 있다.

그렇다면 정상인도 강박적인 현상을 보일까? 사실, 정상인도 어느 정도 강박증을 앓고 있다. 한 가지 문제를 계속 생각한다든지, 몇 마디 말을 계속 되뇐다든지, 같은 노래를 반복적으로 흥얼거리는 행위 모두가 강박적인 증상에 해당한다. 하지만 일상생활에 지장을 주지 않기 때문에 강박증으로 보지 않는 것이다.

Tips 심리학을 위한 교양 & 상식

줄리언 로터(Julian B. Rotter, 1916~)는 미국의 심리학자이다. 그는 1950년 '문장의 빈칸 완성하기' 테스트를 완성하고, 투사기술을 수량화하여 개인의 부적응 정도를 진찰하는 데 사용했다. 로터는 29개항의 설문지를 개발하여 LOC 성향을 측정했는데, 그 후 많은 학자들이 이 설문지에 대해 검증하고 수정했으며 다른 측정방법도 개발되었다. 로터의 측정법은 아직도 널리 이용되고 있다. LOC는 로터가 1950년대에 "강화의 통제위치(Locus of Control of Reinforcement)"라는 개념을 소개하면서 유행하게 된 심리학 용어이다. 1988년 미국 심리학회의 우수 과학 공로상을 수상했다.

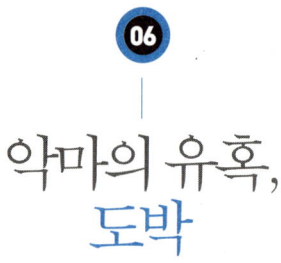

악마의 유혹, 도박

병적 도박 환자는 억제할 수 없는 충동에 이끌려 도박을 하며, 만약 도박을 하지 못할 경우 심한 스트레스를 받는다.

사례1

미국의 한 월간지에 따르면, 현재 해외에 주둔 중인 미군기지에 유래 없는 도박 열풍이 불어 가산을 탕진하거나 도박중독에 걸리는 병사가 급증하고 있다고 한다.

작년 말, 윌슨 부인은 두 아이를 데리고 한국의 국제공항에 도착했다. 하지만 마중을 나오기로 한 남편은 보이지 않았다. 한참 후 택시를 타고 급하게 공항에 도착한 남편은 가진 돈이 없다며 부인에게 택시비를 내달라고 했다. 남편은 월세를 낼 돈도 없었으며 지갑에는 신용카드조차 없었다.

윌슨 부인은 남편의 처지가 이해되지 않았다. 그녀의 남편인 윌슨 씨는 연봉이 6만 달러가 넘는 일급 준위였다. 게다가 부인도 직장이 있는 터라 미국으로 돈을 송금한 적도 없었다. 원인은 주한미군기지에 불어 닥친 도

박열풍 때문이었다. 윌슨 씨는 도박으로 모두 2만 달러를 잃었다. 그리고 군사법원에서 처벌을 받을 것이 두려워 겨우 서른세 살의 나이에 자발적으로 퇴역을 신청했다.

얼마 후, 윌슨 부인은 캘리포니아의 펜들턴 기지에서 도박중독을 고친다는 정보를 듣고 남편을 그곳으로 보냈다. 그러나 그는 병원에서 탈출해 라스베이거스에서 18,000 달러를 탕진했다. 부인은 이 소식을 듣고 이혼을 통보해왔다. 윌슨 씨는 급히 집으로 돌아와 다시는 도박을 하지 않겠다며 부인을 달랬다. 하지만 얼마 지나지 않아 그는 또 다시 부인 몰래 라스베이

거스에서 도박을 하다 전 재산인 10,700달러를 모두 잃고 말았다. 그는 당시의 상황을 이렇게 말했다.

"9일 동안 길바닥에서 잠을 잤어요. 앞으로 어떻게 해야 할지 정말 막막하더군요."

사례2

2000년 시드니올림픽 탁구 은메달리스트인 얀 오베 발트너는 한 잡지와의 인터뷰에서 자신이 간헐적인 도박중독을 앓고 있음을 인정하며, 도박으로 인해 전재산을 잃고 빚까지 지게 되었다고 밝혔다. 잡지와 인터뷰할 당시 발트너의 나이는 이미 마흔이었다. 그는 기자에게 이렇게 말했다.

"이미 10년 전부터 도박중독 증세가 있음을 깨달았어요. 하지만 절제가 불가능했죠. 한동안 벗어나려고 발버둥쳐 봤지만 그럴수록 오히려 더 깊이 빠져들었어요. 결국 반년 전부터는 전문의를 찾아가 치료를 받기 시작했습니다."

발트너는 특히 스웨덴의 각종 스포츠 복권 구입을 즐겼다. 발트너가 계산한 바로는 지금까지 도박으로 잃은 돈은 무려 500만 크로나(한화 약 85억 원)나 된다고 한다. 그는 심할 때는 하룻밤 사이 3만 크로나를 탕진한 적도 있다고 말했다.

연구결과에 따르면 도박중독에 걸리면 심리적인 문제뿐 아니라, 대뇌에 생리적인 변화도 일으킨다고 한다. 따라서 도박중독은 마약중독 다음으로 심각한 심리질환이다.

이처럼 도박에 빠져 헤어 나오지 못하는 상황을 심리학에서는 '병적 도박' 혹은 '강박적 도박'이라고 부른다. 병적 도박 환자는 억제할 수 없는 충동에 이끌려 도박을 하며, 만약 도박을 하지 못할 경우 심한 스트레스를 받는다.

독일 의학계의 연구결과에 따르면, 도박에 심취하는 사람들은 대뇌에서 쾌감을 느끼게 해주는 화학물질을 정상적인 수준으로 유지하는 데 문제가 있다고 한다. 그들은 평생 도박이란 자극을 찾아 헤매며, 이는 마치 마약을 하는 현상과 비슷하다.

도박에서 이길 수학적 확률은 제로에 가깝다. 예전에 아무리 많은 돈을 땄다고 해도 대부분은 결국 돈을 모두 잃게 된다고 한다. 하지만 일단 돈을 잃은 사람들은 본전을 찾아야 한다는 생각에 더욱 도박에 집착하게 된다. 이로 인해 수많은 사람들이 가산을 모두 탕진하고 폐인으로 전락한다. 하지만 이러한 사례를 뒤로 하고 왜 여전히 많은 사람들이 도박에 빠지는 것일까? 이에 대해 병태심리학자와 신경병학자들은 수년의 연구 끝에 다음과 같은 원인을 찾아냈다.

도박에 빠지는 이유는 대뇌에 있다. 대뇌는 도박으로 인해 자극을 받으면 도파민이라는 신경전달물질을 생성하는데 이 도파민이라는 물질은 사람에게 쾌감을 느끼도록 한다.

도파민과 도박의 직접적인 상관관계를 밝히기 위해 스위스의 과학자들은 원숭이를 이용해 다음과 같은 실험을 했다.

과학자들은 원숭이의 뇌에 전극을 설치했다. 대뇌의 특정 신경세포가 전기를 방출하는지 여부를 탐지하기 위해서였다. 신경세포가 전기를 방출한다는 것은 그 세포가 신경전달물질을 분비하고 있음을 의미했다. 이 실험에서 만약 원숭이의 도파민 분비가 활발해진다면, 이것은 원숭이가 도박의

맛을 들이기 시작했음을 의미했다. 원숭이 앞에는 큰 컴퓨터 모니터가 있었는데 모두 5가지 도안이 순서 없이 번갈아가며 나타났다. 그중 특정한 도안이 나타나면 원숭이에게 신선한 과일음료를 제공했다.

전극의 데이터기록을 분석한 결과, 원숭이는 다음 도안이 무엇인지 예측할 수 없을 때, 도파민을 분비하는 신경세포의 내분비 활동이 활발하게 일어났다. 하지만 다음에 어떤 도안이 나올지 미리 알려준 경우, 신경세포는 더 이상 강한 반응을 보이지 않았다. 이것은 기대와 추측이 신경세포를 자극하고, 이로 인해 도파민이 분출된다는 증거였다. 사람들이 도박에 빠지는 가장 큰 이유는 결과를 예측할 수 없을 때 느껴지는 흥분과 자극 때문이라는 사실을 밝혀낸 것이다.

Tips 심리학을 위한 교양 & 상식

병적 도박에는 다음과 같은 특징이 있다.
1. 도박을 하고 싶은 마음이 간절하다.
    돈을 잃으면 본전을 찾고 싶고, 돈을 따면 더 많은 돈을 따고 싶다.
2. 자주, 오랫동안 도박을 한다.
    도박을 하는 시간과 횟수를 높여야 만족감을 얻을 수 있다.
3. 자신의 처지나 결과는 생각하지 않는다. 도박에 거는 판돈이 클수록 만족도 커진다.

조건반사의
소거 요법

소거 요법이란 환자를 병을 유발시킨 환경에 서서히 노출시킴으로써 편안한 마음으로 정서적 불안에 대처할 수 있도록 하는 방법이다. 최후의 목표는 과도하게 민감해진 정서반응을 사라지게 하는 것이다.

미국의 코넬 대학교에서 다음과 같이 양을 이용한 실험을 했다.

우선 교외의 한 농장에서 양 한 마리를 가져와 우리에 집어넣는다. 그리고 양의 다리에 전깃줄을 감은 후 전등을 켠다. 그리고 바로 양의 다리에 감긴 전선으로 전류를 보낸다. 즉, 양에게 전기 충격을 가하는 것이다. 처음 실험을 시작할 때, 양은 전기 충격을 받은 후에야 비로소 고통스러워하며 제자리에서 펄쩍펄쩍 뛰었다. 하지만 충격이 여러 차례 가해지자 전등과 전기충격의 관계를 이해하기 시작했다. 그 후부터 양은 전등에 불이 들어오면 우리를 이리저리 뛰어다니며 충격을 피하려고 했다. 하지만 이러한 노력은 아무런 소용이 없었다.

약 1000번의 충격이 가해진 후, 양은 우리만 보면 뒷걸음질 치며 들어가지 않으려고 안간힘을 썼다. 전등에 불이 켜지면 두 눈이 공포에 휩싸이며 온몸을 바들바들 떨고, 입에 하얀 거품을 물었다. 그리고 실험이 끝난 후, 다시 농장에 데려다 놓아도 다른 양들과 어울리려 하지 않았다. 사람처럼 우울증에 걸린 것이다.

  이후의 실험은 완전히 반대 방식으로 이루어졌다. 정신적으로 이미 큰 충격을 받은 양을 우리로 끌고 와 다른 때와 다름없이 다리에 전선을 감고 전등을 켰다. 하지만 이번에는 전기 충격을 가하지 않았다. 처음에는 이전과 마찬가지로 극도의 공포반응을 보이던 양도 실험이 반복되자 점차 '전등 불빛'의 의미를 잊어가는 듯 평온해졌다. 그리고 실험을 수십 차례 반복하자 양의 조건반사는 완전히 사라졌다.

  이 시기와 맞물려 남아프리카 요하네스버그의 조셉 월프라는 심리학자도 비슷한 실험을 했다. 월프는 여러 마리의 고양이를 실험실의 우리 안에 가둔 후 먹이를 줄 때마다 전기충격을 가했다. 몇 차례 연속 충격이 가해지자 고양이들은 심한 공포를 느끼며 아무리 배가 고파도 절대 먹이를 받아먹지 않았다.

  월프는 이와 같은 조건반사를 없애기 위해 고양이들을 다른 방으로 옮긴 후 먹이를 주었다. 새로운 환경은 고양이들의 공포심을 점차 누그러뜨렸고, 얼마 지나지 않아 고양이들은 다시 먹이를 먹기 시작했다. 그리고 월프가 다시 고양이들을 원래의 우리로 옮겨놓자, 공포 심리가 점차 완화되었다.

  월프는 이와 같은 방법을 '조건반사의 소거'라고 불렀다. 월프는 여러 가지 연구를 거친 후 고양이 실험 결과를 인간의 심리치료에 적용하기 시작했다.

1950년대, 월프는 소거 요법을 세상에 소개했다. 그 후 많은 심리치료사들이 월프의 방법으로 효과를 거두었으며, 70년대 소거 요법은 심리치료의 주요한 방법 중 하나로 자리 잡았다.

Tips 심리학을 위한 교양 & 상식

조셉 월프가 공포증에 대한 간단한 치료법을 발표하자 정신분석 권위자들은 격분을 감추지 못했다. 그들은 공포는 뿌리깊이 박힌 장애가 겉으로 드러난 것일 뿐이며, 공포 자체보다는 내면의 문제를 파고들어야 한다고 주장했다. 하지만 월프는 공포 자체만을 제거하는 방법을 통해 한두 달 안에 모든 공포를 별 어려움 없이 제거할 수 있었으며, 그 뒤 공포증은 다른 어떤 형태로도 다시 나타나지 않았다.

08 아빠를 사랑한 소피아

프로이트는 성심리가 발달하는 과정의 아이는 부모를 보며 성적 욕구를 만족시킨다고 보았다. 이때 여자아이가 아버지를 사랑하는 것을 가리켜 엘렉트라 콤플렉스라고 한다.

소피아는 기어들어가는 목소리로 의사에게 속내를 드러냈다.

"몇 달 전, 저희 반 선생님을 사랑하게 되었어요. 비록 저보다 20살이나 많았지만 선생님은 부인도 없고, 아이도 없었죠. 외모도 잘 생기셨고 수업도 너무 조리 있게 잘 해주셨어요. 저는 일부러 문제를 만들어 선생님을 찾아뵙곤 했어요. 단 둘이 있을 때는 얼마나 행복했는지 몰라요. 그런 기분은 평생 처음이었어요. 그런데 제가 고백을 하자 선생님은 완곡하게 제 사랑을 거절하셨어요. 저는 너무 슬펐어요."

의사가 물었다.

"그 다음에는 어떻게 되었나요?"

"그 분의 마음을 알고 다시는 찾지 않았어요."

의사는 계속 소피아가 관심을 가질만한 화제들을 골라 대화를 이어갔다.

몇 분이 지나자 그는 소피아가 총명하고 성실하다는 사실을 알게 되었다. 의사가 소피아에게 자신의 느낌을 솔직하게 얘기하자 소피아는 갑자기 침묵에 빠졌다. 잠시 후 소피아가 조용히 입을 열었다.

"지금 제가 잘못 들은 거 아니지요? 지난 4년 동안 아무도 저에게 그렇게 말해주는 사람이 없었어요."

"4년 전이라면 열다섯 살 때겠군요."

소피아가 울먹이며 대답했다.

"네. 그 해 아빠가 돌아가셨어요."

아버지에 대한 생각을 오랫동안 억압해왔던 모양이었다. 의사는 그 기억을 끄집어내주어야겠다고 생각했다.

"울고 싶으면 마음껏 울어요. 그럼 좀 편해질 테니까."

"아니에요. 울지 않겠어요. 제가 울면 엄마가 상심하세요. 아빠가 돌아가시기 전까지만 해도 저는 모두에게 귀여움을 받는 아이였어요. 부모님은 그런 저를 무척 자랑스러워하셨죠. 하지만 아빠가 돌아가시자 엄마와 저는 큰 충격을 받았어요. 그때부터는 학업에 집중할 수가 없었고, 결국 대학도 떨어지고 말았죠. 다행히 최근 1년 정도는 그나마 정상적인 삶을 찾아가고 있는 것 같아요."

"소피아처럼 착한 딸이 있으니, 소피아 어머니는 참 좋겠어요. 자신을 잘 추슬러나가는 모습을 보니 대견하군요. 아마 아버지가 보셨다면 기특하다고 생각하셨을 것이 틀림없어요."

"고마워요. 하지만 아빠는 저에게 너무나 중요한 존재였어요. 절대 잊을 수 없을 것 같아요. 저는 아빠가 없는 아이에요. 남자친구도 사귈 수 없을 것 같아요."

의사는 멈칫했다. 문제의 원인이 드러나는 순간이었다. 소피아는 천천히 말을 이어갔다.

"선생님을 좋아한 것도 아마 아빠를 닮았기 때문이었던 것 같아요. 제 꿈속의 백마 탄 왕자님도 아빠의 모습과 많이 닮았어요. 어쩌죠, 선생님. 제가 아빠를 좋아하나 봐요."

프로이트는 영아가 처음에는 어머니에게만 감정적인 의존을 보이다가, 세 살 정도가 되면 아버지에게도 상당한 관심을 보이기 시작한다고 말했다. 그런데 이때 남자아이는 어머니를 더욱 사랑하게 되는 대신, 아버지에게는 미움과 질투의 감정을 가지게 된다. 이에 비해 여자아이들은 어머니와 아버지를 함께 사랑하게 되는데, 때로는 아버지를 더 사랑하여 어머니와 경쟁을 하기도 한다. 이 경우 어머니에 대해서는 애증이 교차하는 감정을 가지게 된다. 이처럼 딸이 아버지를 사랑하는 현상을 '엘렉트라 콤플렉스'라고 하며, 아들이 어머니를 사랑하는 현상은 '오이디푸스 콤플렉스'라고 한다.

아버지는 아동의 초기 심리발달에 중요한 역할을 한다. 아버지는 어머니와 영아 사이의 결합을 분리시킨다. 이를 통해 아동의 독립과 자유를 지지함으로써 개성발달에 긍정적인 영향을 미친다. 아버지는 아들에게 남자로서의 모범을 보여주며, 딸에게는 여성스러움을 이끌어내는 역할을 한다. 이처럼 아버지는 아동의 성별의식에 지대한 영향을 미친다. 하지만 엘렉트라 콤플렉스와 오이디푸스 콤플렉스를 적시에 해결하지 않으면 훗날 심리적 문제로 발전할 수도 있다. 이들 콤플렉스를 예방하는 방법은 다음과 같다.

1. 적절한 성교육을 실시한다.

   여기에서 성교육이란 두 가지를 의미한다. 첫째, 아이에게 사회적 성역할을 가르침으로써 남녀의 역할을 인식시킨다. 이를 통해 아버지를 사랑하는 감정에서 벗어나도록 유도한다. 둘째, 동년배의 아이들과 활동하는 시간을 많이 가지도록 하여, 본격적으로 이성 친구를 사귀는 사춘기를 대비한다.

2. 모성애를 느끼도록 한다.

   엘렉트라 콤플렉스의 주요한 원인은 어린 시절 아버지의 사랑은 지나치게 많이 받은 데 반해, 상대적으로 어머니의 사랑이 부족했기 때문이다. 따라서 성장 단계에 따라 필요한 경우 아버지는 딸과 적절한 거리를 유지해야 하며, 어머니는 더욱 적극적으로 사랑을 표현해야 한다.

Tips 심리학을 위한 교양 & 상식

주즈셴(朱智賢, 108~1991)은 중국의 심리학자. 1951년부터 베이징 사범대 심리학과 교수를 역임했으며, 중국 교육학회의 부회장, 중국 심리학회의 상임이사였다.

그는 변증 유물주의 관점에서 아동심리의 발달문제를 다루어 왔으며, 아동의 심리발달 중 선천적 요인과 후천적 요인의 관계, 내적 요인과 외적 요인의 관계, 교육과 발전의 관계, 연령특성과 개인차이의 관계 등을 규명하기 위해 노력해 왔다. 그는 항상 중국도 아동심리문제에 대해 자체적인 연구를 해야 한다고 주장했으며, 국가의 중요 프로젝트인 〈중국 아동 심리발달의 특징과 교육〉을 담당했다.

학대를 즐기는 여자

'성적 가학증(sexual sadism)'이란 섹스 전, 혹은 섹스 중 파트너에게 육체적인 고통을 가함으로써 성적인 흥분이나 쾌감을 느끼는 병적 상태나 증상을 말한다. 이와 반대로 '성적 피학증(sexual masochism)'은 섹스 전, 혹은 섹스 중 파트너에게 육체적인 고통을 당함으로써 흥분과 성적 충동을 느낀다.

미국의 어느 작은 마을. 오랜만에 친정을 찾은 딸 패티를 위해 린다는 하루 종일 음식을 준비하느라 바빴다. 그런데 저녁식사를 마치고 함께 이야기를 나누던 중 린다는 우연히 딸 몸에 생긴 멍 자국을 발견했다. 린다가 추궁하며 옷을 벗기자 놀랍게도 패티는 온몸이 멍으로 울긋불긋했다. 린다는 분명 패티의 남편이 가정폭력을 행사한 것이라고 생각했다. 그녀는 속상한 마음에 눈물을 흘리며 딸에게 자초지종을 말하라고 다그쳤다. 하지만 딸이 털어놓은 얘기는 너무나 황당했다. 몸에 있는 상처 모두 자신이 기꺼이 요청해서 생겼다는 것이었다.

"그렇게 안 하면 만족이 안 되던 걸요."

린다는 딸에게 정신적 문제가 있다고 판단해 그녀를 데리고 정신과를 찾았다. 의사는 패티와의 대화를 통해 그녀뿐 아니라 그녀의 남편 마크 또한

문제가 있음을 알아냈다.

마크는 컴퓨터 엔지니어로, 원래 뉴욕에서 일하다 3년 전 이 작은 마을로 이사 왔다. 비록 성격은 내성적이고 괴팍했지만 기술만큼은 누구에게도 뒤지지 않아 마크의 가게에는 손님이 끊이지 않았다. 입소문이 퍼지면서 마크의 가게는 날로 번창했다. 하지만 결혼생활은 순탄하지 못했다. 동거하던 여자 친구와 헤어진 후 첫 번째 부인을 만났지만 그녀조차 반년도 안 되어 떠나버렸다. 이웃들은 능력 있고 성실한 마크를 떠나는 여자들을 이해할 수 없었다.

패티는 결혼을 하고 난 후에야 남편이 잠자리에서 채찍질을 통해 성적인 흥분을 느낀다는 사실을 알게 되었다. 여자들이 버티지 못하고 떠나는 것도 무리는 아니었다. 다행인지 불행인지, 마침 패티는 성적 피학증 증상을 가지고 있어 행복하게 남편과 결혼생활을 유지할 수 있었던 것이다.

　심리학에서는 마크와 같은 증상을 성적 가학증, 패티와 같은 증상을 성적 피학증이라고 부른다. 심리학자들은 성적 피학증을 가지고 있는 여성의 경우 학대를 통해 성에 대한 죄책감을 씻어내고자 한다고 보고 있다. 성적 가학증의 분명한 원인은 아직 밝혀지지 않았지만, 마크를 통해 두 가지 촉발 요인을 찾아볼 수 있다.

　1. 성격
　　가학증 환자들의 대부분은 부끄러움이 많고 내성적이며, 여성에 대해 극단적인 편견이나 증오심을 가지고 있다.
　2. 음란물
　　음란물은 접하는 당시에만 영향을 주는 것이 아니라 오랫동안 기억에 남아 사람의 사고와 행동을 지배한다. 예를 들면, 음란물을 본 시간이 길수록 변태적 성향이 유지되는 시간도 길다는 연구보고도 있다. 심지어 음란물은 반복적인 성 범죄를 유발하기도 한다.
　　따라서 가학증을 예방하기 위해서는 성격을 쾌활하게 바꾸고 음란물을 멀리해야 한다. 이렇게 해야만 정신건강을 유지하고 안정적인 성생활을 누릴 수 있다.

헬렌의 아픔

'TDP(The Dredging Psychotherapy)'는 직역하면 '심리 준설 요법' 정도가 된다. 이 요법은 말 그대로 환자의 심리 밑바닥에 쌓여 막혀있던 병적심리를 퍼냄으로써 치료와 예방의 효과를 거두는 방법이다.

서른한 살의 헬렌은 뉴욕 출신으로 뉴욕의 한 무역회사에서 행정 관리직을 맡고 있다. 맞벌이였던 부모님은 그녀를 돌볼 시간이 없어 한 살 때 그녀를 시골의 할머니 댁에 맡겼다. 헬렌이 세 살 되던 해 남동생이 태어났고, 일곱 살이 되던 해 그녀도 뉴욕으로 돌아와 부모님과 함께 살게 되었다. 하지만 그녀는 항상 부모님이 낯설고 어색했다. 게다가 부모님은 항상 남동생에게만 관심을 가졌다. 헬렌은 총명해서 언제나 성적이 우수했다. 하지만 대학교 2학년인 열아홉 살이 되던 해 친구들과의 관계가 순탄하지 못해 1년 동안 휴학을 했다. 대학을 졸업하자마자 대기업에 취직했고, 스물네 살에 결혼했지만 2년 후 남편과 이혼했다.

헬렌은 총명할 뿐만 아니라 성실하고 매사 일처리가 꼼꼼했다. 그녀는 자신에 대한 요구도 높았지만 타인에게도 엄격했다. 인간관계에도 상당히 신경 썼으며, 특히 다른 사람들의 평가에 민감한 편이었다. 하지만 이런 노력에도 불구하고 상황은 항상 그녀의 기대와는 반대로 흘러갔다. 하루는 부하 직원에게 핀잔을 주었는데, 우연히 사람들이 뒤에서 자신의 험담을 하는 것을 듣게 되었다.

"자기 남편 하나도 관리 못하면서 누구보고 이래라저래라 하는 거야?"

헬렌은 큰 충격을 받았다. 아무도 보고 싶지 않았고, 아무 일도 하고 싶지 않았다. 그날 이후 헬렌은 항상 자신의 무능을 자책했으며, 보고를 받거나 회의를 할 때 참지 못할 정도로 소변이 마려운 증상까지 생겼다. 고통을 참다못한 헬렌은 결국 정신병원을 찾았다. 그녀는 의사에게 말했다.

"저는 친구들과 잘 지내지 못하는 편이에요. 일에 대해서도 자신감이 없죠. 여기 오기까지 고민을 많이 했어요. 선생님도 동료나 친구들처럼 저를 이상한 사람으로 볼까봐 겁이 났거든요. 하지만 도움을 받고 싶었어요. 고통에서 저를 구원해줄 사람이 필요했어요. 그러면서도 선생님이 과연 20년이나 된 문제를 해결하실 수 있을지 솔직히 의심도 되요."

3개월 후, 헬렌은 의사의 도움을 받아 마음속의 어두운 그림자를 완전히 털어내고 다시 자신감을 회복했다. 전문가들은 헬렌과 같은 경우 TDP 요법을 통해 큰 치료효과를 볼 수 있다고 말한다. TDP 요법을 통해 오랫동안 마음속에 쌓여있던 응어리를 풀어내고, 자아를 새롭게 인식함으로써 환자가 자신감을 회복하고 행동을 변화시킬 수 있도록 할 수 있다는 것이다.

이때 중요한 것은 환자와 의사 사이에 충분한 대화가 이루어져야 한다는 점이다. 이 과정을 통해 환자에 대한 정보를 듣고, 적절한 피드백을 함으로써 환자가 가슴속 깊이 묻어두었던 이야기를 털어놓을 수 있도록 해야 한다. 또 대화를 통해 얻은 정보를 이용해 문제의 핵심을 파악하고, 환자가 인식구조를 바꾸도록 유도해야 한다. 즉, 불합리하고 모순된 사고를 과학적이고 건강한 사고로 전환시키는 것이다.

TDP 요법의 치료 시스템은 다음과 같다.

무지 → 인지 → 인식 → 실천 → 효과 → 재인식 → 재차 실현 → 효과의 영구화

이 요법의 특징은 계속되는 반복과정을 통해 더 깊은 인지상태를 경험하도록 하는 것이다. 따라서 이 요법의 목적은 당장의 증상만 사라지게 하는 것에 그치지 않고, 영구적인 효과를 거두는 데 있다.

Tips 심리학을 위한 교양 & 상식

환자(의사)와 대화할 때 다음과 같은 점에 주의한다.

1. 누락되거나 거짓된 정보가 없는지 주의한다.
2. 정보를 종합적으로 분석하여 치료 효과를 높인다.
3. 치료의 단계와 속도를 적절히 조절한다.

너무나 게으른 에드워드

정신분열증 환자는 기본적인 성격이 변하고, 사고, 감정 및 행동에서 전반적으로 장애를 보인다. 정신분열증은 가장 흔한 정신병으로 정신세계와 외부환경이 조화되지 못하는 것이 가장 큰 특징이다.

에드워드는 잘생긴 영국 청년이다. 하지만 과도하게 나태하고 규율을 지키지 않는 행동이 심리적인 질병으로 인정되어 지금은 정신병원에 입원 중이다. 에드워드는 어렸을 때부터 겁이 많고 말수가 적었으며 사람들과 잘 어울리지 않았다. 학창시절에는 성적이 좋았다. 그는 고등학교를 졸업하자마자 공장에 취직했는데 첫해에는 성과가 좋아 상사의 칭찬을 듣곤 했다. 하지만 이듬해부터 실적이 보통 수준으로 떨어졌고, 얼마 안 있어 군대에 입대했다.

하지만 에드워드는 훈련에 집중하지 못했다. 다른 사람들이 한 번에 배우는 것도 그는 항상 여러 번 반복한 후에야 겨우 습득할 수 있었다. 아침에는 자리에서 잘 일어나려고 하지 않았으며 훈련에도 지각을 밥 먹 듯했다. 상관이 아무리 욕을 해도 그는 별로 신경 쓰지 않는다는 표정이었다. 평소에도 동료들과 어울리기보다는 혼자 있으려고 했다. 동료들은 그런 그를 보고 성격이 이상하다고 수군거렸다.

반년이 지나자 에드워드의 게으름은 더욱 심해졌다. 그는 어떤 활동에도 관심을 보이지 않았으며 가족이 편지를 보내도 읽지 않았다. 물론 가족에게 답장을 쓴 일은 단 한 번도 없었다. 이발, 목욕, 옷을 갈아입는 것조차 동료들이 몇 번을 재촉해야 마지못해 했다. 보초를 설 때는 눈을 감고 혼자만의 세계에 빠졌으며, 틈만 나면 거울을 보며 자신의 코나 눈이 예전보다 커졌다는 착각에 빠졌다. 가족들에게 전화해 성형수술을 해달라고 졸랐으며, 자주 아무 이유 없이 혼자 히죽거렸다.

이와 비슷한 시기에 한 어머니가 상심한 얼굴로 정신병원을 찾았다. 그녀에게는 미켈이라는 열다섯 살 된 아들이 있는데, 최근 몇 년 동안 이상한 행동들을 보인다고 했다. 자주 넋을 놓고 앉아있고 말수가 없으며 성적이 급격히 하락하고 있다는 것이었다. 하루 종일 게으름만 피우고, 심지어 최근에는 아무 이유 없이 옆집 아이를 때리고 집안 가구들을 부순다고 한다. 아무리 혼을 내고 타일러 봐도 아들의 행동은 고쳐지지 않았다. 고민을 하던 부모는 정신과를 찾기로 결심했던 것이다.

정신과 의사는 위의 두 사람의 행동을 유심히 관찰한 후, 그들이 결코 고의로 그와 같은 행동을 한 것이 아님을 알게 되었다. 그들은 단지 단순성 정신분열증을 앓고 있었던 것이다.

단순성 정신분열증은 대부분 유년시절부터 형성되기 때문에 '아동 정신분열증'이라고 부르기도 한다. 병의 진행속도가 느리고 원인이 분명하지 않은 것이 특징이다. 초기에는 발견이 힘들며, 발견했을 때는 이미 병이 심각한 수준에 도달한 경우가 많다. 미켈의 경우 집에서 넋을 잃고 있다든지, 말수가 적고 게으름을 피우고 감정 기복이 클 때는 가족들의 주의를 끌지 못했다. 그러다 사람을 때리고 물건을 부수자 그제야 가족들은 문제의 심각성을 인식할 수 있었다.

단순성 정신분열 환자들은 대부분 감정, 언어, 사고, 행위에서 모두 장애를 겪으며 외부세계에 관심이 없다. 또 기쁘거나 슬픈 감정이 무뎌지고, 단순한 동작을 반복하며, 갑자기 사람을 때리거나 물건을 부순다. 말수가 적어지고 침묵을 하다가도 어느 날 갑자기 알아듣기 힘든 불완전한 말들을 끊임없이 내뱉는다. 하지만 이와 같은 종류의 정신분열증은 환각이나 망상에 빠지는 경우가 거의 없으며 여전히 자제력도 가지고 있다. 따라서 경증의 정신분열증으로 분류된다.

정신분열증의 초기 증상은 다음과 같다.

1. 게으르다.

잘 씻지 않고 업무에 집중하지 않으며 규율을 지키지 않는다. 학생의 경우 지각이나 조퇴를 자주하며 숙제를 완성하지 않거나 성적이 급격히 떨어진다. 꾸중을 들어도 별 반응이 없으며 행동이 제멋대로이다.

2. 냉담하다.

사람들과의 교제를 피하고 말수가 적으며 혼자 넋을 잃고 앉아있는 시간이 많다. 아무 이유 없이 혼자 돌아다니고 다른 사람들의 시선에 신경 쓰지 않는다.

3. 혼잣말을 하고, 혼자 히죽거린다.

환자들과 함께 있다 보면 알아들을 수 없는 말을 혼자 중얼거리는 것을 자주 볼 수 있다. 때로는 혼자 히죽거려 옆에 있는 사람을 당황스럽게 만든다.

4. 근거 없는 추측을 한다.

   아무 근거도 없이 다른 사람이 자신을 싫어한다고 단정하며, 감정의 기복이 심하다. 이유 없이 화를 내거나 긴장과 공포를 느끼기도 한다.

5. 이유 없이 몸이 아프다.

   불면증, 두통, 쉽게 피로해지는 증상을 느끼지만 적극적으로 병을 치료하려고 하지는 않는다. 이것이 바로 신체적 질병과 정신적 질병의 큰 차이이다.

6. 자주 거울을 본다.

   오랫동안 거울 앞에 앉아 자신의 모습을 자세히 관찰한다. 이것은 감각인식에 장애가 생겨 자신의 모습이 사실대로 보이지 않기 때문이다. 얼굴이 어딘가 모르게 변했다는 생각 때문에 오랫동안 거울을 보며 관찰하게 된다.

Tips 심리학을 위한 교양 & 상식

루리아(Alexander R. Luria, 1902~1977)는 구소련의 심리학자이자 신경심리학의 창시자이기도 하다. 그의 가장 큰 업적은 뇌의 동태(動態)기능에 관한 이론을 제시한 것이다. 국제 심리학 연맹의 부위원장을 역임한 바 있다.

동성애 남자의 비애

동성애란 동성을 사랑의 상대로 보거나, 동성과의 성행위를 통해 성욕을 만족시키는 행위를 일컫는다. 예전에는 동성애를 모두 성적 변태로 분류했으나, 1980년 이후 성 지향성 장애로 분류되었다. 이 기준에 따르면 대부분의 동성애는 정신장애의 범주에 해당하지 않는다.

대학생인 존은 동성애자이다. 그의 부모님은 모두 소득이 높은 전문직에 종사하고 있다. 덕분에 존은 금전적인 어려움을 겪어본 적이 없었다. 부모님은 먼 곳에서 대학을 다니는 그를 위해 매달 2~3천 달러를 송금해주었다. 이 돈은 존이 동성애를 발전시키는 데 중요한 경제적 밑거름이 되어주었다.

존에게는 누나와 여동생만 있을 뿐 형제가 없었다. 일반적으로 외아들은 부모님의 사랑을 듬뿍 받는 것이 보통이지만 존의 집은 사정이 달랐다. 아버지는 존에게 지나치게 엄격하여 남자아이들이 자주 저지르는 작은 장난조차 심하게 야단을 쳤으며, 심지어 체벌을 가하는 일도 여러 번 있었다. 하지만 누나와 여동생은 아무리 말썽을 피워도 그저 말로 타이를 뿐이었다. 다행히 어머니는 누구보다 존을 귀여워했다. 언제나 애정이 가득한 눈빛으로 존을 바라봤으며, 단 한 번도 야단을 치거나 매를 든 적이 없었다. 이러한 가정환경 속에서 존은 다른 사람들의 사랑과 관심을 갈망하면서도 쉽게 타인에게 다가가지 못하는 성격으로 변해갔다. 또한, 오직 누나와 여동생만이 아버지의 사랑을 받을 자격이 있다는 생각을 가지게 되었다.

고등학교에 진학하면서 존은 자신이 이성보다는 동성과 어울리는 것을 좋아한다는 사실을 깨달았다. 대학교에 입학한 지 1년이 되던 해, 존은 인터넷을 통해 우연히 잭이라는 남학생을 알게 되었다. 잭 역시 대학생이었다. 2주 정도 인터넷을 통해 대화를 나눈 후, 잭이 존을 만나기 위해 비행기를 타고 존의 학교로 찾아왔다. 두 사람은 처음 보는 순간 전기가 통하는 것과 같은 강한 끌림을 느꼈고, 얼마 후 바로 성행위를 했다. 하지만 사이가 깊어질수록 존은 잭이 무엇인가 숨기고 있음을 느끼기 시작했다.

하루는 잭과 함께 바에서 술을 마셨는데, 잭이 화장실을 간 사이 우연히 잭의 핸드폰 문자를 보게 되었다. 문자를 보낸 사람은 잭의 또 다른 남자친구였다. 문자의 내용으로 미루어 두 사람의 관계도 이미 꽤 깊은 모양이었다. 이 시기, 존의 집에서도 잭과 존의 관계를 알게 되었다. 부모님이 강하게 반대하는 것은 물론이고, 누나와 여동생도 돌아가며 존을 강력히 설득했다. 존은 잭에게 문자를 보냈던 남자친구를 포기하고 자신의 부모님을 찾아가 정식으로 인사를 드리자고 말했다.

"우리 정식으로 부모님의 인정을 받고 함께 살자."

존은 진심을 담아 말했다. 그때, 잭의 핸드폰이 울렸다. 존은 전화를 받지 말라고 말했지만, 잭은 핸드폰을 가지고 밖으로 나갔다. 그리고 30분쯤이 흐른 후 돌아와 존에게 말했다.

"나 가봐야겠어."

존은 가슴이 아프고 화가 났다. 그는 잭을 쳐다보지 않은 채 낮은 목소리로 말했다.

"지금 저 문을 나가면 다시는 나를 볼 생각 하지 마."

하지만 잭은 떠났다. 그는 존의 모든 것을 가지고 떠나버린 것이다. 실연의 아픔은 가혹했다. 존은 술로 고통을 달래보았지만 소용이 없었다. 결국 그는 수면제를 다량 복용하고 자살을 기도했다. 하지만 때마침 가족에게 발견되어 병원으로 후송되었다. 잠에서 깨어나자 가족들이 걱정스러운 눈으로 존을 쳐다보고 있었다. 초췌한 모습들을 보니 밤을 꼬박 지새운 모양이었다. 존은 사랑으로 가득한 가족들의 눈을 보자 만감이 교차했다. 그는 곧 부끄러움에 얼굴이 빨갛게 달아올랐다.

위의 이야기는 동성애의 전형적인 사례이다. 존의 경우 동성애적 성향을 가지게 된 것은 가정환경과 밀접한 관계가 있다. 아버지는 존에게 거칠고 폭력적인 인상을 남겼으며, 이로 인해 존은 아버지를 미워하게 되었다. 또한 아버지가 누나와 여동생들만을 편애하면서 여성만이 아버지의 사랑을 받을 수 있다는 그릇된 편견을 심어주었다. 이에 비해, 어머니는 존을 지나치게 귀여워하여 존이 무엇인가를 사달라고 하면 용도도 물어보지 않고 무조건 사주었으며, 존이 하는 일이라면 무조건 지원을 아끼지 않았다. 존은 어머니에게서 관심과 사랑을 느낄 수 있었다.

이처럼 상반된 부모의 태도를 보면서 존은 '가정에서 아버지란 기형적인 인물이며, 어머니는 사랑의 화신'이라는 인식을 가지게 되었다. 이로 인해 성별인식의 사회와 과정에서 왜곡과 장애가 생겨 사랑의 대상을 이성이 아닌 동성으로 보게 된 것이다.

Tips 심리학을 위한 교양 & 상식

칼 스펜서 래쉴리(Karl Spencer Lashley, 1890~1958)는 미국의 신경심리학자이자 행위주의자이다. 그는 대뇌의 기억기능에 관한 연구에 주력했으며, 특히 뇌기능의 양작용설로 명성을 얻었다. 1929년 미국 심리학회 의장으로 선출되었다.

히스테리성 실어증

히스테리는 정신적으로 강한 충격을 받았을 때 신체에서 이상 현상이 발생하는 것을 말한다. 따라서 이것은 심리적인 압박이 육체적인 질병으로 전환된 것이라고 볼 수 있다.

마리아와 제인은 같은 반 친구로 사이가 좋은 편이었다. 하지만 언제부터인가 말다툼이 잦아지더니 결국 얼굴만 보면 서로 으르렁거리는 사이가 되었다. 하루는 체육 시간에 농구팀을 짜면서 또 말다툼이 벌어졌는데, 이번에는 여느 때와 달리 싸움이 사뭇 격해졌다. 처음에는 두 사람이 막상막하였지만 전세는 점점 말솜씨가 좋은 제인에게로 기울었다. 마리아는 제인을 비꼬기도 하고 비난도 해보았지만 역부족이었다. 싸움은 절정으로 치달아 옆에 있던 친구들이 아무리 말려도 소용이 없었다.

그런데 그때 갑자기 마리아의 입에서 목소리가 나오지 않았다. 마리아는 공포에 휩싸여 두 손으로 목을 움켜잡아보았지만 여전히 아무 말도 할 수 없었다. 마리아는 어쩔 줄 몰라 머리를 쥐어 잡고 울부짖으며 미친 듯이 날뛰었다.

제인은 마리아의 모습을 보고 처음에는 자신이 이겼다는 생각에 우쭐했다. 하지만 곧 사태의 심각성을 깨닫기 시작했다. 주위에 있던 아이 중 한 명이 소리쳤다.

"제인이 마리아를 벙어리로 만들었다!"

제인은 앞이 깜깜했다. 퇴학 정도로 해결될 문제가 아닐 것 같았다. 탐은 제인과 마리아의 담임 교사였다. 40년 넘는 인생을 살았지만 탐도 이런 경우는 처음이었다. 하지만 그는 노련하게 마리아와 아이들을 안정시키고, 곧바로 상황을 학교에 보고했다. 탐은 학교에서 준비해준 차량을 이용해 마리아를 병원으로 데리고 갔다. 의사는 마리아의 상태를 살피더니 빨리 정신병원으로 가보라고 말했다. 탐은 다시 마리아를 싣고 정신병원으로 차를 몰았다.

마리아를 쫓아온 반 친구들 때문에 정신과 진찰실은 시끌벅적했다. 의사는 마리아를 인자한 눈으로 한번 쳐다본 후 탐에게 말했다.

"모두 밖에서 기다리라고 말해주세요. 마리아가 나으면 부르겠어요."

진찰실에는 마리아와 의사, 간호사만 남았다. 그리고 10분 정도 흐른 후, 진찰실 문이 다시 열렸다. 탐과 친구들이 들어가자 마리아가 탐을 쳐다보며 말했다.

"선생님?"

마리아의 눈에서 눈물이 흘러내렸다. 의사는 마리아를 위로했다.

"이제 아무 것도 걱정하지 마라. 약을 먹으면 완전히 좋아질 거야."

히스테리는 신경병의 일종으로 주로 정신적 요인으로 인해 발병한다. 특히 피로하거나 건강상태가 좋지 않을 때 더 쉽게 발병하며, 여성의 경우 월경 때 더 자주 발병한다. 이밖에 자존심에 크게 상처를 받았거나, 인격적 모독을 당한 경우, 가정불화, 동료와의 갈등도 히스테리 반응을 불러올 수 있다. 이처럼 히스테리는 정신적 요인의 영향을 크게 받는다.

하지만 이것은 처음 발병할 때의 상황이며, 두 번째 발병할 때는 특별한 정신적 요인이 없을 수도 있다. 즉, 처음 발병할 당시의 기억을 떠올리게 하는 상황을 만나는 것만으로도 발작할 수 있다.

정신적인 요인 외에, 성격 역시 히스테리와 밀접한 관계가 있다. 심리학에서는 이러한 성격을 '히스테리성 성격'이라고 부른다. 히스테리성 성격은 감정의 기복이 심하고, 생각이 유치하며, 환경의 영향을 쉽게 받고, 사고가 극단적이라는 특징이 있다. 이들은 자신의 감정에 따라 옳고 그름을 판단하며, 주위 사람들의 언행이나 태도에 쉽게 영향을 받는다.

히스테리에는 주로 분석요법, 행위요법 등의 심리치료를 이용한다. 히스테리는 청소년기에 자주 발생하며 여성에게 많이 나타난다. 따라서 인간관계를 잘 처리하는 것이 히스테리를 예방하는 데 유리하다. 또한 히스테리는 다른 신경증 혹은 정신질환을 동반하는 경우가 많기 때문에 히스테리성 인격의 특성과 구체적인 현상을 잘 이해하여 치료 시기를 놓치는 일이 없어야 한다.

히스테리의 특징

1. 정서적 기복이 심하다.

일반인에 비해 강한 정서적 반응을 보이며, 과장하는 것을 좋아한다. 정서가 불안정하고, 감정이 극단적이다. 자신의 감정에 따라 옳고 그름을 판단하며, 감정적으로 일을 처리한다.

2. 암시를 쉽게 받는다.

환자들은 자신이 존경하거나 좋아하는 사람의 언행의 영향을 크게 받는다. 자아암시도 강해, 심할 때는 건강에 전혀 이상이 없음에도 불구하고 몸이 아프다고 느낀다. 자신을 내세우는 것을 좋아하며, 항상 주위의 관심을 받고 싶어 한다.

Tips 심리학을 위한 교양 & 상식

에드워즈(Allen L. Edwards, 1914~1994)는 미국의 심리학자로, 통계학을 심리학에 접목시켜 자신만의 독특한 인격 테스트 방법을 개발했다. 이 방법을 이용하면 실험 대상자가 가지고 있는 사회적 기대로 인해 생겨난 편차를 제거할 수 있다.

켈리의 신경쇠약

신경증이란 대뇌의 경미한 기능장애를 통틀어 일컫는 말로, 주로 사무직 종사자들에게서 나타난다. 신경증에는 신경쇠약, 강박증, 조급증 등이 있다.

켈리는 요즘 어찌된 일인지 발작을 하는 날이 많아졌다. 발작을 할 때면 숨을 쉬기가 어렵고 목의 양 옆으로 큰 혹이 생기는 것 같았다. 게다가 혹은 점점 부풀어 오르며 켈리의 목을 조였다. 켈리는 질식할 것만 같은 고통에 발버둥치며 소리를 질렀다. 하루에도 20분이 넘게 이와 같은 증상이 나타났으며, 한 번 발작할 때마다 3분 정도 지속되었다.

켈리는 병을 고치기 위해 백방으로 뛰어다녔지만 아무 소용이 없자 깊은 절망에 빠졌다. 결국 그녀는 지푸라기라도 잡는 심정으로 정신병원을 찾았다. 이제 켈리에게는 더 이상 의지할 곳이 없었다. 그녀는 '한번 해보자. 밑져야 본전'이라는 심정으로 정신과 의사에게 자신의 증상을 상세히 설명했다. 그리고 이렇게 말했다.

"만약 선생님마저 방법이 없다고 하시면 저는 너무 슬퍼서 죽어버릴지도 몰라요. 제가 얼마나 힘든지 아마 상상도 못하시겠죠."

의사는 먼저 켈리를 진정시킨 후, 원인을 알아내기 위해 켈리와 많은 대화를 나누었다. 이 과정을 통해 켈리는 조금씩 심리적인 안정을 찾아갔다. 의료기계를 이용해 치료할 때는 전파가 대뇌의 신경계통이나 내장기관, 근육 등으로 전해지고 있음을 설명해 주었으며, 이와 함께 신경안정요법과 약물요법을 병행했다.

치료를 받은 지 얼마 안 되어 발작횟수가 눈에 띄게 줄어들었으며, 두 달이 지나자 완전히 사라졌다. 게다가 마음도 안정되고 기분도 좋아져 완전히 정상적인 생활을 할 수 있게 되었다.

위의 사례는 흔히 볼 수 있는 신경증으로 히스테리의 일종이다. 이 병은 청장년층과 여성에게서 많이 나타난다. 주요한 발병원인은 분노, 굴욕, 공포, 우울, 걱정과 같은 정신적인 요인이다. 또한, 가까운 사람의 죽음이나 불행한 경험도 발병을 유발할 수 있다.

신경증이란 대뇌의 경미한 기능장애를 통틀어 일컫는 말로, 주로 사무직 종사자들에게서 나타난다. 신경증에는 신경쇠약, 강박증, 조급증 등이 있다. 비록 치료하기는 쉽지 않지만 억제가 완전히 불가능한 것은 아니다. 특히 모리타 요법(기분이나 증상에 상관없이 쾌활한 척 행동하면 쾌활해지고 건강한 척 행동하면 건강해진다는 이론에 근거한 치료법)이 신경증 억제와 치료에 가장 효과가 있는 것으로 알려져 있다.

Tips 심리학을 위한 교양 & 상식

미국의 유전학자 플로민(Robert Plomin, 1948~)은 영국의 런던 행위유전학 연구소 교수이며, 세계에서 가장 유명한 행위유전학자이다. 그는 DNA와 환경에 관한 연구, 행위와 기질의 발전에 관한 연구를 결합하여 유전과 환경이 개인의 발달에 미치는 영향을 규명한 바 있다.

천재 아동의 자폐증

아동 자폐증은 유아기부터 시작되며, 인간관계 장애, 언어 장애, 인식 장애, 발달 장애 등의 특징을 보인다.

미국에서는 자폐증에 관한 연구가 상당히 활발하게 이루어지고 있다. 다음은 자폐증 아동의 전형적인 사례이다.

올해 여덟 살인 톰은 모두에게 사랑받는 귀여운 소년이다. 어렸을 때부터 총명함이 남달라 수학, 자연과학에서 놀라운 재능을 보이면서 선생님과 친구들의 칭찬과 부러움을 한 몸에 받고 있다. 특히 변형완구를 잘 다루며, 장난감이 없을 때는 손가락을 이용해 사람들 앞에서 팬터마임을 보여줘 박수갈채를 받곤 한다.

하지만 지금 톰의 어머니는 전혀 기쁘지 않다. 며칠 전 톰의 담임교사와 상담을 한 후 그녀의 수심은 더 깊어졌다. 담임교사는 톰이 사람을 똑바로 쳐다보는 일이 거의 없으며, 설령 눈이 마주치더라도 곧 시선을 피해버린다고 말했다.

톰의 어머니는 담임교사의 말이 진실인지 알아하기 위해 톰에게 말을 할 때는 다른 사람의 눈을 똑바로 쳐다보라고 말했다. 하지만 톰은 완강히 거부했다.

톰의 어머니는 톰이 세 살 때의 기억을 떠올려 보았다. 톰은 항상 거침없이 떠들어댔지만 어법이 전혀 맞지 않았다. 또 네 살 때부터 글을 읽기 시작했는데, 놀랍게도 문장의 뜻을 전혀 이해하지 못했다.

그제야 톰의 어머니는 어렴풋한 두려움이 현실로 다가오는 것을 느꼈다. 겉보기에는 누구보다 똑똑한 아들이 사실 심각한 심리적 문제를 가지고 있었던 것이다.

의사는 병원을 찾아온 톰의 부모에게 이렇게 말했다.

"아동 자폐증 증세가 조금 보이는군요."

이 말은 톰의 부모님에게 청천벽력과도 같았다.

2년 전, 톰의 형은 중증 자폐증 진단을 받았다. 처음 태어날 때는 모든 것이 정상으로 보였다. 하지만 자라면서 점점 이상한 점들이 발견되었다. 사주는 장난감을 모두 부숴버렸고, 낯선 사람과는 전혀 말을 하지 않았으며, 수시로 겁을 먹은 동물처럼 끙끙거렸다.

톰마저 형과 같은 자폐증 환자라고 하자 부모는 하늘이 무너져 내리는 것만 같았다. 도대체 왜 두 아이 모두에게 무서운 병이 생겼는지 이해할 수가 없었다.

사실 자폐증으로 인해 고통을 받는 사람들은 탐의 가족뿐만이 아니다. 미국 아동 150명 중 1명은 자폐증을 앓고 있으며, 성인 자폐증까지 합하면 미국의 자폐증 환자 수는 무려 백만이 넘는다.

자폐증은 심각한 영유아 발달장애의 일종으로, 타인과 정상적인 인간관계를 맺지 못하는 것이 가장 큰 특징이다. 자폐증 환자들은 오직 자기만의 세계에서 생각하며, 언어나 표정을 이용해 타인과 교류하는 능력이 떨어진다. 심지어 부모와도 소통이 잘 되지 않는 경우가 많다. 또한 몇 가지 특정한 동작(손 흔들기, 고개 흔들기)을 반복하며, 환경이 조금이라도 바뀔 경우 심하게 저항한다.

자폐증은 주로 세 살 이전에 발생하며 평생 치료가 불가능하다. 자폐증은 인종, 사회, 종교, 가족의 소득수준, 생활방식, 교육수준과는 전혀 무관하다.

미국과 유럽의 관련 통계에 따르면, 만 명의 아동 중 2~13명꼴로 자폐증 증세를 보인다고 한다. 최근 통계에 따르면, 중국에도 무려 50만 명 정도의 자폐증 환자가 있는 것으로 나타났다. 자폐증에 관해 유전학, 신경생물학, 사회심리학 등 다각적인 분야에서 연구가 이루어졌지만 아직까지 정확한 원인은 밝혀지지 않고 있다.

Tips 심리학을 위한 교양 & 상식

홀(Granville Stanley Hall, 1844~1924)은 미국의 심리학자이며, 미국 심리학회의 창립자이자 미국 발달심리학의 창시자이기도 하다. 그는 아동 심리의 발달은 인류의 발전 역사를 보여주는 축소판이라고 생각했다. 1915년 미국 국가과학원의 원장으로 당선되었으며, 1924년 미국 심리학회 의장으로 선출되었다.

16 부모를 협박하는 아이

'반사회성 인격 장애' 환자는 정서가 불안정하고, 충동을 제어하지 못하며, 심하면 법을 어기기도 한다. 자기중심적이며, 자신의 목적을 이루기 위해서라면 타인의 고통은 아무렇지 않게 생각한다. 시비를 가리는 판단능력과 결과를 예측하는 능력이 떨어지므로 잘못을 해도 그 안에서 교훈을 얻지 못한다. 이 때문에 반사회성 인격 장애 환자는 똑같은 잘못을 계속해서 반복하게 된다.

폴은 부모의 손에 이끌려 정신과 진료소로 들어섰다. 폴의 어머니는 의사에게 이렇게 말했다.

"폴은 어렸을 때부터 사람들의 귀여움을 많이 받는 아이였어요. 집에서는 둘째인데, 위로는 두 살 많은 형이 하나 있지요. 지나치게 고집이 센 것이 문제이기는 했지만 성적은 항상 좋았어요. 그래서 애 아빠나 저나 폴에게 만족하고 있었지요.

그런데 최근 폴의 형이 아파서 병원에 입원하면서 우리 부부의 관심이 자연히 큰 아이에게 쏠렸어요. 그날도 늦게 돌아와 보니 집이 엉망이더군요. 그릇은 모두 깨져있고, 냉장고도 엉망이었어요. 폴은 자신이 그런 것이라고 순순히 자백하더군요. 왜 그랬냐고 물으니까 학교를 마치고 집에 왔는데 저녁이 없는 것을 보고 화가 나서 그랬다고 하더군요. 야단을 치니까 오히려 왜 자신을 낳았냐고 대들더군요. 우리가 자신을 사랑하지 않는다고 하더군요. 세상에 자식을 사랑하지 않는 부모가 어디 있겠어요? 다만 큰 아이는 아프고, 부부 모두 직장에 다니니 너무 바빠서 신경을 못 써준 것뿐이죠. 그 후로도 폴은 고의로 말썽을 일으키며 저희를 힘들게 하더군요. 제발 상황을 이해해 달라고 설득해도 우리가 자신을 좋아하지 않는다는 말만 되풀이하면서요.

지난주 화요일에는 저녁 늦게 전화를 해서 친구 집에서 자고 오겠다고 하더군요. 그때는 아무렇지 않게 생각했는데, 다음날 같은 반 친구라는 아이가 쪽지를 가지고 왔지요. 쪽지에는 '당신들은 나를 좋아하지 않아. 나는 필요 없는 인간이야. 그래서 이미 마약에 손을 댔어.' 라고 쓰여 있었어요. 친구의 집을 수소문해 황급히 달려가 보니 폴은 태연하게 소파에 앉아 TV를 보고 있더군요. 집으로 돌아가자고 하자 폴은 돌아가지 않겠다고 우겼어요.

이웃들이 폴을 정신과에 데리고 가보라고 했지만 저는 폴의 성격이 조금 고집스러울 뿐 정신적으로는 문제가 없다고 생각했어요. 그런데 상식을 벗어나는 행동이 점점 잦아지더군요. 그래서 오늘 이렇게 선생님을 찾아왔답니다. 선생님, 폴이 왜 이렇죠?"

의사는 진단 후 폴의 어머니에게 말했다.

"폴을 보고 정신건강에 문제가 있다고 생각하는 사람은 많지 않겠지요. 주위에서 가끔 볼 수 있는 일이니까요. 아마 대부분 사람 됨됨이에 문제가 있다고 생각할 것입니다. 하지만 적어도 자신의 의견을 표현하는 방법에 있어서만큼은 정상적인 범주를 벗어났다고 봐야 합니다. 폴은 일종의 반사회성 인격 장애를 가지고 있는 것 같습니다."

어머니는 놀라면서 물었다.
"그게 무슨 병이죠?"

연구결과에 따르면 반사회성 인격 장애를 야기하는 요인에는 다음과 같은 몇 가지가 있다. 어렸을 때 부모를 모두 잃었거나 부모 중 한 쪽이 사망했을 경우, 양부모 밑에서 자란 경우, 선천적인 이상, 열악한 사회 환경 및 불우한 가정환경, 불합리한 사회제도 및 중추신경계의 이상 등이 장애를 유발할 수 있다. 또한, 어렸을 때 부모에게 방치되었거나, 부모의 보살핌과 사랑을 충분히 받지 못한 경우에도 반사회성 인격 장애가 나타날 수 있다.

의사는 폴의 말에서 발병의 단서를 찾을 수 있었다.

"부모님은 항상 몸이 약한 형만 좋아해요. 저는 아무리 노력해도 부모님의 관심을 받을 수가 없어요."

폴은 울음을 터뜨렸다. 그는 가정의 냉대 속에서 부모님이 자신을 사랑하지 않는다는 확신을 가지게 되었다. 오랫동안 가슴에 쌓인 원망이 결국 부모를 놀라게 하여 괴롭히는 방식으로 표출된 것이다.

Tips 심리학을 위한 교양 & 상식

루이스 터먼(Lewis M. Terman, 1877~1956)은 미국의 심리학자로 대표적인 IQ 테스트 방법으로 쓰이는 스탠퍼드-비네 검사를 개발했다. 1923년 미국 심리학회 의장으로 당선되었다.

다리를 자르고 싶은
줄리아

자해를 하는 아이들은 정서적인 문제를 가지고 있거나, 공부 때문에 스트레스를 받는 경우가 많다. 또, 부모가 사망했거나 이혼한 경우, 가정환경이 불우한 경우에도 자해를 하며, 때로는 단지 다른 사람의 영향을 받아 호기심으로 자해를 하는 경우도 있다. 자해를 시도한 아동 중 약 30%는 자살을 생각해본 것으로 나타났다.

담당의사는 줄리아의 요청을 듣고 놀라서 기절할 것만 같았다. 줄리아가 자신의 다리를 잘라달라고 부탁했기 때문이다.

의사가 줄리아를 이해할 수 없었던 이유는 그녀의 다리에는 아무 문제도 없었기 때문이다. 의사는 생각했다.

"혹시 마피아나 테러집단의 압력이라도 받고 있는 것이 아닐까? 그래서 어쩔 수 없이 자신의 다리를 자르려는 것은 아닐까?"

설령 그렇다고 해도 의사로서 멀쩡한 다리를 잘라낼 수는 없었다. 그런데 조사 결과, 줄리아는 어떠한 집단의 압력도 받고 있지 않았다. 다리를 자르고 싶은 것은 순전히 그녀의 생각이었다. 의사는 줄리아가 정신과 치료를 받을 필요가 있다고 판단했다.

정신과 치료를 받던 어느 날, 줄리아는 소매를 걷어 의사에게 자신의 팔을 보여주었다. 의사는 자신도 모르게 눈을 찡그렸다. 성한 곳이 한 군데도 없을 정도로 팔 전체가 상처투성이였다. 상처는 날카로운 물질로 그은 것이 분명해 보였다. 오래된 상처와 얼마 안 된 상처가 줄리아의 팔을 촘촘히 뒤덮고 있었다. 그녀는 의사에게 말했다.

"어렸을 때 부모님은 저를 많이 예뻐해 주셨어요. 집안 형편은 가난했지만 제가 가지고 싶다는 물건이 있으면 무엇이든 사주셨죠. 한번은 같은 반 친구가 비싼 장난감을 가지고 놀았는데, 저도 사달라고 하자 부모님은 두말하지 않고 기꺼이 사주셨어요. 저는 너무 기뻤죠. 그때까지는 세상이 모두 저를 중심으로 돌아가는 것 같았어요.

하지만 중학교에 올라가자 제한이 많아졌어요. 몇 시에 자야하고, 몇 시에 일어나야 한다는 등 부모님의 잔소리가 심해졌죠. 그리고 말대꾸를 하면 심하게 화를 내셨어요. 심지어 하루는 아빠가 저를 때리기까지 하셨죠. 자라면서 단 한 번도 맞아본 적이 없어서 충격이 너무 컸어요. 저는 가지고 있던 책을 아빠에게 던져버리고 집을 뛰쳐나왔죠. 엉엉 울면서 거리를 지나가자 사람들이 모두 이상한 눈으로 저를 쳐다봤어요.

저는 생각했죠. '엄마, 아빠가 어떻게 나한테 이럴 수 있어?' 그때 제 팔에 난 상처를 봤어요. 저도 모르는 사이에 제가 스스로 꼬집은 모양이더군요. 그런데 그 상처를 보자 아프기는커녕 이상한 쾌감이 느껴졌어요. 마음도 편해지는 것 같았죠.

그날 이후 저는 일이 마음대로 안 될 때면 자신의 팔목을 그었어요. 조금씩 배어 나오는 피를 보면서 허리가 꺾일 정도로 웃었죠. 하지만 그때 제 마음은 울면서 이렇게 외치고 있었어요.

'어떻게 세상이 나한테 이럴 수 있어!'

그날 이후 제 성격도 변했죠. 사람들하고 어울리지 않고 혼자 우울해하는 날이 많아졌어요. 항상 가슴에 커다란 돌멩이 하나가 얹어져있는 것 같았죠. 어쩌면 누군가 제 마음을 알아주기를 바라고 있었는지도 몰라요. 하지만 시간이 지날수록 친구들은 점점 더 멀어져 갔어요.

다리를 잘라 달라고 한 것은 인터넷에서 '사지를 자르는 것은 자아를 실현하는 방법'이라는 글을 봤기 때문이에요. 사지 중 한 가지가 부족한 사람만이 진짜 완전한 인생이 무엇인지 안다고 했어요. 그래서 저도 한번 잘라 보려고 한 것이었어요."

줄리아는 한숨을 길게 내쉬었다. 다 털어놓고 나니 마음이 홀가분해진 모양이었다. 줄리아는 의사에게 말했다.

"저도 제가 정상이 아니라는 것 정도는 알아요. 하지만 그럼 뭐 어때요. 달리 방법도 없고, 저한테 신경 쓰는 사람도 없는 걸요."

줄리아가 자해를 하게 된 것은 어렸을 때 부모가 지나친 사랑을 주었기 때문이다. 줄리아는 이 때문에 자기중심적인 아이로 자랐다. 그런데 중학교에 입학하면서 갑자기 많은 제약이 가해지니 줄리아로서는 불만이 생길 수밖에 없었다. 아기가 젖을 떼고 유아식을 먹기 시작할 때는 오히려 부모의 관심이 더욱 필요해진다. 하지만 줄리아의 부모는 오히려 반대로 행동했고, 이로 인해 줄리아는 자신이 사랑받지 못하고 있다고 생각하게 된 것이다.

게다가 줄리아는 성적이 좋은 편이 아니라 자신조차 스스로를 인정하기 힘들었다. 이러한 심리적 갈등으로 인해 몹시 괴로웠지만 그녀에게는 기분을 풀 수 있는 마땅한 돌파구조차 없었다. 그래서 결국 선택한 것이 바로 자신의 몸이었다. 자해를 할 때마다 기분이 한결 풀리는 것 같았지만 곧이어 더 심한 괴로움이 엄습해왔다.

사회는 급변하고, 경쟁은 나날이 치열해지고 있다. 그로 인해 사람들은 과거 어느 때보다도 심한 스트레스에 시달린다. 성인들은 여러 가지 방법을 통해 이와 같은 스트레스를 풀어버리는 데 반해, 아동과 청소년들은 마땅한 분출 방법을 모르는 경우가 대부분이다. 그들 중 일부는 심리적 압박에서 벗어나기 위해 자해를 선택하기도 한다.

Tips 심리학을 위한 교양 & 상식

에스테스(William K. Estes, 1919~)는 미국의 심리학자이자 인지과학자이며, 현대 수학 심리학의 기초를 닦은 인물이기도 하다. 주로 인간과 동물의 학습, 기억, 결책의 수학적 모델 발전에 관해 연구했다. 1962년 미국 심리학회의 우수 과학 공로상을 수상했다.

꾀병같은 지병

신체화 장애란 해결하기 힘든 어려움에 직면했을 때, 정신적 스트레스가 신체적 증상으로 나타나는 것을 의미한다.

아름답고 건강해 보이는 한 여성이 정신과를 찾았다. 그런데 뜻밖에도 그녀는 의사에게 이렇게 말했다.

"선생님, 저에게 아무래도 병이 있는 것 같아요. 그것도 아주 이상한 병이요. 저는 혼자 아무 일도 못해요. 길에서 쓰러질까봐 혼자서는 외출도 못하는 걸요. 이미 서른 살도 넘었고, 여섯 살 된 아이도 있어요. 그런데 이렇게 이상한 병에 시달리다니 너무 속상해요. 물론 저도 고쳐보려고 노력했지요. 하지만 몸이 따라주지 않더군요. 그래서 지금은 하루 종일 집안에만 갇혀서 아무 일도 못해요. 아마 선생님은 하루 종일 집안에만 있는 것이 얼마나 고통스러운지 모르시겠죠. 선생님, 제발 저 좀 도와주세요."

의사가 언제부터 증상이 시작되었냐고 묻자 환자가 대답했다.

"스물두 살 때부터였어요. 당시는 아직 미혼이었죠. 처음 발병했을 때는 머리가 깨질 듯이 아프고, 불면증에 시달렸어요. 업무에도 집중할 수가 없어서 결국 사표를 내고 집에서 요양을 했지요. 의사는 저에게 신경쇠약이라고 말했어요. 병은 점점 악화되어 결국에는 혼자 밖에 나갈 수도 없게 되었죠. 하루는 어머니가 저를 데리고 함께 산책을 나갔는데, 얼마 걷지 못해 다리에 힘이 풀리고 얼굴이 창백해졌어요. 그리고 더 이상은 걸을 수가 없었어요. 그날 이후 감히 밖에 나갈 엄두가 나지 않았어요. 수많은 약을 먹었지만 병은 점점 악화될 뿐이었죠. 그때 제 몰골은 정말 말이 아니었어요.

결국 저는 모든 치료를 포기했어요. 그런데 그날 이후, 이상하게도 병이 점점 호전되기 시작하더군요. 그리고 지금의 남편을 만나 결혼을 했지요. 지금은 예전처럼 아프지는 않고, 다만 혼자 밖에 나가는 것이 무서울 뿐이에요. 선생님, 제가 왜 이런 것일까요?"

의사는 경험이 풍부한 베테랑이었다. 그는 환자가 어떤 상황으로 인해 심리적인 압박을 받았으며, 그것이 병의 원인이 되었음을 눈치 챘다.

"처음 발병할 당시 어려운 일은 없었나요?"

"별로 없었던 것 같은데요."

환자는 희미한 기억을 끄집어내느라 말투가 느려졌다.

"그때 한 남자를 소개받았어요. 좋은 직장에 다니고 외모도 깔끔했죠. 부모님은 마음에 드신다며 바로 결혼에 동의하셨어요. 저는 그때 아무 것도 몰랐기 때문에 그냥 부모님의 말씀을 따랐어요. 하지만 제 마음은 이렇게 말하더군요. '저 남자는 너에게 어울리지 않아.' 하지만 그 일 때문에 심한 스트레스를 받은 것은 아니에요. 어쨌든 그때부터 신경쇠약이 시작되었고, 가끔 쓰러지기도 했어요. 병든 몸으로 시집을 간다는 것이 미안했고, 부모님도 제 의견을 받아들여 결국 결혼은 취소되었지요.

최악의 상황을 대비해 마음의 준비를 했어요. 그런데 뜻밖에도 병세가 점점 호전되더군요. 그 후 지금의 남편을 만났고, 우리는 첫눈에 반해 결혼했어요."

의사의 결론은 이랬다. 한 번도 남자를 사귀어보지 못한 20대의 여자가 처음 남자친구를 만나 받아들이지도 거절하지도 못하는 상황에 처했다. 이 때문에 심한 갈등을 느끼고 스트레스를 받았으며, 자신도 모르는 사이 무의식에서 병을 만들었던 것이다.

일상생활에서 느끼는 증상 중 상당수가 위의 사례처럼 심리적 압박이 신체화된 경우이다. 심리적 방어의 일종으로, 이를 통해 정신적인 고통과 긴장을 완화하고자 하는 것이다. 인간의 심리적 방어는 무의식에서 일어난다. 다시 말해, 자신도 모르는 사이에 발생하는 것이다. 이에 비해 꾀병은 의식적인 행동이다. 따라서 위의 환자의 경우 꾀병이라기보다는 신체화 현상이라고 보는 것이 옳다.

신체화 장애는 심리장애의 일종으로, 여러 형태의 질병이 반복적으로 나타나는 것이 특징이다. 신체의 모든 부위에서 나타날 수 있으며, 여성의 발병비율이 남자보다 월등히 높다. 환자들은 대부분 건강에 지나치게 관심을 보이며, 빈번하게 병원을 찾는다. 검사결과가 음성으로 판명되어도 이 사실을 믿지 않으며, 의사가 아무리 자세히 설명을 해도 환자의 의혹을 완전히 풀어주지는 못한다.

발병의 원인은 대부분 주위 환경이나 특정한 사건으로 인한 것이지만, 환자들은 이 사실을 인정하지 않는다. 따라서 환자가 말하는 증상과 검사 결과가 일치하지 않을 때는 먼저 신체화 장애를 의심해보아야 한다.

Tips 심리학을 위한 교양 & 상식

밀(Paul E. Meehl 1920~)은 미국의 심리학자로, 주로 인격 유형의 분류 및 유전학 분석에 관심이 많았다. 또, 과학 역사에 관한 연구에서도 뛰어난 성과를 보였다. 1958년 미국 심리학회의 우수 과학 공로상을 수상하였으며, 1962년 미국 심리학회 의장으로 선출되었다.

자기비하 습관

1960년대 처음 선을 보이기 시작한 인지요법은 인간의 인지과정을 근거로 환자의 기분과 행위에 영향을 주는 치료방법이다. 치료의 목적은 환자가 자신과 타인, 상황에 대해 가지고 있는 생각과 관점을 변화시킴으로써 심리적 문제를 해결하는 것이다.

하루는 중년의 부인이 아론 텀킨 벡의 진료실을 찾았다.

"저는 너무 고통스러워요. 저 좀 도와주세요. 사람들이 모두 저를 싫어해요. 어쩌죠? 저는 아무 짝에도 쓸모가 없는 사람이에요."

아래는 벡과 중년 여성 환자의 대화이다.

환자 : 아들이 이제는 더 이상 저와 함께 영화를 보려고 하지 않아요. 제가 싫어진 것이 틀림없어요.

벡 : 아들이 같이 가기 싫어한다는 사실을 어떻게 아셨죠?

환자 : 원래 그 나이 또래의 아이들은 부모와 함께 영화를 보는 것을 싫어하는 걸요.

벡 : 그래요? 그럼 최근 아들에게 같이 영화를 보러 가자고 말해본 적이 있었나요?

환자 : 아뇨, 없었어요. 사실 아들이 몇 번이나 저에게 같이 극장에 가지
  않겠냐고 물어봤어요. 하지만 분명 진심이 아니었겠죠.
벡 : 아, 그렇다면 다음에는 직접 한번 물어보세요.
환자: 선생님, 절대 제가 오해한 게 아니에요. 아이는 분명 같이 가지 않
  을 거라고요.
벡 : 부인, 바로 그런 태도가 문제입니다. 부인께서 아들을 대신해 미
  리 결정을 내리지 마시고, 한번 아들의 의견을 직접 들어보세요.
환자 : 선생님, 제 말은 틀림이 없어요. 아들은 별로 자상한 성격이 아니
  에요. 제때에 집에 와서 밥을 먹지 않는 것만 보아도 알 수 있어
  요.
벡 : 매일 그러나요?
환자: 꼭 그렇지는 않아요. 몇 번 그랬어요. 지금 생각해보면 너무 늦게
  온 날은 그렇게 많지 않았어요.
벡 : 아들이 늦게 귀가하는 것이 자상하지 않아서라고 생각하십니까?
환자 : 솔직히 말하면 아들이 최근 회사에 업무가 많다고 말하기는 했어
  요. 또 다른 부분에서는 신경도 많이 써주는 편이고요.

사실 환자의 아들은 그녀와 함께 극장에 가기를 진심으로 원하고 있었
다. 환자는 나중에야 그 사실을 깨달았다.

위의 이야기는 아론 텀킨 벡 교수가 창시한 인지치료 요법의 대표적인
사례이다. 벡은 환자의 왜곡된 인식을 바로잡는 것에만 그치는 것이 아니
라, 환자에게 따뜻하고 성의 있는 마음을 표현하는 것 또한 의사의 의무라
고 생각했다. 그는 여러 종류의 인지치료와 행위치료를 적절히 병행했다.

벡의 인지치료의 핵심은 질문을 통해 환자 스스로 자신의 가설과 현실이 모순된다는 것을 깨닫도록 하여 잘못된 인식을 바로잡는 데 있다.

Tips 심리학을 위한 교양 & 상식

아론 템킨 벡(Aaron Temkin Beck, 1921~)은 미국 심리학자로서 인간의 행동과 정신병리를 동기나 본능보다 정보처리의 관점에서 설명하는 모델에 근거한 심리치료의 한 형태인 인지치료의 창시자다. 벡의 인지치료는 심리학과 정신의학에서 커다란 변화가 급격하게 일어나던 시기에 개발되었으며, 인지가 정서적 고통과 행동적 장애에 중요한 역할을 한다고 강조한 점에서 혁신적인 것이었다. 저서로는 인지치료를 통해 우울증 환자들을 치료하는 지침을 적은 《우울증의 인지치료》와 인지치료를 커플 치료에 도입한 《사랑만으로는 살 수 없다》(1989) 등이 있다.

위험천만한 다중인격

다중인격이란 한 사람이 여러 가지 성격을 가지고 있는 것을 의미한다. 일반적으로 이중인격이 가장 많으며, 다중인격은 비교적 드문 편이다. 다중인격 환자들은 각각의 인격마다 성격, 습관, 아이큐 등이 상이하며, 각자의 인격이 한 일을 서로 기억하지 못한다. 다중인격은 선천적인 요인으로 인해 발생할 수도 있지만, 후천적인 자극으로 인해 인격이 분열되는 경우도 있다.

올해 서른두 살인 파멜라는 다중인격분열증 환자이다. 그녀 안에는 파멜라 외에도, 4명의 인격이 더 존재한다. 이 4명의 이름은 각각 앤드류, 신드라, 소피, 마가렛이다.

앤드류는 장난기가 많은 소년의 인격이다. 앤드류가 나타나면 파멜라는 신경질적으로 머리를 빗고 짓궂은 장난을 하며, 집안의 물건들을 깨부순다. 그러다가 갑자기 산드라가 나타나면 온화한 어머니의 모습으로 변한다. 소피는 능력 있는 커리어우먼의 인격이다. 소피가 나타날 때, 파멜라는 당당하고 자신감이 넘친다. 연구결과에 따르면, 파멜라의 여러 가지 인격들은 사회적 현실과 충돌할 뿐 아니라, 인격들 사이에서도 서로 말다툼을 한다고 한다.

파멜라는 어렸을 때 심한 아동학대를 당했으며 다섯 살 때 사회복지사에 의해 복지원으로 옮겨진 후에야 폭력의 그늘에서 벗어날 수 있었다.

아마 다중인격, 인격분열이라는 단어가 낯설지는 않을 것이다. 이들 인격 장애에 대한 호기심은 이미 여러 편의 영화와 문학작품에서 드러난 바 있다. 《이브의 세 얼굴》(1957), 《스펠바운드》(1945), 《아이덴티티》(2003), 《미스터 브룩스》(2007), 《숨바꼭질》(2005) 등 다중인격을 다룬 영화는 무궁무진하다.

다중인격의 가장 큰 원인은 아동기 때 부모에게서 받은 신체적 혹은 성적학대 또는 정신적 충격이다. 심한 학대로 인해 더 이상 저항하거나 도망갈 힘이 남아있지 않을 때, 그들은 인격의 분열이라는 방식을 통해 상징적인 탈출을 시도하거나, 강한 인격과 힘을 합하여 상황을 이겨내고자 한다. 또한 현실세계와는 다른 가상의 세계를 만들어 원래의 '자아'가 감히 하지 못했던 일들을 하기도 한다.

이 외에도, 다중인격은 최면과 깊은 관계가 있다. 때로 최면은 사람들에게 여러 가지 인격을 가지도록 유도한다. 원리는 다음과 같다. 먼저, 최면을 통해 대뇌중추에 강한 흥분점을 형성한 후, 주위 중추신경계통의 흥분을 억제한다. 다중인격은 여러 개의 강한 흥분점이 돌아가며 대뇌의 주도권을 잡기 때문에 발생한다.

여기에서 알 수 있는 사실은, 최면술을 통해 환자가 다중인격을 가지고 있는지 확인하는 것은 매우 위험하다는 점이다. 최면으로 인해 형성된 여러 개의 인격이 최면이 끝난 후에도 사라지지 않는 것은 물론, 환자 스스로 새로운 인격을 형성하는 사태가 벌어질 수도 있다. 게다가 한 번 형성된 인격을 제거하는 일은 상당히 어렵다.

Tips 심리학을 위한 교양 & 상식

라자루스(Richard S. Lazarus, 1922~2002)는 미국의 자극반응 이론의 대표적인 인물이며, 특히 정서와 적응에 관하여 많은 연구를 하였다. 자극반응의 과정에 대해 그는 인지평가의 중요성을 강조했다. 그는 생활의 모든 요소가 인지평가로 전환될 수 있다고 주장했다. 1989년 미국 심리학회의 우수 과학 공로상을 받았다.

Part 5

풀리지 않는 초현실 세계의
생리 및 기타 심리

생리심리학이란 심리 현상이나 행위를 발생시킨 생리적 과정을 분석하는 학문이다. 주로 대뇌의 생리작용에 관한 연구를 통해 심리적 현상을 설명한다. 생물심리학, 심리생물학 혹은 행위신경과학이라고 부르기도 한다. 생리심리학은 생리학, 신경해부학, 신경생물학, 생물화학, 심리약학, 신경병학, 신경심리학, 내분비학 및 유전학 등을 아우르는 복합적인 과학 분야이다.

생리심리학에서는 심리현상의 생리적 메커니즘을 연구한다. 주로 신경계통의 구조와 기능, 내분비계통의 작용, 본능, 동기, 정서, 수면, 학습 등 심리 혹은 행위의 생리적 메커니즘이 연구 대상이다.

발달심리학은 인간이 태어나서 죽을 때까지 전 생애를 거쳐 인지, 동기, 사회적 기능에 일어나는 변화를 연구하는 심리학 분야이다. 본 장의 목적은 생리적 요인이 인간의 심리에 미치는 영향에 대해 설명하는 데 있다.

영감은 어둠 속에서
번쩍이는 섬광이며,
상식에 대한 반란이자 창조적 사고의 불꽃이다.

01
신비한
꿈의 세계

꿈의 특징은 대개 환각, 망상, 인식 이상 및 기억 상실이다. 꿈을 꿀 때는 청각, 촉각, 시각, 운동감각은 비교적 생생하게 느껴지는 반면, 미각이나 후각은 잘 느껴지지 않으며, 통각이 느껴지는 경우는 거의 없다. 꿈의 진행과정은 비논리적이고, 연속성이 떨어지며, 현실가능성이 희박하다.

링컨 대통령은 피살되기 열흘 전 이상한 꿈을 꾸었다. 백악관의 이스트 룸에 관이 하나 놓여 있는데, 사람들이 주위를 에워싸고 애통하게 울고 있었다. 링컨은 사람들에게 다가가 죽은 사람이 누구인지 물었다. 그러자 울고 있던 사람들 중 한 명이 링컨을 보며 대답했다.

"대통령 각하께서 저격을 당하셨어요."

다음날 링컨은 비서에게 자신의 꿈을 있는 그대로 기록하도록 했다. 그리고 1865년 4월 14일, 링컨 대통령은 한 저격수에 의해 피살당했으며 시체는 백악관의 이스트 룸에 안치되었다.

지하벙커에서 잠을 자던 히틀러는 자신이 흙더미와 녹아내린 철 덩어리 속에 묻히는 악몽을 꾸었다. 꿈에서 깨어난 히틀러는 황망히 진영을 빠져

나와 있는 힘껏 달렸다. 한참을 달리자 갑자기 뒤에서 굉음이 들렸다. 방금까지 자고 있던 자리에 폭탄이 떨어진 것이었다. 같이 잠을 자고 있던 장교들은 모두 흙더미 속에 묻히고 말았다.

1883년 8월 저녁 8시 경, 보스턴의 신문사에서 일하는 한 칼럼리스트가 깜박 잠이 든 사이 화산이 폭발하는 꿈을 꾸었다. 그는 아무 생각 없이 꿈에서 본 참혹한 장면을 종이에 적어놓고 사무실을 나왔다. 다음날, 편집관은 칼럼리스트의 책상 위에 놓인 종이를 보고 사건 보고로 착각해 신문에 기재했다. 뒤늦게 이 사실을 안 칼럼리스트는 당혹스러움을 감추지 못했다. 그런데 며칠이 지난 후, 그의 꿈은 현실이 되었다. 보스턴 근교에서 화산이 폭발해 수만 명이 사망했던 것이다.

1947년, 권투선수 슈거 레이 로빈슨은 미들급 경기에서 상대방 선수를 때려 사망에 이르도록 했다. 사실 로빈슨은 이번 대회에 참가하고 싶지 않았다. 링 위에서 상대방을 죽이는 악몽을 꾸었기 때문이다. 하지만 주위 사람들은 그를 비웃었다.
"꿈이 정말 사실이 된다면, 나는 벌써 억만장자가 되었을 걸세."
로빈슨은 수차례 사양했지만, 결국 주위의 성화에 못 이겨 경기에 참가하게 되었다.

동서고금을 막론하고, 꿈은 인간에게 영원한 탐구의 영역이었다. 심리학자들도 그동안 꿈에 대해 수많은 연구를 진행해 왔다.
꿈을 꾸는 것은 정상적이며 꼭 필요한 생리적, 심리적 현상이다. 사람이 잠이 든 후에도 일부 대뇌 세포는 여전히 활동하는데, 이것이 바로 꿈을 꾸는 기본적인 원리이다. 꿈이 예시의 역할을 하는지는 아직 과학적으로 밝혀진 바가 없다. 꿈의 역할에 대해서도 심리학자마다 제각각 다른 주장을 내세우고 있다. 일부 심리학자들은 외부의 소리를 꿈으로 전환시킴으로써 수면을 돕는 역할을 한다고 주장하며, 일부에서는 꿈이 기억을 저장하는 중요한 단계라고 말하기도 한다.

정신분석학의 대부인 프로이트는 사람이 꿈을 꾸는 이유는 깨어있을 때 의식에 의해 억눌렸던 욕구가 의식이 누그러진 틈을 타 겉으로 표현되는 것이라고 보았다. 따라서 똑같은 꿈을 여러 번 꾸면 무의식이 자신에게 깨어있을 때 깨닫지 못했던 것을 알려주는 것이라고 보아야 한다. 건강에 문제가 있을 때 먼저 꿈에서 증상이 나타나는 것도 같은 이치이다.

신경 심리학자들은 새로운 기술을 이용해 수면이 '비급속 안구운동 수면(NREM) 단계'와 '급속 안구운동 수면(REM) 단계'로 나뉜다는 사실을 밝혀냈다. 꿈은 급속 안구운동 수면 상태 즉, 렘수면 상태에서 꾸게 된다. 자고 있는 사람의 눈동자가 빨리 움직일 때 깨우면 분명 이런 말을 할 것이다.

"나 꿈을 꾸고 있었어."

왜 꿈을 꾸게 되는지에 대해서는 의견이 분분하다. 어떤 이는 대뇌가 단백질을 재결합할 때 각종 정보가 꿈을 통해 재배열 된다고 주장했으며, 어떤 이는 잠이 든 후에도 대뇌의 일부 세포가 여전히 활동을 하기 때문에 꿈을 꾼다고 말하기도 했다. 또 어떤 이는 대뇌 피층 신경세포의 부담을 덜어주기 위해서라고 주장하기도 했다.

아인슈타인
뇌의 비밀

뇌가 있기 때문에 우리는 사고를 하고, 학습을 하며, 상상을 하고, 기억을 할 수 있다. 뇌가 있기에 내가 비로소 내가 될 수 있다. 아직까지 뇌는 삶과 죽음, 의식, 꿈처럼 신비에 둘러싸인 영역이다.

아인슈타인은 20세기 가장 위대한 과학자로 평가받고 있다. 그는 1879년 태어나 1955년 4월 18일에 사망했다. 아인슈타인은 유서에서 자신의 유체를 화장하여 아무도 모르는 곳에 뿌려달라고 말했다. 또한 자신의 생가를 다른 유명인들의 것처럼 기념관으로 만들지 말 것을 당부했다.

훗날 그의 유서를 둘러싸고 의견이 분분해졌다. 어떤 이는 아인슈타인이 생전에 자신의 뇌를 과학연구를 위해 기증하겠다는 뜻을 분명히 밝혔다고 주장했으며, 어떤 이는 비록 아인슈타인이 자신의 뇌가 얼마나 중요한지는 인식하고 있었지만, 뇌를 기증하겠다는 말은 하지 않았다고 주장했다. 또 어떤 이는 병세가 심해지기 전 주치의와 이 문제에 대해 진지하게 상의했지만 명확한 답을 주지 않았다고 말했다.

이에 대해 분석가들은 다음과 같은 결론을 내렸다. 아인슈타인은 자신의 뇌가 얼마나 큰 연구적 가치를 지니고 있는지 알고 있었다. 만약 그가 뇌를 보존하고 싶었다면 유서에 '내 몸을 완전히 불태워' 라는 식으로 '완전히' 라는 단어를 사용했을 것이다. 하지만 그의 유서에는 어디에도 '완전히' 라는 단어가 없었다. 따라서 이것은 뇌를 연구에 써도 된다는 일종의 묵인인 셈이었다.

아인슈타인이 사망할 무렵, 토마스 하비 박사가 치료를 담당했다. 당시 박사의 나이는 마흔둘이었다. 하비 박사는 오랫동안 아인슈타인을 존경하고 있었으며, 항상 아인슈타인이 가진 놀라운 지혜의 비밀을 궁금해 했다. 그런데 마침 아인슈타인의 검시 임무가 하비 박사에게 맡겨졌다. 덕분에 하비 박사는 아무런 어려움 없이 아인슈타인의 뇌를 꺼내 몰래 집으로 가지고 갔다. 자신의 연구실에 도착한 하비는 아인슈타인의 뇌를 방부제에 담근 후, 수지(樹脂)를 이용해 고체화시켰다. 그런 다음, 정성스럽게 약 200개 정도로 조각내어 직접 연구를 진행했으며, 일부 조각은 과학기관에 보내 연구를 진행하도록 했다.

하비 박사는 40년이 넘는 시간 동안 아인슈타인의 뇌를 보관했다. 그 기간 동안 수많은 과학자들이 아인슈타인의 뇌를 연구했다. 통계에 따르면, 그 시기 아인슈타인의 뇌를 연구해 본 과학자의 수는 무려 백 명 정도에 달했다. 어쩌면 연구 과정에서 세상을 깜짝 놀라게 할 만한 사실을 발견했을지도 모른다. 하지만 대다수의 경우 정부의 주도하에 이루어진 실험이었으므로 국가의 기밀과 관련된 일이라 발표를 하지 않았을 수도 있다.

1997년, 여든네 살이 된 하비 박사는 아인슈타인의 뇌 조각을 그가 생전에 일했던 프린스턴 대학교에 돌려주기로 했다. 이렇게 해서 아인슈타인의 뇌는 43년 만에 자신이 죽은 곳으로 되돌아가게 되었다. 뇌가 프린스턴 대학으로 이송되자 프린스턴 대학은 물론, 캐나다의 맥매스터 대학과 일본의 군마대학도 뇌 연구 참가신청을 정부에 제출했다.

　IQ와 대뇌가 밀접한 관계가 있다는 것은 이미 너무나 잘 알려진 사실이다. 그런데, 대뇌의 어떤 부분이 천재와 일반인을 구분 짓는 것일까? 대뇌 자체 때문일까, 대뇌에 있는 신경세포 때문일까? 심리학자들도 이 문제를 집중적으로 다루었다. 그러므로 천재와 일반인의 뇌를 비교하는 과정이 불가피했다.

　맥매스터 대학의 연구결과에 따르면, 아인슈타인 대뇌는 반구 부분이 일반인에 비해 15% 컸으며, 대뇌 후반부도 상당히 발달되어 있었다. 이 부분들은 수학적 사고, 상상력 및 공간지각 능력을 좌우하는 부분으로, 아인슈타인이 이 분야에서 두각을 나타낸 이유를 알 수 있게 되었다.

　아인슈타인 뇌의 또 다른 특징은 표층에 굴곡이나 주름이 유난히 많다는 점이었다. 뇌의 면적이 넓을수록 받아들일 수 있는 정보의 양이 많아지는데, 한정된 부피 안에서 넓은 면적을 형성할 수 있는 방법은 오직 굴곡과 주름뿐이다. 맥매스터 대학 연구진은 아인슈타인의 뇌를 99명의 일반 남녀의 뇌와 비교한 후, 다음과 같은 결론을 내렸다. 맥매스터 대학의 연구결과는 세상을 깜짝 놀라게 했다.

　"단순히 뇌만 봐서는 그가 천재성을 발휘한 이유를 찾을 수 없었다. 총명한 일반 유태인의 뇌와 전혀 다를 바가 없었기 때문이다."

　아인슈타인은 분명 태어날 때부터 총명한 두뇌를 가지고 있었다. 하지만 그가 노력을 하지 않았다면 지금과 같은 훌륭한 성과는 이루어내지 못했을 것이다. 어쨌든, 대뇌의 비밀을 완전히 밝히는 길은 아직도 멀기만 하다.

Tips 심리학을 위한 교양 & 상식

비고츠키(Lev Semyonovich Vygotsky, 1896~1934)는 구소련의 심리학자이자 사회문화 역사학파의 창시자이다. 그는 하등 심리기능은 종족 진화의 결과이며, 고등 심리기능은 인류역사가 발전한 결과이자 사회문화의 제약을 받는다고 주장했다.

03
정서적 반응 실험

James-Lange 이론은 윌리엄 제임스와 칼 랭에 의해 제안된 심리학 이론이다. 이 이론은 어떠한 사실이 감정을 자극하고, 이로 인해 신체적인 변화가 생긴다고 보았다. 예를 들면, 갑자기 맹수를 만났을 때 몸이 떨리고, 몸이 떨리기 때문에 두려움을 느낀다는 것이다. 다시 말해, 정서적 반응은 생리적 변화 후에 일어난다는 것이다.

20세기 초, 미국에서는 다음과 같은 실험이 진행되었다. 먼저 연구진은 15분 동안 심장박동 수의 변화를 알아보는 간단한 실험을 한다고 말하면서 실험 대상자들을 모집했다.

연구가 시작되자 연구진은 지원자들의 눈을 모두 헝겊으로 가리고 의자에 묶었다. 그런 후, 맥박과 호흡, 피부 감응전류를 측정할 수 있는 기계를 지원자들의 몸에 붙였다. 실험은 순조롭게 진행되었다. 지원자들은 15분 동안 편안하게 의자에 앉아 있다가 집으로 돌아갔다. 두 번째, 세 번째 실험도 마찬가지였다. 일부 실험자들은 도중에 잠이 들기도 하고 심지어는 코를 골기까지 했다.

하지만 네 번째 실험을 하던 중, 연구진은 갑자기 실험자들의 의자를 뒤로 젖혔다. 의자는 60도까지 젖혀진 후, 의자 뒤에 설치한 보호 장비에 걸려 겨우 멈추었다.

그 결과 실험자들의 심장은 갑자기 빠르고 불규칙적으로 뛰었으며, 심지어 숨이 멈추거나 천식현상을 보이는 사람도 있었다. 또 피부에서는 감응전류가 방출되었다. 실험이 끝난 후 지원자들은 놀랍고 무서웠다고 말했다.

이 실험은 정서적 반응은 생리적 변화 후에 일어난다는 James-Lange 이론을 증명했다. 즉, 어떠한 사실이 감정을 자극하고, 이로 인해 신체적인 변화가 생긴다. 예를 들면, 갑자기 맹수를 만났을 때 몸이 떨리고, 몸이 떨리기 때문에 두려움을 느낀다는 것이다.

이와 관련된 또 다른 실험이 있다. 1920년대, 심리학자들은 심각한 정서적 혼란과 생리현상의 상관관계에 관한 실험을 했다. 그들은 3명의 지원자를 설득해 48시간 동안 아무 것도 먹지 않고, 마지막 36시간은 잠을 자지 않도록 했다.

지원자들의 몸에는 혈압과 흉부 팽창 정도를 측정하는 기계가 연결되었다. 또, 지원자들은 위의 수축 정도를 알아볼 수 있도록 얇은 고무관이 연결된 작은 풍선 같은 물건을 삼켰으며, 직장에도 비슷한 물건을 집어넣었다. 그런 후, 이산화탄소의 배출량을 측정하는 기계 앞에 앉았다. 실험이 시작되자 연구진은 지원자들에게 전기충격을 가했다. 전기충격의 정도는 지원자가 참을 수 있는 한도를 기준으로 했다. 만약 더 이상 참을 수 없겠다고 생각되면 손을 들도록 했다.

그러자 실험자들에게서 일시적인 쇼크와 혈압상승, 정서불안, 직장 수축 등의 반응이 나타났다. 하지만 지원자들의 희생정신에도 불구하고 이밖에 눈에 띌만한 성과는 거두지 못했다.

비록 지원자들이 실험 도중 분노를 느꼈다고 진술했으나, 이러한 정서를 일으킬 수 있는 생리적인 변화에 대해서는 명확히 밝혀내지 못했다. 연구진이 발견한 유일한 생리적 반응은 놀람이었다. 하지만 이것은 주관적인 태도에서 흔히 볼 수 있는 반응에 불과했다. 어쨌든, 눈을 깜박이고, 표정이 바뀌는 신체적인 반응은 정서적 반응이 일어나기 전에 발생했다. James-Lange 이론과 일치하는 결과였다.

비록 일부 생리학자들은 이 이론이 완전히 잘못되었다며 반론을 제기했으나, 훗날 수십 년의 연구를 통해 James-Lange 이론이 정확했음이 입증되었다.

Tips 심리학을 위한 교양 & 상식

로젠탈(Robert Rosenthal, 1933~)은 미국의 사회심리학자이며 캘리포니아 대학의 교수이다. 독일 태생이지만 6세에 독일을 떠났다. 주로 인간관계에서 기대가 미치는 영향에 관해 연구했다. 그는 누군가에게 거는 기대 자체가 현실이 될 수 있다고 믿었다. 이밖에 비언어적인 교류에도 관심이 많았다.

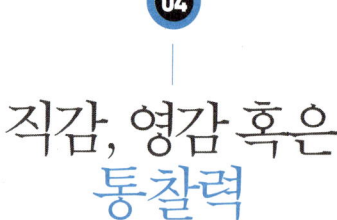

직감, 영감 혹은 통찰력

영감은 창조적 사유의 일종으로 논리적 사유와는 차이가 있다. 이것은 인류의 사유가 최고의 단계까지 진화했을 때 나타나는 현상으로, 대뇌가 오랜 시간의 사유를 통해 갑자기 얻게 되는 통찰을 의미한다.

아르키메데스는 고대 그리스의 위대한 철학자이자 과학자이다.

어느날 고대 그리스의 국왕은 자신의 아름다운 왕관을 흐뭇하게 쳐다보다 문득 이런 생각이 들었다.

"혹시 겉만 번드르르 하고 속에는 다른 물질을 섞은 것은 아닐까?"

국왕은 갑자기 공예가가 순금을 빼돌리지는 않았을까 의심이 되었다. 그래서 그는 아르키메데스를 불러 왕관이 모두 순금으로 되어있는지 확인하라는 명령을 내렸다. 단, 왕관을 손상시켜서는 안 된다는 것이 조건이었다.

아르키메데스는 고민에 빠졌다. 아무리 생각을 해 보아도 왕관을 자르지 않고 속안의 성분을 파악하기란 불가능했다. 그는 자포자기하는 심정으로 목욕이나 해야겠다며 욕탕에 들어갔다. 육중한 아르키메데스의 몸이 욕탕 안으로 들어가자, 욕탕 안에 있던 물이 밖으로 넘쳐흘렀다. 그 순간, 아르키메데스의 머리에 섬광처럼 아이디어가 떠올랐다.

"왕관과 동등한 중량의 황금을 구해 차례로 물·항아리에 집어넣어보자. 흘러나온 물의 중량을 비교하면 왕관에 다른 물질이 사용되었는지도 밝혀질 것이다."

아르키메데스는 너무 기쁜 나머지 욕실에서 뛰쳐나와 아무 것도 입지 않은 채 자신의 실험실로 뛰어갔다. 실험 결과, 왕관은 왕의 예상대로 순금이 아니었다. 이것이 바로 역학에서 중요한 원리인 '부력'이다.

아르키메데스의 사례는 인간의 뇌가 의식적 사고와 무의식적 사고를 동시에 실행한다는 것을 보여준다.

1973년 미국의 심리학자들은 이와 관련된 실험을 했다.

먼저, 실험대상자들에게 이어폰을 나누어 준 후, 왼쪽에서 들리는 단어에만 신경을 쓰고 오른쪽에서 들리는 단어는 상관하지 말라고 일렀다. 그런데 왼쪽 이어폰에서는 '운동선수… 소음을 제거하고… 주의하여 … 골인' 등과 같이 서로 아무런 연관성이 없는 애매모호한 단어들만 흘러나왔다. 이와 함께 오른쪽 이어폰에서는 '스로틀을 닫는다' 등의 단어들에 대한 해석이 나오는가 하면, 때로는 '스튜어디스 아가씨가 미소를 짓고 있다' 등의 전혀 상관없는 내용이 흘러나왔다.

이어폰을 내려놓은 실험대상자들은 누구도 선뜻 왼쪽 이어폰에서 들은 내용의 의미를 얘기하지 못했다. 연구진이 대충의 의미라도 말해보라고 재촉하자, 실험대상자들은 그제야 우물쭈물 자신이 짐작한 내용을 털어놓았다. 먼저, 전혀 상관없는 내용을 들은 실험대상자들은 '창문을 닫는 내용이다.'라고 대답하는가 하면, '문을 닫고 있다.'라고 대답하기도 했다. 이에 반해 정확한 해석을 들은 사람들은 대부분 '스로틀을 닫고 있다.'라고 대답했다. 이것은 우연히 해석을 들은 후, 그 정보를 대뇌에서 무의식적으로 처리했기 때문이었다. 이 실험은 인간의 사고가 결코 직렬식이 아님을 보여준다. 아인슈타인은 이렇게 말했다.

"나는 직감과 영감을 믿는다. 영감은 갑작스러운 통찰이다. 그것은 어둠속에서 번쩍이는 섬광이며, 상식에 대한 반란이자 창조적 사고의 불꽃이다."

그렇다면 영감 혹은 통찰은 대뇌와 어떠한 관계가 있을까? 과학자들은 연구를 통해 영감이 떠오를 때 뇌에서 평상시와는 다른 변화가 나타난다는 사실을 발견했다.

미국의 한 과학자는 18명의 실험 대상자들에게 언어 놀이를 시켰다. 단어 하나를 찾아내어 다른 3개의 단어와 결합, 새로운 의미를 가진 단어를 만들어내는 놀이였다. 그리고 이 과정에서 통찰의 순간 즉, 새로운 아이디어가 떠올랐던 순간을 연구진에게 알려주도록 했다.

실험 결과, 아이디어가 떠오르는 순간과 대뇌의 오른쪽 전두엽이 밀접한 관계가 있음이 밝혀졌다. 실험대상자들이 새로운 단어에 대한 아이디어를 떠올릴 때 오른쪽 전두엽의 활동이 갑자기 활발해졌으며, 아이디어가 떠오르기 0.3초 전에는 고주파의 뇌파가 감지되었다.

과학자들은 일련의 실험을 통해 영감이 대뇌의 중추신경과 밀접한 관계를 가지고 있음을 밝혀냈으며, 나아가 서로 관련이 없는 정보들을 조합하여 완전히 새로운 산물 즉, 아이디어를 창출하는 데 결정적인 역할을 하는 것이 바로 전두엽이라는 사실을 알아냈다. 이로써 신비하게만 여겨졌던 영감에 대한 수수께끼를 풀 수 있게 되었다.

오이디푸스 콤플렉스

남자아이들은 어머니를 생애 처음의 성적 대상으로 생각한다. 약 두세 살부터 이와 같은 현상이 뚜렷하게 나타나는데, 프로이트는 이 단계를 '신경병 단계'라고 불렀다.

그리스 신화에는 오이디푸스라는 테베의 영웅이 등장한다. 그는 테베의 왕 라이오스와 왕비 이오카스테 사이에서 태어났다. 하지만 자신이 앞으로 아들의 손에 죽을 것이라는 예언을 들은 라이오스 왕은 아들의 두 발에 못을 박은 후(오이디푸스라는 이름은 '부풀어 오른 발'이라는 뜻), 하인에게 황야에 버리라고 명령했다. 하지만 도저히 아이를 죽일 수가 없었던 하인은 코린트의 폴리보스 왕을 모시고 있는 목동에게 아이를 맡겼다.

훗날 폴리보스 왕의 양자가 된 오이디푸스는 폴리보스 왕을 생부라고 굳게 믿으며 자랐다. 그러던 어느 날, 오이디푸스는 자신이 아버지를 죽이고 어머니와 결혼할 운명이라는 예언을 들었다. 충격을 받은 오이디푸스는 다시는 돌아오지 않겠다며 코린트를 떠나 방랑의 길에 올랐다. 오이디푸스가 테베로 가는 길로 접어들었을 때, 마침 그 길을 지나가던 라이오스 왕이 싸

움을 걸어왔다. 결국 오이디푸스는 왕과 그 자리에 있던 호위병과 하인을 모두 죽여 버렸고, 도망친 하인 한 명만이 겨우 목숨을 보존했다.

오이디푸스는 다시 스핑크스라는 괴물을 만났다. 스핑크스는 오이디푸스에게 다음과 같은 수수께끼를 냈다.

"아침에는 네 발로 걷고, 점심에는 두 발로 걸으며, 저녁에는 세 발로 걷는 것이 무엇이냐?"

오이디푸스는 한참을 생각하다가 이렇게 말했다.

"그것은 사람이오!"

오이디푸스가 정답을 맞히자 스핑크스는 그 자리에서 자살했다. 스핑크스가 자살을 함으로써 테베 사람들은 이제 마음 놓고 외부와 왕래할 수 있게 되었다. 이 공로를 인정받아 오이디푸스는 테베의 왕으로 추대되었고,

미망인이 된 이오카스테 즉, 자신의 어머니를 아내로 맞이했다. 두 사람은 2명의 아들과 2명의 딸을 낳고 행복한 나날을 보냈다.

그런데 몇 년 후 테베에는 극심한 가뭄과 전염병이 돌았다. 오이디푸스는 이 문제를 해결하기 위해 신탁을 요청했다. 신탁의 대답은 이랬다.

"선왕인 라이오스를 살해한 자를 찾아라. 그것만이 재앙을 멈추게 하는 길이다."

오이디푸스는 범인을 색출하기 위해 총력을 기울여 드디어 국왕이 살해되던 당시 도망쳐 혼자 목숨을 부지했던 하인을 찾아내었다. 그는 오이디푸스를 목동에게 맡겼던 바로 그 하인이었다. 불길한 예언이 모두 실현되었던 것이다. 모든 진실을 알게 된 이오카스테는 자살했으며, 오이디푸스는 자신의 눈을 찔러 눈을 멀게 한 다음, 세상을 정처 없이 유랑했다.

새로운 생명은 모두 기존의 생명에게 위협이 된다. 오이디푸스 또한 아버지의 권위를 철저히 부정하고 자신의 새로운 권위를 수립했다. 하지만 이러한 부정은 합리성을 얻지 못했다. 폭력과 근친상간을 통해 이루어졌기 때문이다. 결국 새로운 권력은 파멸과 처벌, 자신의 육체를 훼손하는 속죄로 끝났다.

프로이트는 오이디푸스의 이야기를 통해 아동의 심리상태를 설명한다. 영아와 초기 단계의 아동들은 부모 중 자신과 성이 다른 한쪽을 통해 성적인 욕구를 만족하려고 하며, 자신과 성이 같은 부모에게는 증오를 가지게 된다. 원시사회, 문명사회 모두 근친상간을 금기로 정하고 있다. 모든 사람들이 이 금기를 잘 알고 있기에, 설사 욕구가 있다고 해도 영원히 무의식 깊은 곳에 감추어두게 된다.

Tips 심리학을 위한 교양 & 상식

밀턴 로키치(Milton Rokeach, 1918~1988)는 미국의 사회심리 학자이자 정신병 학자이다. 평생 동안 인간의 신앙과 태도에 대해 연구했으며 특히 가치관에 관한 연구에 관심이 많았다.

누가 더 도덕적인가?

도덕은 인간의 삶에서 추구하는 가치 중 하나로, 사회구성원으로서 마땅히 지켜야 하는 것들을 의미한다. 따라서 도덕은 개인적인 차원을 넘어 사회 전반에 영향을 미친다. 정치, 법률, 경제 등 어떤 사회활동도 도덕적 가치와 무관할 수 없다.

A. 아버지가 외출하신 후, 스캇은 아버지의 잉크병을 가지고 놀다 책상 위에 작은 잉크 자국을 남겼다.

B. 아버지가 외출하신 후, 피터는 아버지의 잉크병에 잉크가 없는 것을 발견했다. 피터는 아버지를 위해서 가게에서 잉크를 사온 후 잉크병에 채워 넣었다. 그런데 밖에서 돌아오신 아버지는 그 사실을 모르고 잉크병을 열다가 책상 위에 잉크를 한 가득 쏟고 말았다.

위의 이야기는 피아제가 아동의 도덕성 발달 단계에 대한 실험을 할 때 자주 사용하는 질문이다. 피아제는 스위스의 저명한 아동심리학자로, 세계에서 처음으로 아동의 도덕발달 과정을 체계적으로 연구하였다. 그의 연구는 정신분석학파의 투사원리에 근거했으며, 주로 위와 같은 비교 예시를 통해 아동의 도덕 인지발달 정도를 확인했다. 그는 항상 예시를 제시한 후, 아동에게 다음과 같은 질문을 했다.

(1) 두 아이는 같은 잘못을 한 것일까?
(2) 두 아이 중 누가 더 나쁜가? 이유는 무엇인가?

이와 같은 질문은 아동의 도덕 발달 수준을 가늠하는 데 유용하게 사용되었다. 도덕은 사람들이 관계를 이어가기 위해 필수불가결한 규칙이자 규범이다. 사회는 모든 사회구성원이 그 사회의 도덕적 규범에 따라 행동하기를 바란다. 따라서 도덕 인식의 발달은 아동의 사회화에 있어 핵심적인 내용이다. 다음은 피아제가 만든 또 다른 비교 예시이다.

A. 마리아는 어머니가 외출한 후, 책상에서 유리컵을 가지고 놀다 그 중 하나를 깼다.
B. 미미는 어머니가 외출한 후, 어머니를 돕기 위해 설거지를 하다 유리컵 3개를 깼다.

예시를 제시한 후, 피아제는 똑같은 질문을 던진다.
(1) 두 아이는 같은 잘못을 한 것일까?
(2) 두 아이 중 누가 더 나쁜가? 이유는 무엇인가?

수 차례의 연구를 통해 그는 아동의 도덕적 판단능력의 발달과 인지능력의 발달이 밀접한 관계를 가지고 있는 것을 발견했다. 이와 같은 인식능력의 발달은 타인과의 관계, 혹은 사회와의 관계를 통해 이루어진다.

피아제는 열 살을 기준으로 아동의 도덕 발달을 크게 두 단계로 나누었다. 열 살 미만의 아동은 타인이 설정한 외부적인 기준에 의해 도덕적인 판단을 하며, 행동의 동기보다 결과를 더 중요하게 생각한다. 피아제는 이러한 단계를 '타율적 도덕성' 단계라고 불렀다.

열 살 미만의 아동은 위의 사례에서 잉크를 더 많이 쏟은 사람, 컵을 더 많이 깬 사람이 잘못했다고 생각한다. 하지만 열 살 이상의 아동은 도덕적 판단을 할 때 자신의 내적인 기준에 근거하며, 결과보다 동기를 더 중시한다. 피아제는 이러한 단계를 '자율적 도덕성' 단계라고 불렀다.

Tips 심리학을 위한 교양 & 상식

피아제(Jean Piaget, 1896 ~ 1980)는 스위스의 심리학자로, 발생인지론의 창시자이다. 피아제는 어린이가 자신의 독자적인 현실 모형을 끊임없이 창조하고 재창조하면서, 한 단계가 지날 때마다 단순한 개념들을 통합해 좀더 높은 수준의 개념으로 조직화함으로써 정신적으로 성장한다고 생각했다. 그는 어린이에게는 선천적으로 정해져 있는 사고력 발달의 시간표가 있다는 '유전인식론'을 주장했고, 그 발달과정의 4단계를 밝혀냈다. 대표적인 저서로는 《아동의 언어와 사고》, 《아동의 판단과 추론》, 《아동의 이해력의 기원》 등이 있다.

헬렌의 정신붕괴

심리적 결함이란 자기조절 능력이나 환경 적응능력이 정상인보다 떨어져, 심리적으로 건강하지 못한 상태를 의미한다. 하지만 아직 심리질병으로까지 악화되지는 않은 상태이다.

하루는 헬렌이라는 여자가 정신과를 찾았다. 그녀는 앉자마자 의사에게 이렇게 말했다.

"선생님, 저 좀 도와주세요. 금방이라도 미쳐버릴 것 같아요, 도저히 정상적인 생활을 할 수가 없어요."

의사는 환자를 진정시켰다. 그녀는 의사에게 자신의 이야기를 풀어놓기 시작했다.

"저는 올해 스물일곱 살이에요. 대형 할인마트에서 판매원으로 일하고 있어요. 갑자기 열두 살 때의 일이 기억나는군요. 그때 초경이 시작되었죠. 그런데 열세 살 때 옆집 할아버지가 제 손을 잡더니 이렇게 말하셨어요. '손이 어쩜 이렇게 통통하니? 말랑말랑하구나. 귀엽기도 하지.' 저는 그때 이미 남녀 사이에 일어나는 일들을 잘 알고 있었어요. 물론, 그 할아버지가 음흉한 생각을 가지고 있다는 사실도 알았죠. 어쩌면 아동 강간범일지도 모른다고 생각했어요. 저는 너무 무서웠어요. 그래서 그 후로는 할아버지를 피해 다녔죠."

헬렌은 부모님의 이야기를 시작했다.

"저는 어릴 때부터 부모님의 사랑을 듬뿍 받았어요. 동생도 무조건 제 말을 들어야 했죠. 만약 조금이라도 마음에 들지 않는 일이 생기면 바로 불같이 화를 냈어요. 그런데 하루는 부모님이 저에게 버릇이 없다며 혼을 내셨어요. 비록 크게 야단치시지는 않았지만, 저는 너무 억울했죠. 그래서 며칠 동안 부모님을 봐도 못 본 척했어요."

헬렌의 이야기는 학창시절과 최근의 일들로 넘어왔다.

"학교 다닐 때는 체육시간이 너무 무서웠어요. 넘어져서 다리가 부러지지는 않을까, 눈이 찔리는 일은 없을까, 얼굴이나 팔이 긁혀서 상처가 남지는 않을까 등등.

학교를 졸업한 후 할인마트의 판매원으로 취직했어요. 그리고 스물세 살이 되던 해 결혼을 했죠. 하지만 남편은 술주정뱅이였고, 저에게 폭력을 썼어요. 그래서 스물네 살 때 이혼을 하고, 반년 뒤 다른 남자와 결혼을 했어요. 화물차 운전사인 두 번째 남편도 술주정뱅이이기는 마찬가지였지만 폭력은 행사하지 않았어요. 그런데 하루는 술을 먹고 트럭을 몰다가 벼랑으로 떨어져 죽고 말았죠. 저는 남편을 사랑했기에 가슴이 많이 아팠어요.

우리 사이에는 앤디가 있어요. 앤디는 아주 착한 아이죠. 그런데 어느 날 앤디가 선천적인 근시라는 말을 듣고 죽은 남편의 유전인자 때문은 아닌가 의심이 되더군요. 그날부터 남편이 미워지기 시작했어요.

하루는 계산을 잘못해서 상사에게 불려가 야단을 맞은 적이 있어요. 그런데 상사가 너무 지나친 말들을 하더군요. 저는 억울해서 집에 돌아온 후에도 계속 울다가 잠이 들었어요. 그러다가 갑자기 잠에서 깨어나 상사에게 따지러 가야한다며 집을 나서려고 했죠. 가족들이 달려와 저를 말렸어요. 저는 가족들을 직장 동료들로 착각했고, 앤디를 보며 '얘는 누구 집 아이인데 여기 와 있죠?'라고 말했어요. 그리고 깨어나 보니 병원이었어요. 어떻게 병원까지 왔는지 전혀 기억이 나지 않았죠.

병원에 입원했던 이틀 동안 2번이나 토하고, 매일 큰 소리로 고함을 질렀죠. 심리치료를 받으면서 억눌렸던 감정을 토해내고 나니까 부어올랐던 관절도 가라앉고, 두통도 사라졌어요. 그런데 몇 주일이 지난 후, 어머니의 병이 위독하다는 편지를 받고 갑자기 관절이 다시 부풀어 오르기 시작했어요. 특히 손가락 관절이 심하게 부풀어서 반지를 뺄 수가 없을 정도였죠. 하지만 며칠이 지나자 증상이 다시 사라졌어요. 참 신기한 일이죠? 왜 이런 것일까요?

남편이 죽은 후부터 매일 악몽을 꿨어요. 꿈속에서 무서운 장면들을 많이 보았죠. 살인 장면을 목격하기도 하고, 야수가 저를 향해 덤벼들기도 했어요.

사람들은 제 말이 두서가 없다고 하더군요. 제 망상도 항상 단편적이고, 서로 연관성이 전혀 없어요. 몸이 좋을 때는 의식이 또렷한데, 건강이 좋지 않을 때는 의식도 흐려지고요.

지금 제 상태는 어떤가요, 선생님. 저는 잘 모르겠어요. 주위 사람들이 말하는 것처럼 제가 정말 미친 건가요? 이제 어떻게 해야 하죠?"

환자는 일련의 정신적인 충격으로 인해 히스테리를 앓게 된 것이다. 교만하고 독단적이었던 어린 시절, 운동을 무서워했던 것 등이 그녀의 유치한 심리를 반영한다. 게다가 불행한 결혼생활까지 겪게 되자 심리적인 장애가 겉으로 불거지기 시작한 것이다.

그녀는 비교적 일찍 초경을 경험했다. 그 때문에 생리적 성숙과 심리적 성숙 사이의 균형이 깨졌다. 게다가 성 지식도 부족했다. 비록 자신은 남녀 간의 일을 잘 알고 있었다고 말했지만, 사실 오히려 이 때문에 성을 지나치게 억압하게 되었다. 정상적인 인간관계를 아동 강간범과 연관시킨 것은 의심이 많고 쉽게 망상에 빠지는 그녀의 성향을 잘 말해주고 있다. 이 때문에 성장 과정에서도 인격적인 결함들이 생겨난 것이다.

이와 같은 인격 장애는 어린 시절부터 형성된다. 유전적인 요인 외에도, 어린 시절에 받은 정신적인 상처나, 가정불화, 불합리한 교육 등으로 인해서도 형성될 수 있다. 인격 장애는 한번 형성되면 고치기 쉽지 않다. 그러므로 초기 발견과 예방이 중요하다. 특히, 아동의 신체적 발육이 빠를 경우 각별히 관심을 가질 필요가 있다.

Tips 심리학을 위한 교양 & 상식

흔히 볼 수 있는 인격적 결함에는 다음과 같은 것들이 있다.

1. 무기력 성격

체력과 정신력 모두 부족하고, 쉽게 피로해지며, 몸이 아프다는 말을 자주 한다. 기분이 안 좋을 때가 많으며, 고난을 이겨내려는 의지가 부족하다. 또한, 정신적인 스트레스에 대해 과민한 반응을 보인다.

2. 강박 성격

강박적으로 건강이나 안전을 추구한다. 강박적인 생각과 강박적인 행동을 보이며, 쉽게 강박증으로 발전한다.

3. 편집적 성격

고집이 세고, 민감하며, 의심이 많고, 질투를 잘 느낀다. 자기중심적으로 생각하며, 문제가 생기면 남의 탓을 하는 경향이 있다. 이러한 사람들은 편집성 정신병으로 발전할 가능성이 높다.

4. 부적응 성격

사회나 인간관계에 대한 적응능력이 부족하다. 판단능력과 변별능력도 떨어지며, 이상 행동을 보일 가능성이 많다.

5. 분열 성격

내성적이고 부끄러움이 많으며, 감정이 메마르고, 혼자 활동하는 것을 좋아한다. 이러한 성격 결함은 정신분열증으로 발전할 가능성이 많다.

6. 다혈질 성격

사고가 유연하지 못하여 사소한 자극에도 쉽게 흥분하고 분노한다.

7. 공격적 성격

외향적이고 호전적이다. 감정이 불안정하며 쉽게 흥분하고, 충동적이다. 사람 혹은 사회에 적의를 보이거나 공격적인 행동을 보이는 경우가 많다.

8. 히스테리 성격

심리적으로 미성숙하며, 자기중심적이다. 감정이 풍부하지만 안정적이지 않고, 지나치게 열정적이다. 암시를 쉽게 받으며, 자신을 표현하는 것을 좋아한다. 이러한 인격적인 결함은 쉽게 히스테리로 발전할 수 있다.